国家级一流本科专业建设点项目成果
江苏高校品牌专业建设工程二期项目成果
江苏省高校"青蓝工程"优秀教学团队
"以'立德树人'为宗旨的哲学通识教育教学团队"阶段性成果

# 星丛曜煜

——南京大学本科生哲学通识论文集

刘　鹏　邵佳德 / 主编

南京大学出版社

# 前　言

呈现在读者面前的是一本学生习作集,也是一本成熟的学术论文集。说是习作集,是因为全书所选的18篇论文均来自非哲学专业的在读学生或毕业生,文章多来自课程作业或源于课堂讨论的灵感,其中不少是进行哲学论文写作的首次尝试。说是成熟的论文集,是因为这些论文均为严肃的学术探究,而且由专业学者主要从"南雍杯"哲学通识课程征文稿件中严格遴选,又经作者反复修改,确保最终呈现的文章达到发表的水准。论文作者包含部分毕业生,在这些毕业生中,有部分学生以转专业、读研或读博的身份加入了"南哲"大家庭,也有部分学生进入了国内外高水平大学继续攻读哲学或其他专业的学位,另外有有部分学生走上工作岗位之后仍然保持着对哲学的热爱。不管是在读生,还是毕业生,他们之所以能积极参与本次征文并提交成熟的文章,与南京大学哲学系的哲学通识教育理念和实践密不可分。可以说,本书既是一个展现学生哲思光芒的排演舞台,也是南哲哲学通识教育的一次成果汇报。

自2009年南京大学正式实施"三三制"本科教学改革以来,哲学系一直坚持"充分发挥哲学通识教育功能,积极服务南大本科教学工作"的原则,面向全校先后开设了包括通识课、新生研讨课、悦读经典课(含DIY课程)、文化素质课、慕课等在内的通识类课程90多门,这些课程成为南京大学通识教育课程体系的重要组成部分。2011年哲学系又面向全校本科低年级学生设立了"爱智慧优秀新人基金",鼓励学生在广泛阅读的基础上对哲学问题进行深入思考，引导学生运用哲学的相关理论、方法处理其他领域的现实问题。除了不断扩充课程数量、改进课程形式外，我们还注重学生对课程的反馈。早在2011年，哲学系张亮教授就在南京大学本科新生中开展了一次哲学素养调查，全方位考察了大学生对哲学通识教育的理解、态度、诉求等，并提出了具有针对性的改革建议，从实证依据层面为哲学通识课程建设提供了客观参照系。这些哲学通识教育的尝试经过哲学系教师近十年的努力，取得了令人满意的成果。在理论层面，2016年哲学系张亮、孙乐强教授主编出版了《哲学通识教育的理念、历史与实践研究》，从历史与现实、理论与实践的不同维度系统总结了哲学通识教育的相关问题，并提出了具有操作性的改革建议，可以说开启了国内哲学通识教育研究的先河。在实践层面，2016年哲学系委托南京大学高等教育研究与评价中心对全校哲学通识课程进行评估，结果显示在当年度三年级所有曾经选修过哲学通识课程的学生中，对过去两年所修读的哲学通识课程的目标、内容、授课、整体经历等的满意比例几乎均达到90%以上，这充分肯定了我们的教育实践。

2020年恰逢南京大学哲学系建系百年，为了给近年的哲学通识课程提供一个新的成果展示平台，同时也为哲学通识教育的质量提供一个评价机制，哲学系又于2019年底启动了南京大学"南雍杯"哲学通识课程征文比赛。此次比赛得到了广大同学的积极响应。经过两轮严格的评审，评审专家组从参赛论文中遴选出了一等奖论文5篇、二等奖论文10篇、三等奖论文20篇。我们目前看到的这本文集，由大赛组委会从获奖论文中遴选出的15篇优质论文组成，作者们均是选修过哲学系通识课程的同学，涉及课程包括"哲学问题"、"逻辑学导论"、"欧洲哲学史"、"现代西方哲学"、"中外哲学经典导读"、"马克思主义与中国"、"走近后现代哲学"、"后马克思主义导论"、"当代社会科学视域中的马克思主义哲学"、"犹太文明：经典与传统"、"科学技术与人类社会"、"社会中的科学与技术"等，涵盖了马克思主

## 前　言

义哲学、中国哲学、外国哲学、逻辑学、宗教学、科学技术哲学等二级学科。另有3篇论文选自"爱智慧优秀新人基金"的成果。文集中的文章按照作者本科入学南京大学的年份排序。

本次大赛与本文集的出版得到了教育部国家级一流本科专业建设点项目、江苏高校品牌专业建设工程二期项目的支持，系江苏高校"青蓝工程"优秀教学团队（以"立德树人"为宗旨的哲学通识教育教学团队）的阶段性成果。同时我们要诚挚感谢南京大学教务处、南京大学教师教学发展中心长期以来对哲学系本科教学改革与哲学通识类课程建设的指导与支持。感谢哲学系张亮、宋立宏、蓝江、孙乐强、刘鹏、杨乔喻、邵佳德、刘鑫等为本次大赛的策划、评审与本文集的出版做出的贡献。感谢南京大学哲学系本科生杨铭燕同学为此次论文集所构思的书名。

哲学不能仅成为象牙塔中的研究对象，更应该是理解人与世界、培植道德情操、提升人文素养的通孔，从这个角度说，哲学教育不仅天然地具有通识教育的属性，而且内在地构成了通识教育的核心和基石。大学的哲学通识教育对于强化学生的综合思维能力和创新意识，培养学生高尚的情操和完整的人格，促进学生树立正确的世界观、人生观、价值观具有重要意义。我们之所以选用"星丛曜煜"给这本小书命名，也正是基于这样的考量。星丛，是一个用来划分星空区域的天文学术语，它是一个由多元要素构成的非稳定的集合体，其要素间呈现一种既松散又联结的存在状态。在本雅明那里，星丛被用来说明理念与客体之间存在的非强制的辩证关系，正如他所说"理念是永恒的星丛"。阿多诺则借用了本雅明的创造，使辩证法成为概念的星丛，星丛的隐喻不仅具有消解主、客体之间等级与奴役的价值，并且尊重异质的经验事实和存在意义。本书的作者们，犹如群星，他们有着不同的专业背景和关注焦点，甚至对于哲学的理解也不尽相同，但却通过哲学通识教育的课程体系结成星丛，进而在学术研究、生活实践中绽发光芒。他们的思想和观点在课堂上相互闪耀启发，又通过这本文集凝聚成曜煜宇宙的星图。希望这团星丛的光能够点燃他们各自心中的道德和良知,伴随着他们各自的人生继续散播,让哲学之魂似星河灿烂、生生不息。

编 者

2020年8月

# 目　录

论阿奎那对亚里士多德命题定义的解释／尹智鹤 …………… 001

梅耶松科学哲学思想概述／范裕锋 …………………………… 022

在经验与认识之间：论塞拉斯"所予神话"批判／周　菁 ……… 046

文化分析与马克思主义／吕天麟 ……………………………… 059

库恩与布鲁尔相对主义思想比较研究／李博文 ……………… 070

异托邦、非场所与拟像的狂欢／尹昌鹏 ……………………… 080

干预与实在：冷冻电镜与科学实在论初探／高旭东 …………… 092

论禅宗对张九龄诗歌创作的影响／包小菲 …………………… 112

从训到育：上海犹太青年组织"贝塔"的扩张与演变／顾荻飞 …… 126

主体与解放：从批判视角看启蒙与现代性的双重面相／李彦辰 …… 153

韦伯"新教伦理"与马克思"商品拜物教"理论的共同点探讨／吕欣烨 …… 162

从马克思主义视阈看民粹主义政党对欧洲社民党的影响／潘　颖 …… 172

评"cogito ergo sum"的演绎与非演绎重构／余美华 …………… 192

犹太传统如何理解摩西出世？／陈晓薇 ……………………… 208

1969—1985 年英国矿工的阶级意识和工业行动／杨亦彬 …… 221

人性论视阈中的《老子》新探／李宇泽 ………………………… 234

韩愈《原道》思微／林钰丰 ……………………………………… 255

反向格义视域下对"道"的阐释／张　喆 ……………………… 279

# 论阿奎那对亚里士多德命题定义的解释

尹智鹤

**摘　要**:在现代逻辑学和以命题态度视角出发的心灵哲学的讨论中,仅仅作为一个直接被给予者的命题远未得到真正的考察,无论将之界定为"陈述句的意义"、"事态的表征物"还是"确定的承真者",都尚未就它的存在性特征给出足够的澄清。与此相对,亚里士多德在一开始便给出了命题的确切定义——"命题是那种在其中有着真假的语句"。然而,现代逻辑学家似乎未经深省便抛弃了亚氏的定义,因为在他们看来,将语句与命题的范畴类型分离开似乎是理所应当的。本文基于阿奎那对亚氏命题学说的统贯疏解来直面这桩公案,依次阐述符号的涵义、作为命题的积成性部分的名称和动词、作为命题所指者的判断活动,并借此检视真正的承真者的实质。

**关键词**:命题;符号;名称;动词;判断

## 导论　命题定义问题在真值语义中的奠基性作用

现代哲学通常沿循两条线索来对"命题"进行界定:其一,从陈述句(statement)出发,将命题视作陈述句的意义(meaning),进而,当此陈述句中包含了"态度动词"时,命题便被视作此态度动词所表达的心智态度的直接对象;其二,从心外的对象性事态(extramental objective state of affairs)出发,将命题视作事态的心智表征物(representation)。故此,"命题有两种特征:第一,它们是表征性的（representational），第二，它们是非语言的（non-linguistic）"。①而在真值语义学的视角下，两条线索最终将交汇于一点：命题乃是确定的承真者（truth bearer）。

然而，在现代逻辑学和以命题态度视角出发的心灵哲学的讨论中，仅仅作为一个直接被给予者的命题远未得到真正的考察，无论将之界定为"陈述句的意义"、"事态的表征物"还是"承真者"，都尚未就它的存在性特征给出足够的澄清。而今，这种不事澄清的恶果已经在我们关于命题同一性，命题结构等问题的无休止的争讼中展现出来——我们对此些问题的讨论似乎没有立基之地，我们甚至可以怀疑命题这种东西是否可能存在，是否有必要被如此这般地设定。此外，即便某些当代"唯名论者"将命题仅仅视为一种建立语义学理论的"有用"装置，我们还是有必要追问：引进命题这种理论"存在体"之时，是否也不自觉地引入了某些理论先设，这些理论先设会在我们的真理论讨论中实质在场。同时，逻辑学和逻辑哲学的许多根本性问题都在呼唤着对命题定义的真正确立：这些问题，例如，语句指称真值（弗雷格）还是对象性事态（前期维特根斯坦），抑或如情境语义学家所说的指称"描述情境"？承真者是一种类型（type）物还是殊体（token）物②？成真者（truth maker）是什么，其是否内涵情境要素和心智要素？命题的真值语义具有二值性还是多值性，进而，逻辑学基本原理（如排中律）是否成立？最后，弗雷格的语境原则真的是完全合适的吗，还是如胡塞尔所说，判断的明证性（evident）要诉诸对象的明证性？

与今天的逻辑学家直接将"命题"作为一个被给予者来接受不同，亚里士多德在一开始便给出了命题的确切定义——"命题是那种在其中有着真假的

---

① R. C. Koons, *Metaphysics: The Fundamentals*, Wiley Blackwell, 2015, p.20.
② 与经典的逻辑语义学不同的是，二维语义学（two-dimensional semantics）与情境语义学（situation semantics）都将承真者（truth bearer）——一般所谓的"命题"——视为殊体（token）物，而非类型（type）物，这意味着，语境或情境通量（uniformity）等意义性要素乃是命题的内在构成性要素，而非其外在识别性或索引性要素。

语句（ἀποφαντικὸς, ἀλλ' ἐν ᾧ τὸ ἀληθεύειν ἢ ψεύδεσθαι ὑπάρχει）"（17a2）。① 显然，这一定义蕴涵着，命题在范畴类型上乃是一种语句，换言之，命题乃是语言性的（linguistic）。也正因如此，现代逻辑学家纷纷抛弃了亚氏的定义，在他们看来，命题并不是陈述句本身，而应是其（在心智中的）所指物。然而，亚里士多德在命题定义问题上真的只是犯了一个十分低级的错误吗？为了审慎地检视这桩公案，我们不应事先就以现代的命题观作为是非准绳，而是应当全贯地看待亚氏定义命题的完整思路。而笔者发现，托马斯·阿奎那对《解释篇》的阐释能够统贯地展示亚氏命题学说的全盘构划和微妙细节，本文也将沿着一条清晰的线索来疏解阿奎那的讨论，借此明晓亚氏逻辑学以及真理学说的根基和架构②。当然，在我们展开探讨之前，需要首先澄清当下任务的实质，并搭建一个公允的讨论平台：事实上，命题定义问题的宏旨即在于确定真正的承真者，故而我们可以首先将命题视为真正的承真者——这也是现代逻辑学家们能够接受的出发点，进而通过给出命题的范畴类型说明和种差说明来对之进行澄清。

## 一、符号的双重定义

亚里士多德曾以经典的定义公式贯联了语义学系统中的诸要素，他提出

---

① 对亚里士多德《解释篇》的引用译自1962年出版的阿奎那《解释篇评注》中所附亚里士多德著作的古希腊文原文，编码采用通行的贝克码。对阿奎那《解释篇评注》的引用也译自该书所附拉丁文原文，编码方式采用常见的"卷章节"标注法。Cf. T. Aquinas, *Expositio libri Peryermeneias*, Marquette University Press, 1962.

② 特需说明的是，尽管从对亚氏"命题（ἀποφάνσις）"的翻译来看，阿奎那所用的"enunciatio（对应的英文是 enunciation）"在涵义上与我们今天所用的"proposition"有所区别，其强调被表达出的东西或表达本身——故而最合适的中文翻译是"陈述"或"陈述句"，但这并不意味着阿奎那讨论的是某个完全不同于命题的对象（在命题定义问题上，我们不能首先预设命题与陈述句的存在论分别）。换言之，在"命题是真正承真者"的意义上，我们仍然可以将阿奎那对亚氏的"陈述句"解读视为对亚氏"命题观"的解读——因为我们所要凭以理解的乃是亚氏的整个逻辑学说以及真理学说的根基和结构，而不只是对一个语词的单纯界定。所以，笔者为了保证所论对象在术语上的统一性，仍在本文中将"enunciatio"译为命题。

"口语是灵魂之感受(ψυχῇ παθημάτων)的符号(σύμβολα)"(16a3),而"灵魂的感受是事物(πράγμα)的象(ομοίωμα)"(16a6)。这样一来,若依亚氏对命题之属的界定次第,即命题是一种语句,再加之语句是一种口语或言语音,而口语是一种符号,那么命题便是一种符号。而若依现代逻辑学的通行理解,将命题视作一个具体语句所意指的某个抽象物,那么似乎也可以将命题归结为一种具有"符号性"的事物。正如阿奎那敏锐地设问的,为何亚里士多德不直接将"符号"作为命题或语词的属,进而将它们定义为一种"以声音承载的符号(signum vocale)"呢?(b1, lec4, 4)然而需要注意的是,将命题的属界定为"符号",仅仅是在用一种同一的表述掩盖了困难,对它的理解依旧可以产生实质分歧,因为很明显,亚氏的命题乃是一个具体的物质物,而现代逻辑学中的命题则是抽象物。所以即便用"符号"作为命题的属,亚氏命题定义的"范畴类属疑难"仍然驻留在"符号"一词的张力中——符号的一端是承载意涵的那个事物,另一端是被此事物意指的对象,而承载意指的那个事物既可以是一个个殊的现实的质料性印迹,也可以是此印迹的某种抽象的"能指"类型。面对这样的地基性问题,阿奎那决定首先对"符号"一词进行澄清。

关于命题所体现的符号性,阿奎那着重强调了两个方面:其一,符号分为自然符号和人造符号,而命题是一种人造符号;其二,我们对于人造物总是可以有两种定义或理解的方式。在亚里士多德的文本中,"σύμβολα"和"σῆμα"有着相似的涵义,前者衍生出"symbolum(拉丁文)"和"symbol(英文)",后者衍生出"signum(拉丁文)"和"sign(英文)"。二者的区别在于,"σῆμα(sign)"是在普遍意义上进行意指(signify)的东西,而"σύμβολα"不仅表明一个意指者(signifier),而且表明这个意指者的意指关系并不是自然的,而是部分地来自人的约定或施加(impositio)[①]。在上述意义上,"σύμβολα(symbol)"即一种特

---

[①] 中世纪理论中关于施加的层次的讨论,Cf. C. Knudsen, "Intentions and Impositions", in N. Kretzmann, et al., *The Cambridge History of Later Medieval Philosophy*, New York: Cambridge University Press, 1982, pp.479—495. 另外,"符号性"来自约定或施加,并不意味着此符号与被指示者没有任何"像似",因为象形文字便是从对物状的模仿中创制的,而是说这个符号的"符号性",即其稳定通行的意指功能来自约定和施加。

殊的"σῆμα(sign)",而且甚至灵魂的感受也可以视为一种"σῆμα(sign)"。阿奎那缘此指出:"不说口语是灵魂的感受的象,而说是符号,乃是因为它是约定的结果,如号角是战争的符号。灵魂的感受则自然地指示(designo)事物,而非约定地。"(b1,lec2,9)既然在亚里士多德那里,语词(名称)或命题乃是人造符号,亦即一种人造物,那么为了清楚地界定命题,我们便须知道什么是人造物。首先,人造物与自然物并不是对事物的一种像人与马一样的实体性区分,而是一种偶性区分。亦即一个被视为人造物的事物,本身也可以被视为一个自然物。任何一个人造物的主体或实体都是自然物,故而阿奎那指出:"人造物的质料是实体,而其形式是偶性——既然人造物的形式只是作为其实体的自然物的偶性形式。"(b1,lec4,5)例如,对于被称为"特修斯之船"的事物而言,当我们把它视为"船"时,我们是将某种功能或造型置放在了对它的理解方式中,此时船在概念上乃是一个人造物,但是若我们完全不考虑它的人为特性,那么这个被称为"船"的事物无非就是某些特殊的木头、金属等自然物以复杂的方式堆积在一起的结果①。

然而,即便我们将某物理解为人造物,我们仍然可能对之产生两种理解方式,这两种理解方式可以体现在对一个具体的人造物的两种定义方式上。首先,由于每个偶性的定义中总是有作为主体的部分——通过"属加种差式"定义中的属来体现,故而我们可以"将偶性形式作为具体主体来意指(significat formam accidentalem ut concretam subiecto)"(ibid),此时,"这一偶性在名称的定义中被直接地制定为一个类似-属(quasi genus),而此偶性的主体则被间接地(如以间接格的方式)制定为一个类似-种差(quasi differentia)"(ibid)。我们可以将此种定义方式称为"抽象定义",例如将一尊青铜雕像定义为"以青铜制成的表征物"。与此相对的,对于这同一个事物,我们

---

① 这种理解并未否认它之为"船"的实在性。因为若不是人为的意图,这些自然物也不会如此这般地堆积在一起。但无论如何,并没有哪个实体是人能够从无中直接创造出来,而不是首先来自自然物的。故而人之所以能够对自然物进行改变以使之具有某种人造功能,是因为改变或施加偶性形式,而非创造了实体性形式。换言之,人造物与自然物相比,并不是在物质组分中加入了某些非自然物,而是通过赋予某些偶性形式,使该物具有了"人造功能"或"人造意义"。

另可将偶性所依存的质料或主体在名称的定义中制定为类似—属，而将偶性制定为类似—种差(ibid)。类似地，此种定义方式可以称为"具象定义"，例如将同一尊青铜雕像定义为"表征性的青铜"。于是，综此而言，当我们将一物名为"青铜雕像"时，我们便可能对此赋予"以青铜制成的表征物"或"表征性的青铜"两种涵义。缘此可知，亚氏在其逻辑学体系中为一个具体的名称或语句——这样的具有符号性的人造物——赋予了"具象定义"，即一种"有意义的(或符号性的)声音"。

参照阿奎那的分析，我们便可理解，深受唯名论影响的现代逻辑学家们是如何一步步将符号设想为一类"抽象物"的。首先，在阿奎那那里，所谓"抽象"与"具体"，只是对所指对象的两种定义方式或意指模式(modi significandi)的区分，即"以抽象的方式意指"(significant in abstracto)和"以具体的方式意指"(significant in concreto)之间的区分，而非对所指对象本身在存在论范畴上的区分，亦即在阿奎那的实在论背景下，"抽象物"与"具体物"或"抽象存在体(abstract entity)"与"具体存在体(concrete entity)"的区分是不恰当而有误导性的①。继而，对于一个具体的符号，在具体意指的模式下，它将被理解为"具有符号性的可感物"，如果这个符号是语音，那么这里的"可感物"就是声音；另外，在抽象意指的模式下，此具体的符号又可被理解为"以某可感物承载的符号"。然而问题在于，本是就意指模式或定义方式而言的抽象与具体的区别，在唯名论者那里变成了两种所指对象本身的区别，于是，大量不可感的"抽象对象"被凭空造出。进而，阿奎那所说的在"抽象定义"中作为"类似—属"的偶性本身便被当成了一类普遍的(且在理解上作为独立实体的)存在体——此种普遍存在体常与实体性共相(universal)相混淆，而抽象定义"以某可感物承载的符号"中的"符号"便被视为这类普遍的存在体中的一员。在这种理解下，具体的符号无非就是以某个具体的可感质料承载着这个符号而已。最终，由于符号的具体承载体对于此符号本身而言无足轻重，那么符号的承载体便可以在理解中甚至在存在上被完全抽象掉，符

---

① 否定抽象物完全不等同于否定共相，更不等同于否定事物的普遍层次和存在结构。

号遂被彻底实体化而成为一个"抽象物"或"抽象存在体"——弗雷格的"思想"便是其典例。

尤为关键的是,对符号的这种实体化和先验化理解带来了两重遮蔽效果。其一,因为名称或命题的符号性在抽象定义中被置于了类属或主体的位置,致使我们错把符号性认作一物的对象性特性(objective property)——对象凭其本身(per se)便具有的无关于他物的特性——甚至本质[①],似乎说"x 是符号"就如说"苏格拉底是人"一样明白晓畅。然而,符号实则是一种关系[或一物的"关系性特性(relational property)"],如亚氏所说,"没有哪一物凭其本身即是名称,只有当一物被作为一个符号时,它才是名称"(16a26),换言之,一物也可以"不作为"符号,因为正如皮尔士的符号体系所昭示的,符号之为符号,乃是将一物置于意指活动中的"意指对象(signified object)—诠释项(interpretant)—代现体(representation)"的整体框架中进行观照的结果。故而,符号总是在一物关于另一物的代现关系中才能得以理解,进而得到界定。其二,除了忽视符号的关系性之外,我们同样忽视了符号的现实性和当下性。符号性是对现实意指的规定,而非对意指的潜能的规定,亦即符号是已代现者(repraesentatio),而非可代现者(repraesent-abilis),符号所代现的对象以及符号对代现功能的"现实具有(actualiter habet)"进入了符号本身的规定性之中——这意味着,一个所指尚为空洞的"符号"本身即是自相矛盾的。

## 二、从语词到语句再到命题:命题的范畴类型及其界定次第

阿奎那清晰地勾勒了亚氏定义命题时的次第。他指出,亚氏首先通过辨析命题的(亦是语句的)两个积成性部分(partes integrales)——名称

---

[①] 符号性本来是这个具体符号的偶性形式,但是当这个具体的符号被理解为一个抽象实体时,符号性便被当成了它的"实体性形式"。

(nomina)和动词(verbum)[①]——来确立命题的类质料性原理(principia quasi materialia enunciationis)[②];继而,他界定了命题的形式原理[③],亦即作为命题的属的语句(oratio,speech);最后,他对命题定义中的种差部分进行解释。

### 1. 名称与动词定义中的"时间性"

亚氏在定义名称时给出了五个要素,分别是名称的属,即语音,和名称的四个种差,即有意义(significativa),意义源于约定俗成,意义抽离了时间性,及其质料性组分不具有单独的意义。笔者业已在上文中论及了这五个要素中的前三个,故而无须赘述。而第四要素导生了名称与动词之间的分殊,亦为阿奎那在评注中大书特书之处,笔者有必要在此做出辨析。

亚氏借以区分名称与动词的所谓"时间性"乃意指一种特殊的关联于时间的方式,我们必须将此种方式与关联于时间的其他方式进行区别。首先,在亚氏的范畴体系和自然哲学体系中,时间乃是一物之变动的度量。这意味着,时间的间接主体是变动之物,亦即那承载变动,但自身在变动中保持不变的实体(substantia),所以亚氏意义上的时间并非像近代物理学所设定的那样,是绝对的独立自存的,使一物"浸润"在其中的外部存在体,而更是一个实体的附性(attributes);时间的直接主体是实体的变动,亦即直接被时间所度量的东西,乃是一个变动。由此观之,所谓"与时间相关联者"便可以分为两类:(1) 用以度量处在一个活动秩序中的事物的时间,即"时间量度";(2) 被时间量度所度量的变动本身。对于(1),可以进一步按次分为:自然时间,即

---

[①] 在拉丁文中,动词与语词用同一个名称"verbum"来表示,据阿奎那所言,这是因为"动词乃是整个语句的完满(perfectio totius orationis),并且动词可以说是语句中最重要的部分。语句的其他部分也借动词而被显明(manifestantur),名称便是在动词中被理解的"(*De veritate*, q4, a1)。

[②] 之所以说是"类质料性"原理,是因为命题的真正质料是具体的可感物,而名称和动词则是此可感物的组成部分的实质(quidditas),它们在语句中可以借助命题的可感部分进行分辨。

[③] 在"属加种差式"定义中,属比之于种差就如质料比之于形式,但就一物的定义与一物的物质构成而言,定义在整体上揭示了事物的本质,比之此物的具体质料,更相当于其形式。例如,对于人而言,其定义"有理性的动物"中的"动物"比之"理性动物"更近于人的质料,但比之人的手足这样的身体组分,则更近于形式。所以在此可以将命题的属说成"命题的形式原理"。

因果秩序中的先与后；内在时间，即现在、过去与未来；外在时间或度量时间，亦即依照自然物的周期性相对运动而人为地加以确立的时间单位，如年月日。这三类时间量度又可以相互叠加组合成更复杂的时间量度，如阿奎那所提到的那种作为"对度量性时间的具有性本身（ipsa habitude temporis mensurantis）"的时间，例如明天，去年（b1, lec4, 7）。对于（2），特须强调的是，任何变动都"内在地"具有时间性，任何变动的形式在存在上和认知上都先于度量它的时间。

就"与时间相关联者"而言，名称与动词似乎可以依据时间性而获得一种表面的区分，即时间量度可以用名称意指，而动词所意指者首先应该是一个变动，而非时间量度——因为时间量度本身不是变动，至少就其作为度量变动之量度而言，它在度量中一定要保持同一。然而，就"与时间相关联者"与词语的意指关系而言，它仅仅是语词的"所指对象"，故而上述表面区分仅仅是语词之意指的"对象性区分"。但是真正使得名称与动词相区分的那"时间性"，并不依乎所指对象，即并不是"对象性的时间性"，而实则是语词的意指方式所内涵的时间性，即意指模式或意指关系本身的时间性。缘此，亚氏严格地将动词意指变动时所内蕴的"时间性"界定为"随附时间而意指（προσσημαίνει χρόνον）"（16b5）。如"成熟（ὑγίεια）"即名称，而"熟着（ὑγιαίνει）"便是动词，其"意指了成熟的当下存在"（16b8）。阿奎那就此对名称与动词的内在意指模式进行了清晰地解释，他指出，不独动词，名称也可以意指变动，如动名词、不定式实则都可以作为意指变动的名称，或如在没有词尾屈折变化的孤立语中，动词和名称往往具有相同的表达形式。而名称与动词意指变动的区别在于，名称的专能乃是"将其作为凭靠自身而存在的（per se existentem）来意指某物"（b1, lec5, 5），而在意指变动时可以展示为两种类型：其一，将变动抽象地意指，就好像这个变动本身作为一个独立自存的实体，此时意指变动的名称类型是动名词；其二，"变动的过程或其内在性本身（ipse processus vel inhaerentia actionis）"被理智领会，并被作为一物来意指，此时意指此变动的内在性的类型是动词不定式。这即是为何动词不定式"既可以被以具体概念（ratione concretionis）之资用为动词，又可以作为名称来意指某物"(ibid)。而动词则是专门"以变动的模式"或"就变动作为变动的方式"来意指变动,即将变动"作为从一个实体中发出(egrediens a substantia)并固存于(inhaerens)其中,有如固存于一个主体中"(ibid)的东西来意指。

阿奎那进一步指出,既然这里的时间性实则意指模式中内蕴的时间性,亦即认知主体在理解对象时建构于观念之中的时间性,那么动词意指变动时随附的最基础的时间则是"当下时间"。而且值得注意的是,当阿奎那说绝对意义上的动词"随附当下时间而意指(consignificat praesens tempus)"时,它用的术语是"随附意指(consignificat)"和"当下时间(praesens tempus)",但当他说其他时态的动词"意指着先于或后于某处的时间(significat tempus hinc et inde circumstans)"时,它的用语则是"意指(significat)"和"某处/某条件或状况(circumstans)"(b1, lec5, 12)。这意味着,"当下(present)"并不是"过去—现在—未来"这条内在时间轴中与"过去"和"未来"平等的一个环节,而是过去与未来的先在基础,即"过去和未来都是凭靠与当下的关联(per respectum ad praesens,即凭靠其朝向当下的一面)才被言说的"(ibid)①——此点也见证了阿奎那与胡塞尔的不谋而合:所有对过去的记忆和对未来的预期都是通过回忆和前瞻而在当下呈现的(在西语中,present 具有当下和呈现的双重意涵),"在现实中(而非在可能性中,或在被设想的现实中)的主动和被动(agere vel pati in actu)才是真正意义上的主动和被动,也是纯粹的主动和被动。在过去或未来中的主动或被动乃是有所凭依的或相对的(secundum quid)"②。另一方面,上述用语的张力还意味着,"当下"并不是单纯能通过对象的时间性而被确立的,因为如阿奎那强调的,亚氏说"praesens tempus(present time;当下)"而不只说"praesens(present;当刻)","因为他指的并不是一个不可分的瞬时的当刻——因为在瞬时中并无运动,也无主动和被动。

---

① 事实上,若榍櫱其言或可发现,过去与未来实则都是后于某个当下性的条件的,因为 hinc 与 inde 都有"在其后"的意思,hinc 是从此时以后,从此时起,甚至可以表示以此时作为原因起。而 inde 是从那时以后或从那时起(厥后)。

② 其通过理智的当下现实性而具有现实性,继而可以形成判断,但其本身不具有对象的现实性(不是一个现实的外在对象),因为已经过去了,即意味着不再具有现实性了。

当下作为时间乃是用来度量已经被把握(incepit,在手,开始)并且尚未在其现实中终结的活动(accipere praesens tempus quod mensurat actionem, quae incepit, et nondum est determinata per actum)"(ibid)。换言之,认知主体以主动的统一性意向将诸现象统合在了同一个理智的现实或意识中,由此,事物或变动才成了一个整体性的当下对象,并且具有了作为当下的时间性。

**2. 词性的实质与亚氏的命题结构**

从上文的辨析出发,我们可以进一步讨论以下两个问题:(1)什么是词性?(2)亚里士多德主义理解下的命题在结构上是否就是"主谓命题"?

通常认为,词性是语词的语法学特性,其根据语词表达式的类型而得以有习惯性的分类。然而,语词表达式的表达类型只是词性的标志,却不是词性的实质,而我们的逻辑学研究不仅应在效果上区分词性的表达,更应该在成因中理解词性乃至语词的实质。缘此,阿奎那在评注的开端引入了这一问题:语词是简单的表达(simplicibus dictum),那么既然在《范畴篇》中业已讨论过单纯概念的分类和相关特性,为何在《解释篇》中要重新将它们作为名称和动词来讨论呢?(b1, lec1, 5)阿奎那对此的解释是,尽管语词确实是简单的表达,但是所谓"简单的表达"可以被以三种方式理解:(ⅰ)就其独立地意指单纯理知而言(absolute significant simplices intellectus),它被称为范畴词(categorical word)或谓词(predicate),由亚氏在《范畴篇》中进行讨论;(ⅱ)就其作为命题的部分而言,这简单的表达在概念上被视为名称或动词,亦即语词(外加命题的其他一些组分),由亚氏在《解释篇》中进行讨论;(ⅲ)就其作为论证链条的组分而言,这简单的表达在概念上被视为词项(terminus),由亚氏在《前分析篇》中进行讨论(ibid)。由方式(ⅱ)可以推知,语词乃是一个语词表达式在其所在的命题这个整体中被理解的方式,其作为整体的部分所具有的特性,即其"词性",乃是一种"结构性特性"——这种结构性特性的确是这个部分的特性,而非整体本身的特性,但它却不是此部分凭其本身(per se)而具有的特性,而一定是被置于此整体中,并关联于此整体才具有的特性①。而"动词本身,当其孤立地言说时,乃是名称(αὐτὰ μὲν οὖν καθ' αὑτὰ λεγόμενα τὰ ῥήματα ὀνόματά ἐστι)"(16b19)。事实上在不久之后,深受古典语法学家普里西安和阿奎那影响的思辨语法学家们(Modistae)又结合语词在"意指模式(modi significandi)"上的分殊将阿奎那对名称和动词之实质的澄清拓展到了对其他词性的分析上。

在现代谓词逻辑建构的历史视野中,亚氏以来的传统逻辑被视为一种"主谓逻辑",其核心特征是将命题理解为一个"主词—谓词"结构。如今,在阿奎那评注的启发下,我们有必要重新审视这一成说的理解得失。阿奎那的讨论暗示了这样一个问题:如果亚里士多德的命题结构是主谓结构,为何在讨论命题的积成性部分时讨论的不是主词和谓词,而是名称(广义的名称还包括除动词外的其他词性范畴,因为它们都不内涵时间性)和动词?要回答这个问题,须辨明谓词与动词的微妙差异。首先,我们对此问题要有三个基本认识:第一,动词和谓词都是结构性特性,因为对于一个孤立出现的语词而言,无所谓主词或谓词;第二,动词和谓词并不是一个语词表达式的对象性分类(客观分类),而是表征着我们对此语词表达式的两种理解方式,所以被视为一个动词的那个表达式同时也可以被视为一个谓词,如在"苏格拉底跑着(Socrates runs)"一句中,"跑着(run)"便既是动词,又作谓词,但是它之作为动词与作为谓词在含义上有所分别②;第三,如阿奎那所言,名词可以置于主词的位置,也可以置于谓词的位置,但动词永远置于谓词的位置(b1, lec5, 4)③。继而,我们可以对动词与谓词的不同结构性实质做出界定。每一个谓述句都意指了一物之属于(de)或在于(in)另一物(记作 a 属于 b,或 a 在于 b,其中 a 和 b 表征两物),即便对于"苏格拉底跑着"这样的句子,我们也可以认

---

① 借照深受阿奎那哲学影响的中世纪思辨语法学家的理论,可以对词性的实质做出更细致的澄清——语法学上的词性在语义学上乃是一个语词的"范畴语义(categorical semantic)"。Cf. J. Pinborg, "Speculative Grammar", in N. Kretzmann, et al., *The Cambridge History of Later Medieval Philosophy*, New York: Cambridge University Press, 1982, pp. 254 - 270.

② 反过来则不然,谓词未必是动词,因为谓词可能不是由一个语词构成。

③ 上文已澄清过,置于主词位置的"动词"实则作为名称,如在"'matures' is a verb"一句中,matures 实则是名词。

为它意指了"跑着"这一属性之存在于"苏格拉底"这一实体中。这同时意味着,谓述句向我们呈递了一物(a)与另一物(b)的一种组合关联,而所谓主词与谓词,便分别是"谓述物(a)"与"被谓述物(b)"的符号,换言之,主词和谓词这一对概念实则表明了事物处在一种谓述－组合关系中①。另一方面,就动词而言,阿奎那说,"其本身乃是谓词"(b1,lec5,9),这是说,在语句中被视为动词的那个语词表达式本身,由于在谓述－组合关系中作为谓述者,遂可理解为谓词。然而,尽管动词和谓词可以指同一物,并且都是将此物置于某个整体结构中来看的结果,但动词所预置的那个整体结构与谓词的有着重要区别。对此,阿奎那一再重申亚氏在动词定义中提出的最后一个特征——动词是"一物之称述另一物的符号(δὲ τῶν καθ' ἑτέρου λεγομένων σημεῖον)"(16b5),并解释道:"动词不是作为谓述者的事物的符号——这乃是谓词,而总是'一物之谓述另一物'的符号,因为所有的谓述都是通过动词引入的组合活动而产生的。"(b1,lec5,9)可见,谓词所预置的那个整体结构只是一物与另一物所处于的一个组合关系,而动词所预置的整体结构则将这个组合关系作为结果放置在了更具整体性的且是此关系之成因的组合活动中,"因为动词引入了谓词借以被统一到主词中的那个组合(verbum importat compositionem, qua praedicatum componitur subiecto)"(b1,lec5,8)。所以,主谓结构只是表明了被意指者之间静态的对象结构,而名动结构则借助动词的真正意指表明了被意指者被统一到此对象结构的那个动态的组合活动本身。换言之,"苏格拉底在跑"一句在主谓结构下来看,只是表明主词"苏格拉底"和谓词"在跑"处在了一个组合"关系"中;而在名动结构下来看,此句则表明,有一个现实的组合"活动"当下地将"在跑"和"苏格拉底"统一起来——动词即

---

① 事实上,阿奎那对此有着更为明确的澄清,如在《论存在者与本质》中,他指出,"谓述乃是由理智中的组合和分离活动所实现者(Praedicatio enim est quiddam quod completur per actionem intellectus componentis et dividentis)"(c. 2, 64),而"在逻辑学中,谓述被以普遍的方式理解(ad logicam autem communiter pertinent pertinent considerare praedicationem universaliter)"(*Expositio libri Posteriorum Analyticorum*, p.35)——罗伯特·施密特将此称之为"在被动的意义上理解谓述活动"。更为细致的辨析,参见 Robert W. Schmidt, *The Domain of Logic According to Saint Thomas Aquinas*, The Hague：Martinus Nijhoff, 1966, pp. 224 – 226.

意指这个活动,且在这个意义上,动词便顺理成章地内蕴着象征活动的时间性。事实上,笔者的澄明并不是要否认主谓结构的合法性,而是寻求在更加整全的谓述活动中来理解所谓"谓词"。

## 三、判断活动——命题的所指者

如今的问题在于,既然在阿奎那那里,命题是一种有所意指的具体语句,那么它意指着什么呢?并且,若如亚氏所说,它所意指的是某种心灵的东西——"口语是灵魂之感受的符号",那么何不可像现代逻辑学那样,将陈述句所意指的那个心灵之物,而非具体的陈述句本身称为"命题(proposition)"呢?在这里,我们所面对的实则是这样一个任务,即辨明一对至关重要的逻辑术语:"思想"与"判断"。

对于这对术语,弗雷格曾隐约意识到其差异,却未尝真正厘清。他看到,"迄今为止,人们并未在思想和判断之间做出足够的区别","我们在断定句中确实没有与断定的东西相对应的特殊的句子部分"[1],而"实际上我差不多是在逻辑学家著作中这种'判断'的意义上使用'思想'一词的"[2]。最终,弗雷格为思想与判断制定了一个通行的区分:思想是判断的内容,判断是对思想之为真的肯定[3],并且在"概念文字"的符号表达方法中通过"竖横号"来进行分别。之所以称之为"通行的区分",乃是因为在奥卡姆之后,这种区分便逐渐塑造了我们理解思想和判断的"典型模式"(笔者姑且将此模式称为"奥卡姆模式"),若非与阿奎那相较,当代学者很难不将这种模式视为理所当然。此"奥卡姆模式"在存在论和知识论上的主要特征是[4]:

---

[1] [德]弗雷格,《弗雷格哲学论著选辑》,王路译,北京:商务印书馆,1994年,第118页。
[2] [德]弗雷格,《弗雷格哲学论著选辑》,王路译,北京:商务印书馆,1994年,第116页。若与其前辈相比,弗雷格所说的思想确实相当于他们所说的判断,若与其后辈相比,弗雷格所说的思想则相当于今天的逻辑学者所理解的命题。
[3] [德]弗雷格,《弗雷格哲学论著选辑》,王路译,北京:商务印书馆,1994年,第118页。
[4] Cf. A. Maurer, *The Philosophy of William of Ockham: In the Light of Its Principles*, Toronto: Pontifical Institute of Mediaeval Studies, 1999, pp. 93–102.

（1）设置了"心智命题（mental proposition）"或"思想"作为一种与口头和书写的命题或陈述句相对应的抽象存在体（abstract entity），且此种存在体作为承载真值的首要事物。

（2）此心智命题并不等同于默念语句或内在语（verbum interius）——其完全由一种特殊的自然语言来表达，只是没有被说出或写出而已，如所谓"心中默念"，其相当于一个具有完全的现实性的口语或文字表达，即也是一个token。而心智命题作为"灵魂的感受"对于操用不同语言的人们来说都是相同的，不同语言的区别仅在于将此心智命题付诸表达时的区别——在弗雷格看来，是一种"修饰性"区别。

（3）此心智命题已具有负载真值的完全的条件，即它在真值语义上已经饱和了，而对此心智命题的实际表达只会在效果的意义上引起接受者的不同判断，但并不改变作为此表达式的真理性内容的心智命题本身的真值。

（4）此心智命题不是为判断所创造的，其具有相对于实际判断的在先性（priority），即它作为判断的内容先于并独立于对其的判断。并且，一旦形成，它便是恒存的。而判断则是一个个别认知主体对此内容赋予了某个真值（或将此内容承诺为真，acknowledging as true）。

后世的逻辑学家或许在术语使用上与奥卡姆有所不同，但他们实质上的理解结构是相同的[①]。比如在奥卡姆时代，表达出的和心智内的命题都称作"命题"，但今天我们更习惯于将表达出的称为"语句"或"表达式"，而只将心

---

[①] 当代实在论（考特怀特、丘奇、普兰廷加、皮彻等）和唯名论（塞拉斯、普莱尔）立场的命题观都难以脱于奥卡姆模式，因为奥卡姆模式的核心在于：（1）将命题视作判断活动的先验被给予项或先验对象；（2）在对符号的理解上，奥卡姆模式将符号视为对象的对应物，而非像阿奎那或皮尔士一样，将符号视作某个活动的现实产物，并以产物的方式代现整个活动性事实——符号的真正对象是符号被生产出的那个完整事实。只要承认了这两点，无论是否认为命题是先验实在（独立于心智而存在）的，都是奥卡姆主义。在此之中，罗素或许略显特别，他的确看到了态度命题中的态度动词的内在构造特征，即态度命题不是表达主项对某个在先的抽象实体的态度，而是表达在主项中发生的一种心灵活动，此种心灵活动将几个对象编织于一个整体，并且此心灵活动乃是实际的承载者。然而，他所说的心灵活动仍旧是被言说者所提及的那作为对象的发生于主项身上的心灵活动，而不是言说者本身的心灵活动。另外，罗素对概念的处理也仍是弗雷格式的。Cf. B. Russell, *Problems of Philosophy*, Oxford: Clarendon Press, 1912, Chapter 12.

智内的称为"命题",但语句与命题的关系仍相当于口头或书写命题与心智命题的关系。或如在弗雷格那里,经过一番"柏拉图主义"地改造,使得所谓"思想"并不内涵一种心内的存在论意义,而是悬挂在"第三世界"之中,但此"思想"的设置和界定实则仍然符合"奥卡姆模式"的主要特征。

然而,如果我们能够推崇胡塞尔在《经验与判断》中的着重申明,考察命题的原初所予性——这意味着,须意识到当下被给予的命题只是早先判断的一种"积淀物",而命题的明证性应该上溯于它的明证性的所予来源[①]——我们便可以在更深入的问题意识下觉察到阿奎那的洞见与"奥卡姆模式"的迥然异趣。奥卡姆模式实则展示了一种关注判断活动的内容和对象,而非判断活动的完整现实的"受话者视角"。换言之,一个现实的具体的判断和此判断所造成的殊型语句(sentence token)的真值语义和真值条件完全无关乎此判断和语句是如何被置于此或被说出的那个存在性事实,而仅系乎它的内容和它的"命题类型"。由此,抽象的心智命题便足以完全地承载真值,即具有充分和饱和的真值语义。但是,作为古典存在主义大师的阿奎那,抱持着一种关注命题的存在之现实(actus essendi)和原初所予性的"言说者视角"。在他看来,思想从来不是一个从天而降的礼物(a given thing),而是认知者的构想活动的产物——"认知即构造(conceive)知识"[②],而落实为判断的知识的根本目的在于把握世界的真,故而,即便逻辑学只考察一个语句的真值语义,我们也仍需推原至命题最初被构想而出的那个完整事实,如此才能获取其完全的真值语义。相形之下,从一个殊体(token)的内容类型中只能获取其真值语义的某些不完满的层次。所以,任何不具有完全的现实性的意义或不在其完全的现实性中被考察的"命题"都不是真正的承真者(truth bearer)。进而,比之

---

[①] 胡塞尔指出:"必须在可能的判断对象、判断基底本身内部再区分出两种基底,一种是本身已经具有那种自身带有句法形式的早先判断的积淀物的,一种则是真正原始的基底,即首次作为基底进入判断之中的对象,亦即最终基底。"(胡塞尔,《经验与判断》,张廷国译,北京:生活·读书·新知三联书店,1999年,第41页。)

[②] E. Gilson, *Being and Some Philosophers*, Toronto: Pontifical Institute of Mediaeval Studies, 1952, p.190.

上文所列"奥卡姆模式"的特征,我们可将阿奎那对命题与判断的关系的理解概之如下:

(ⅰ)并没有与外在表达式"相对应"的作为抽象存在体的"心智命题",而有着作为一个具体语句的因果来源的某个内在的现实的心灵事实或理智活动。换言之,外在表达式与那个内在的理智事实之间的关系首先不是"同构映像"关系,而是一种生成性的因果关系(这种因果关系其后才会被我们"反思性地"理解为一种对应关系)。

(ⅱ)作为认知活动的终点,这个心灵事实的最终结果就是一个内在语(verbum interius)①,即一个对外在话语的当下想象(De veritate, q4, a1)。既然这个语句是具体的和现实的,那么它便不是一个恒存之物。

(ⅲ)"判断"一术语既可以指上述心灵事实或理智活动本身——此时判断是一个活动,即判断活动,也可以指这个活动的产物,即一个具体的现实的判断语句②。故而,具体的判断语句和判断活动都是承真者,只不过,判断活动是真正的承真者,而判断语句则是以符号的角色代现了它。

(ⅳ)判断不是对某个在先的未判断的内容之真值的意愿选择,而是一种"制造了"内容的组合和分离活动。即如马里坦所言,"理智不是通过对心象的反思,而是在这一'判断'和在这一证实本身之中提出这一证实的"。③ 所以

---

① 阿奎那区分了外在词(verbum exterius)、内在词(verbum interius)和内心词(verbum cordis)。其中,外在词是可感的发出的语词;内在词是外在词的模型,其含纳着对外在词的想象(habet imaginem vocis),内在词"在本性上先于外在词,并且是外在词的效力因和目的因";内心词是内在词的一个意向性部分,其为外在词所意指,类似于匠人的目的或意图。Cf. De veritate, q4, a1. 需要承认,阿奎那此处的界定仍有含混之处,更为细致的辨析,Cf. J. P. Hochschild, "Mental Language in Aquinas?", In G. Klima, Intentionality, Cognition, and Mental Representation in Medieval Philosophy, New York: Fordham University Press, 2015, pp.29-45.

② 与阿奎那类似,胡塞尔也曾指出:"言语的统一性对应着一种意指的统一性,以及语言的结构和言语的形式对应着意指的结构和形式。但是,意指(Meinung)并不存在于字词之外;而是当我们在说话时不断地实行着一种内在的意指行为,此意指行为与字词融合在一起,并似乎赋予着字词以生命。这种赋予字词生命的结果是,字词以及整个话语仿佛在自身内将一种意指躯体化(verleiblichen),并在自身内将此意指躯体化为意义(Sinn)。"(胡塞尔,《经验与判断》,张廷国译,北京:生活·读书·新知三联书店,1999年,第18页。)

③ [法]马里坦,《存在与存在者》,龚同铮译,贵阳:贵州人民出版社,1990年,第一章,注13。

在判断活动发生之前,并没有完全现实的判断的内容存在,是判断活动本身制造了这一(有别于一个单纯概念的)复合性内容,其必然连带着对这一内容的认同。

在此,我们需要区分理智的"构造性(conceptualis)"行为中的两种组合(combinatio)过程。根据吉尔松的解释,理智活动的结果(terminus)被统称为"观念(conceptio)",继而,根据理智活动的两种分类——单纯理知活动和联合活动(compositio)[①],观念又可进一步分为"概念(conceptus)"和"判断(iudicamentum)",概念的最终现实性形式是语词或词组(verbum),判断的最终现实性形式是命题(enunciatio)。[②] 然而,概念与判断的区分首先来自理智活动的区分,而非对象和"内容"上的区分。它们的区分也体现在我们的日常语言表达习惯上,例如,作为话语的"苏格拉底跑着(Socrates runs)"和"跑着的苏格拉底(running Socrates)"在内容上非常相似——都是将苏格拉底和跑性组合在一起,然而前者是意指判断的命题,后者则是意指概念的语词。在奥卡姆模式的理解下,作为内容或思想的"苏格拉底跑着"先于对思想的判断活动而存在,其乃是一种构想(con-cipio),而判断就如是对先在的思想进行了一个单独的意志运用——将"苏格拉底跑着"断定为真;但基于阿奎那的学说,判断并不是对相同内容的一次后续断定,而是在同一个联合活动中既构设了一个内容,又对此内容做出了断定,而单纯作为构想的组合活动在开端上就是另一个活动:我们要构想一个在跑的苏格拉底和我们要对苏格拉底是否在跑做出判断,在理智活动之初就借着主动理智的意向性区分开了。

缘此,阿奎那的解释也为情境语义学提供了支援:因为不在其完全的现实性中被考察的"命题类型"不是真正的承真者。而若使"置于其完全的现实性中来考察",便意味着将语句置于它与其言说者及相关言说情境和描述情

---

[①] combinatio 与 compositio(或 combination 与 composition)的区别在于,前者来自 con-bini(两次),其单纯表明在一个联合中多次出现概念,后者则来自 con-pono(置放),其表明一个将诸概念合一的联合活动本身。所以笔者在此特将 combinatio 翻译为组合,而将 compositio 翻译为联合。

[②] E. Gilson, *Being and Some Philosophers*, Toronto: Pontifical Institute of Mediaeval Studies, 1952, p.190.

境——作为对象——的整体关联中,而这也是情境语义学的核心命意所衷。在这个意义上,可以说情境语义学正引导着我们的真值语义学回归"言说者视角"、"活动视角"和"整体论视角"。另外从胡塞尔的角度讲,判断的明证性必须基于对象的明证性,而情境语义学诉诸言说情境也为确立真正的对象明证性提供了必要的线索。然而,尽管在阿奎那那里,命题类型完全不具有相对于命题殊型的在先性,也不是真正的承真者,但所谓"命题类型"在亚氏的体系中仍然可以得到相容的解释。根据阿奎那的学说,"命题类型"有三种可能意义或来源:(1) 作为对实际命题的理解方式,因为理解便意味着将一个实在物类型化,此时这里的命题类型在存在论上不是一个判断,而无非是一个概念(conceptus)。继而,既然命题类型是对实际命题的理解方式,那么它便后于实际命题,并且可以两种身份出现:其一,作为对一个接受而来的话语的理解;其二,作为对于自身判断的一种当下反思(我们将命题类型作为一个具体判断的内容抽象出来,但这一抽象只能发生在判断之后,即只能是对判断的反思性构造的结果。)。(2) 作为一种认知习性(cognitive habitus),使主体在某些情境中具有做出某个现实判断的倾向(disposition)。(3) 作为问题本身或知识的意向——即内心词(verbum cordis)。阿奎那之所以不认同奥卡姆意义上作为未判断之物的"心智命题",因为那种存在体不会在心灵中真的产生,用现象学的术语来说,心智命题的产生需要一个意向相关项(noema)的动机引发,而这个意向相关项已经指向着一个对内容之真假做出实际肯定的欲求,而非仅是产生一个悬置了判断的单纯的思想性构造[1]。

## 余 论

可见,与本文开篇所引述的现代论点相比,阿奎那肯定了命题的表征性,

---

[1] 奥卡姆模式的主张者之所以忽视这一点,继而如此这般地设置了"心智命题",乃是因为他们根本不考虑被给予的命题的被给予性来源,即它是怎么被置于此而被我们讨论的——他们把反思性知识当成了关于对象的"先验性"知识,他们忽视了对知识的反思也是一种对知识的构造。

但否认了其非语言性。而亚氏命题定义的关隘则在于：(1) 作为符号的表达式（语词、语句）乃是具体物，而非抽象物；(2) 命题的积成性部分乃是名称和动词，而非主词和谓词；(3) 命题真正意指的是判断活动本身，而非判断的内容，判断活动是真正的承真者。上述观点使得亚氏的命题定义——"命题是其中有着真假的语句"——葆有了体系化的丰富内涵，其不仅有助于我们把握真正的承真者，也能帮助我们在更适切和更整全的视角下建立语义学。阿奎那的解释呈示了亚里士多德主义真理学说的扎实的形而上学根基，使之可以对此前提出的种种逻辑学、逻辑哲学和真理论问题给出统贯清澈的回答。同时，我们亦可借此揭示亚里士多德"真理在理智之中"一语的理论纵深，澄清其真理论与现代符合论（corresponding theory）之间的根本差别。此外，阿奎那曾在《解释篇注》中对系动词（est）的实质含义做出了细致的辨析，这些辨析也展示了一个古典存在主义者对"康德的存在论题"（海德格尔一篇文章的标题）的深刻洞见。限于篇幅，只能期待在将来的研究中对此些问题展开讨论了。

（本文已发表于《世界哲学》2020年第4期，有删改）

## 个人简介

尹智鹤，南京大学数学系2011级本科生。硕士毕业于南京大学哲学系，硕士论文的研究领域是形式知识论和亚里士多德哲学。现就读于南京大学哲学系逻辑学专业，师从张建军教授，研究领域是形而上学和逻辑哲学。

## 学习感悟

我在本科期间曾修读多门哲学系的课程，包括张建军老师和顿新国老师的"逻辑学导论"，王克喜老师的"非形式逻辑与批判性思维"，张荣老师和马迎辉老师的"西方哲学史"，王恒老师的"现代西方哲学"、"走进后现代哲学"，刘鹏老师的"科学哲学导论"，孟振华老师和宋立宏老师的"犹太文化与《圣经》"等。在与老师和同学们的交流过程中，我深切地体会到了哲学系诸师的博大与儒雅，以及哲学系同学的友善与热情，他们从不怀揣"门户之见"，尤其愿意与外专业的学生讨论问学。可以说，南大哲学系能够作为南大跨学科教育的典范，一方面来自哲学学科本身所培育的包综统合的性情，另一方面便是得益于南大哲学系的这种囊括大典、网罗众家的风气。而在正式成为"南哲人"，尤其是"南逻人"之后，我又逐渐体察到在哲学学问的广大之中不断显露出的洁净精微。我想，业师张建军教授的"三十二字方针"便是此中教益的浓缩，我在思考和写作时每每究琢玩味，常获启掖。

# 梅耶松科学哲学思想概述

范裕锋

**摘　要**：埃米尔·梅耶松（Émile Meyerson，1859—1933）是法国著名科学哲学家和科学史家。他在法国认识论中处于重要地位，而且他也深深影响了美国后实证主义认识论。因此，不论是对于法国认识论还是对于美国后实证主义，梅耶松都是绕不开的人物。但是国内学术界还没有关于梅耶松的直接研究，这与其在国际学术界不断增强的影响力不符。针对上述情况，本文试图系统考察梅耶松的科学哲学思想。本文对梅耶松的科学哲学思想从方法论、本体论和认识论三个方面进行考察。首先，梅耶松批判了孔德的实证主义，但继承了他的历史方法，并发展出一种概念分析方法，即通过概念的历史演化去理解概念。其次，本文澄清了梅耶松对于形而上学的态度。梅耶松强调科学和形而上学是紧密结合在一起的，他反对任何将科学和形而上学割裂开来的观点。最后，本文考察了梅耶松的科学演化模型。梅耶松断言科学活动是在"合法性原理"和"因果性原理"的指导下进行的，前者对应的是描述，而后者更为本质，对应的是说明。因果性原理本质上是同一性原理，而同一性原理则是某种还原论，并将还原的基础建立在不可还原的物质实体之上，这些实体是科学家所追求的原因。

**关键词**：梅耶松；概念分析；因果性；同一性

## 梅耶松科学哲学思想概述

"没有科学哲学的科学史是盲目的……没有科学史的科学哲学是空洞的。"[1]这是当代学界对科学哲学与科学史关系的共识。但在20世纪上半叶,科学哲学和科学史完全处于分裂的状态,很少有科学哲学家会在论文中用到科学史。1938年,赖欣巴哈首先提出发现的语境和辩护的语境的严格区分,[2]不仅得到逻辑实证主义者的支持,也得到了波普的支持。逻辑实证主义者将辩护的语境作为自己的研究内容,把科学史划入发现的语境,进而将其排除在外,而科学哲学家就科学史的唯一任务就是对其进行"合理重建"。

20世纪50年代以来,汉森、库恩等人对于这种区分的反对,逐渐促成了科学哲学和科学史之间的融合。库恩用大量的科学史证据来支持自己的观点,批评者想要反对库恩并为科学的合理性辩护,也必须对历史有所了解。不同于逻辑实证主义关于科学合理性的逻辑进路,库恩以科学史为基础而构建的范式理论对传统科学合理性观念提出了严峻的挑战,并且最终导致了科学哲学中所谓的"历史转向"。

历史主义在库恩和汉森等人的推动下开始在英美兴起,但是在法国认识论传统下,历史主义一直处于重要的地位,对于理解法国哲学家的思想是必不可少的。其中康吉莱姆、巴什拉、柯瓦雷等人共同形成了法国独特的理性哲学和概念哲学的模式。而这些人都在不同程度上继承了梅耶松的思想。康吉莱姆继承了柯瓦雷的概念分析方法,对福柯、阿尔都塞等人产生巨大影响。而柯瓦雷的这一方法深受梅耶松启发,他的第一本书《伽利略研究》就是献给梅耶松的。并且他在一封给梅耶松的信件中称其为"亲爱的导师"(cher Maître),同时提到:"我很荣幸能在一定程度上认为自己是您的追随者。"[3]巴什拉跟上述两位不同,他将梅耶松作为主要的批判对象,[4]两者观点大相径

---

[1] N. R. Hanson, "The Irrelevance of History of Science to Philosophy of Science", In *The Journal of Philosophy*, 1962, pp.575-580.

[2] D. Howard, "Philosophy of Science and the History of Science", In *The Continuum Companion to the Philosophy of Science*, 2011, pp.60-65.

[3] B. Bensaude-Vincent, E. Telkes-Klein, *Lettres françaises*, Paris: CNRS, 2009, p.232.

[4] [日]金森修:《巴什拉:科学与诗》,武青艳、包国光译,石家庄:河北教育出版社,2001年,第48页。

庭。但梅耶松依然深刻地影响了巴什拉，尤其是在科学史方面。由此可以看出，历史主义在法国是一脉相承的，因此梅耶松对于法国认识论的重要性是不言而喻的。同时，库恩在《科学革命的结构》一书的序言中谈及自己的科学史研究时，指出梅耶松、柯瓦雷和梅茨格等人"在形成我的关于科学思想史可能是什么的概念中，仅次于第一手资料"[①]。不仅如此，他还极力推荐他的学生去读梅耶松和布伦士维格的书。[②] 库恩甚至承认自己有三位导师：迪昂、梅耶松、柯瓦雷。[③] 因此可以看出，梅耶松至少在科学史方面不论是对于法国还是英美都至关重要。而且本文将要指出的是梅耶松的影响不仅仅局限于科学史。

## 一、梅耶松简介

埃米尔·梅耶松(Émile Meyerson，1859—1933)是波兰裔法国科学哲学家和科学史家，生于波兰卢布林，逝于法国巴黎。梅耶松于十二岁前往德国海德堡留学，师从罗伯特·威廉·本生(Robert Wilhelm Bunsen)和赫尔曼·柯普(Hermann Kopp)学习化学，之后在柏林接受利伯曼(Liebermann)的指导。他在1882年来到巴黎，并在法兰西学院的舒森伯格实验室进行为期两年的化工学习，之后在一家染料厂进行化学相关的工作。

随后，梅耶松离开染料厂成了一名新闻编辑，并且花费了长达19年的时间自学科学史和哲学，进行相关研究。[④] 当时，欧洲知识分子有小团体聚会(即沙龙)的习惯，梅耶松通过沙龙可以和不同专业的学者进行自由交谈与交

---

[①] [美]托马斯·库恩：《科学革命的结构》，金吾伦、胡新和译，北京：北京大学出版社，2003年，第2页。

[②] [美]托马斯·库恩：《必要的张力》，范岱年、纪树立译，北京：北京大学出版社，2004年，第10页。

[③] S. Laugier, "Signification et incommensurabilité: Kuhn, Carnap, Quine", In *Archives De Philosophie*, 2003, pp.481-503.

[④] C. C. Gillispie, *Dictionary of Scientific Biography*, vol 15, New York: Charles Scribner's Sons, 1981, pp.422-425.

流,这为他的博学奠定了基础。在此期间,受赫尔曼·柯普的影响,梅耶松将注意力转向科学史与科学发展的哲学问题,特别是化学史的研究。

梅耶松于 1908 年出版他的《同一与实在》(Identity & Reality)一书,并且凭借此书奠定了自己在科学哲学和科学史领域的地位,柏格森也因为这本书称其为"深刻的哲学家"。[①] 但是仅仅凭这本书,梅耶松在法国的影响还是十分有限的。随后,梅耶松出版了《科学中的说明》(Explanation in the Sciences, 1921, 1927)和《相对论演绎》(Relativistic Deduction, 1924),而且《同一与实在》也在 1930 年被翻译成德文和英文。

在这一时期,梅耶松的声望达到巅峰,当时的法国还出现了一个以梅耶松为中心的学术群体,学界称之为"梅耶松小组"(Meyerson Circle),小组主要成员除了梅耶松,还包括柯瓦雷、梅茨格和布伦士维格。[②] 同时,梅耶松还在巴黎的住所定期举办沙龙,出席人员包括"梅耶松小组"的成员还有拉朗德、列维·布鲁尔、德布罗意、郎之万等。梅耶松的信件更加显示出他的影响广泛,和他通信的人员包括爱因斯坦、恩斯特·卡西尔、胡塞尔、柏格森和杜威。[③]

梅耶松以自身学习化学的经历和科学史为基础的科学哲学思想还得到了广大科学家群体的认可。爱因斯坦在评价《相对论演绎》一书时称赞道:"我深信,在所有从认识论的观点来论述相对论的著作中,梅耶松的书是最出色的一种。"[④]德布罗意为梅耶松生前最后一部作品——《量子物理中的实在和决定论》——作序时提到:"所有哲学家和大量科学家熟知梅耶松二十五年

---

[①] H. Bergson, "Rapport sur Identité et realité d'E. Meyerson", In *Séances et travaux de l'Académie des sciences morales et politiques*, 1909.

[②] D. Howard, "Philosophy of Science and the History of Science", In *The Continuum Companion to the Philosophy of Science*, 2011, pp.55 - 71.

[③] Telkès-Klein, Eva, Émile Meyerson, "D'après sa correspondence", In *Revue de Synthèse*, 2004, pp.197 - 215.

[④] [美]爱因斯坦:《爱因斯坦文集:增补本》(第一卷),许良英、范岱年等译,北京:商务印书馆,2009 年,第 359 页。

来的出色研究。"①可以看出,梅耶松的科学哲学在当时受到了哲学界和科学界的双重关注。

虽然梅耶松在生前取得了巨大的成功,但是在1933年他去世之后,就像迪昂那样,梅耶松在法国本土渐渐被人遗忘了,他死后整理出版的论文集也没有受到重视。然而,随着逻辑实证主义的衰落和美国后实证主义转向,学者通过库恩在《科学革命的结构》和奎因在《经验主义的两个教条》中对于梅耶松的引用,重新认识到了梅耶松的重要性。

## 二、概念分析方法

以库恩、汉森等人为代表的历史主义学派在英美科学哲学界掀起轩然大波,但在法国,历史主义是一以贯之的传统,这种传统可以追溯到孔德。

孔德作为实证主义的创始人而闻名于世,但在法国本土,梅耶松、巴什拉等人对于孔德的实证主义进行了严厉地批判。不同于孔德的实证主义观点,他提倡的关于科学研究的历史方法被大多数哲学家所接受,并使得科学史在法国大学成为一门学科。

历史主义成为法国认识论的传统这一过程是漫长的,梅耶松在其中起到了重要的作用,对于梅耶松的历史主义方法论的研究不仅可以让我们更好地理解梅耶松的科学哲学立场,而且对于梳理法国认识论的历史主义传统也颇为有利。

### 1. "科学哲学"和"认识论"

在法语中,"科学哲学"(philosophie des sciences/philosophy of science)起初是和分类以及等级联系在一起的。而在英语中,"科学哲学"最初是和历史有所关联的,只不过英国科学哲学在后来的发展中逐渐放弃了这一因素。

---

① Émile Meyerson, *Réel et déterminisme dans la physique quantique*, Paris: Actualités scientifique et industrielles, vol.68, 1933, p.3.

因此,对历史因素的重视也就成了法国科学哲学的特点。

"认识论"(épistémologie/epistemology)一词由詹姆斯·弗雷德里克·费里埃(J. F. Ferrier)在其《形而上学引论》(1854)中第一次使用,并引起了学界共鸣。而"认识论"在法语中第一次出现,是在罗素的《论几何学的基础》一书的法译本中:"几何问题之所以有现在的形式,这要归功于现代认识论的创始人康德。"① 从时间上可以看出,"认识论"一词在法语中比在英语中晚了几十年才出现。

在英语中,epistemology 和 philosophy of science 虽然关系密切,但分别代表不同的哲学分支。但在法语中,épistémologie 和 philosophie des sciences 像是一对近义词,也就是说,如果把 épistémologie 一词翻译成英语,用 philosophy of science 比用 epistemology 更加贴切。即使如此,两者之间依然存在着区别,英语的"科学哲学"用的是 science,是单数,而法语的"科学哲学"用的则是 sciences,是复数。这表明了在法语中,"科学哲学"的含义相比在英语中更为广泛,这也解释了以下现象:不同于英美分析哲学传统,法国科学哲学对于主流科学的研究不仅仅局限于物理学,还包括化学(梅耶松、梅茨格等),生物和医药科学(康吉莱姆、福柯等),数学(卡瓦耶斯),甚至对应用科学也很感兴趣,如计算机科学(拉姆尼 Ramunni)、农学(达戈涅)、控制论和信息论(西蒙栋)等。

一直以来,法国哲学家们不断否认 épistémologie 和 philosophie des sciences 的区分,梅耶松是最早使用 épistémologie 的哲学家之一,他在第一本著作《同一与实在》(1908)的序言一开始就证实了这种态度:"本书在方法上属于科学哲学的领域,或说是属于 épistémologie 的领域,épistémologie 这一概念的使用频率相当高,有一种变得流行的趋势。"② 拉朗德在《哲学术语评注辞典》(1926)中引用了梅耶松的这句话,并指出该词的英语含义扭曲了希腊语

---

① B. Russell, *Essai sur les Fondements de la Géométrie*, trans. A. Cadenat, Paris: Gauthier-Villars, 1901.

② Émile Meyerson, *Identity & Reality*, Abingdon: Routledge, 2013, p.5.

的含义,遗忘了它最初应有的"科学"含义。

虽然如此,épistémologie 一词在法语中并不指一种界限分明的专门科学哲学,对于它的使用,法国哲学家一直处于论战状态,但我们依然可以将其特点简单总结如下。这些特点也有助于更好地理解梅耶松的科学哲学思想。

1. 对于历史的依赖。不得不承认,从孔德至今,对于科学史的重视一直是法国认识论的特点。我们列举一些科学哲学家的作品就可以有所体会:迪昂的《力学的演变》(1903),布伦士维格的《数学思想的阶段》(1912),柯瓦雷的《伽利略研究》(1940),布朗谢的《逻辑学及其历史》(1970)等。

2. 对经验主义的否定。正如"迪昂—奎因命题"所表明的那样,经验主义无法把握事物的整体,从而无法解释整体的内部结构,这种整体论观点在法国蔚然成风。法国认识论虽然否定经验主义而转向理性主义,但对科学实验给予了高度重视,梅耶松、巴什拉等人都对此进行过讨论。

3. 对数学和逻辑学的忽视。20 世纪初法国有许多杰出的逻辑学家和数学哲学家,但大多都死于青壮年时期。同时法国文化传统对于数学的理解以及彭加勒对于形式逻辑的强烈反对至今仍然影响着法国科学哲学。

## 2. 对孔德的批判性继承

英美学者更加重视孔德的实证主义思想而忽视了他的历史方法,这就解释了梅耶松被认为是孔德的批判者而不是继承者的原因。虽然梅耶松在他的第一本书《同一与实在》(1908)中将孔德作为自己的主要批评对象,并从各方面反驳了孔德的观点,但梅耶松的方法论[①]却深受孔德影响。

《同一与实在》一书的直接目的是反对当时盛行的实证主义观点,但这并不是梅耶松的最终目的。他在书中说道,这种方法"通过分析科学活动中的

---

① 梅耶松称之为 philosophie de l'intellect 或者 épistémologie。

行为来洞察思想的机能"。① 用孔德的话来说,就是"当我们不仅想知道实证方法所包含的内容,而且要对它有如此清晰和深刻的了解……我们必须考虑它的行动"。② 梅耶松和孔德都认为他们的方法论是为了确定人类思维的本质及其规律,而为了实现这一目的,哲学家只能通过间接的方式来完成,即分析梅耶松所说的"思想的产物"(the products of thought),其中最成功的思想产物就是科学。为了发掘人类思维的本质,梅耶松对于科学史的分析并不是通过"根据事实的综合",而是"从过程中提取规则……这些规则被科学家们或多或少有意识地运用到现在"③。因此,可以看出梅耶松的方法论(类似孔德)关注的对象属于"发现的语境",即科学实践活动整个过程,而这种过程如果正在发生,那就是当下的科学实践;如果已经发生,那就是科学史。

孔德和梅耶松的这种方法经过发展,就是著名的概念分析方法,从孔德的阐述中就可以知道这个名字的由来,"一个给定的概念只能通过其历史才能被正确理解"④,梅耶松也在自己的著作中采用了孔德的这一说法。这种方法可以通过以下两个阶段来具体展开。

首先,研究者需要描述一个理论的概念体系(conceptual scheme),这就需要他们把握的"不是科学理论的结果而是科学方法,也就是达成这些结果所经过的途径"⑤。这种概念体系是由科学家们在科学研究过程中无意识中所遵循的假设、观点等构成,由于是无意识的,因此科学家本人的说辞往往是不可靠的,研究者需要通过分析整个科学家群体的实践活动来揭示这些预设的观点,从而得以完整描述一个理论的概念体系。对于梅耶松来说,科学著作也可以为上述分析提供帮助,"思想被固定在著作中"⑥。

其次,在概念体系的基础上,研究者尝试推断出科学理性的一般特征。

---

① Émile Meyerson, *Identity & Reality*, Abingdon:Routledge, 2013, p.439.
② A. Comte, *Introduction to Positive Philosophy*, Indianapolis: Hachett, 1988, p.23.
③ Émile Meyerson, *Identity & Reality*, Abingdon:Routledge, 2013, p.405.
④ A. Comte, *Introduction to Positive Philosophy*, Indianapolis: Hachett, 1988, p.1.
⑤ Émile Meyerson, *Identity & Reality*, Abingdon:Routledge, 2013, p.7.
⑥ Émile Meyerson, *Identity & Reality*, Abingdon:Routledge, 2013, p.7.

梅耶松和孔德都认为第二阶段的分析可以揭示出不同概念体系背后共同的原理，正是这些原理构成了科学理性。受迪昂影响，梅耶松否认判决性实验的存在并且承认经验对理论的非充分决定性。既然经验无法完全解释科学家为何接受一个理论而抛弃另一个，那么还可以根据什么来解释呢？梅耶松的回答是理论的"解释力"（explanatory force），拥有更强"解释力"的理论将会被接受，而其他的则会被抛弃。梅耶松写道："如果理论的重要性和'解释力'不是来自基本事实，那么唯一另一种解释就是它们来源于描述它们的过程……这解释了一个理论除非面对另一个理论，否则永远不会消失。"①因此，在梅耶松看来，只有当科学理论发生变化更替时最基本的原理才能被发现，这也是梅耶松通过分析科学史去揭露人类思维本质的原因。

综上所述，通过分析科学史，研究者可以揭示出特定理论的概念体系，这些概念体系正是梅耶松和孔德实现自身最终目的的原材料。也就是说，概念体系的演变间接地反应出科学理性所遵循的基本原则。因此，科学史研究不仅能让我们掌握一个理论的概念体系，还能进而揭示"人类思维的一般发展规律"②。也正是在这种意义上，梅耶松宣称："历史研究对我们来说不是目的而是手段。"③

上述讨论显示出孔德在方法论上对于梅耶松的影响，但是两人在以下两点上存在严重分歧。

首先，梅耶松否认上述方法的认知地位，而孔德则持相反观点。孔德宣称："我认为，这个定律的真相可以……通过合理的证据来证实。"④但梅耶松认为这些被发现的原则并不是不容置疑的，因为发现原则的方法是后天的、经验的，"我们并不认为这个过程是万无一失的。它所依据的原理……并不是不言而喻的，我们并不声称它被证实为先天的。它只是……一个暂定的假

---

① Émile Meyerson, *Identity & Reality*, Abingdon: Routledge, 2013, p.64.
② A. Comte, *Introduction to Positive Philosophy*, Indianapolis: Hachett, 1988, p.20.
③ Émile Meyerson, *Identity & Reality*, Abingdon: Routledge, 2013, p.9.
④ A. Comte, *Introduction to Positive Philosophy*, Indianapolis: Hachett, 1988, p.1.

设,我们希望……在很大程度上证实它。"①梅耶松指出由于孔德赋予了上述方法不必要的认知地位,因此他没能把握住科学实践的本质。

其次,孔德认为人类理性所遵循的原则是不断发展变化的,而梅耶松则认为这个原则是不变的。梅耶松同意孔德将人类推理方式分为三种(神学、形而上、实证)这一观点,但他反对人类思想发展经历了这三个阶段,相反的,在任何历史阶段,这三种推理方式都会或多或少混合起作用。梅耶松致力于发现人类理性背后的原则,而这一原则在任何时候任何地点被人类所遵循。对于梅耶松来说,从古希腊到爱因斯坦的整个科学历程中,人类思维在本质上没有发生变化,科学理论的转变"是为了回应相同的趋势而产生的,但是它们代表了这种趋势对科学影响的不同阶段"②。因此,梅耶松并不像巴什拉所批评的那样试图消除科学理论的历史发展,而是表明这些变化都可以用人类思维一直所遵循的原则来解释。

## 三、科学和形而上学的结合

拒斥形而上学作为实证主义的核心观点之一在长达一个多世纪的时间里受到无数科学哲学家的追随,直到20世纪60年代才面临严峻挑战。随后,历史主义学派和科学实在论者对逻辑实证主义进行了全面批评,并明确肯定了形而上学在科学哲学中的地位。

在法国本土,哲学家们更倾向于从历史主义的角度对孔德进行解读,并限制了实证精神在法国哲学界的发展壮大。我们可以看到,20世纪下半叶英美科学哲学的本体论回归热潮在法语世界已于几十年前便已完成。我们甚至可以在法国哲学家身上找到许多后来历史主义学派和科学实在论者所提倡的观点,梅耶松正是这些哲学家中的重要一员。

---

① Émile Meyerson, *Identity & Reality*, Abingdon: Routledge, 2013, p.8.
② Émile Meyerson, *Relativistic Deduction*, Dordrect: Reidel, 1985, p.194.

**1. 批判"拒斥形而上学"**

梅耶松著作的直接目的是对世纪之交法国的几大哲学传统的争论做出他自己的回应。米尔斯(Charles Mills,2015)将这几大传统划分为唯灵论,新康德主义和约定论。虽然很难对当时的哲学家进行一个严格的划分,但大家都在争论同一个问题,弗雷德里克·沃尔姆斯(Frédéric Worms)称之为"精神问题"(the problem of spirit),这个问题位于"20世纪转折时期哲学"的核心。① 而这个问题在科学上则对应一场"科学危机"——以太问题和黑体辐射问题。正是这场"科学危机"使得哲学家们质疑科学:"了解心灵与实在之间的关系是什么,这是科学本身的'危机'所引发的问题;但是也要求科学通过内部工作扩张而不是一般论文解决这个问题。"②

对于上述所讲的"精神问题",19世纪末期的法国哲学家给出了两种截然不同的答案。实证主义(不论是第几代实证主义)努力让科学摆脱形而上学的束缚,将本体论研究排除在科学哲学之外,宣扬科学主义。以迪昂和彭加勒为代表,这些哲学家希望于科学知识本身找到解决"危机"的方式。而以唯灵论为代表的哲学家们则走向了另一个极端,他们认为个人精神具有形而上学的和道德的首要地位,反驳经验主义对于感官印象的重视,进而反驳科学知识的可靠性。

梅耶松对于"精神问题"的回应是对上述两种观点的拒绝。也就是说,梅耶松拒绝"在研究科学时假定它与实在的一致性与哲学问题毫无关联,但是同样拒绝不向科学绕道而用直接的方式解决哲学问题"③。对于梅耶松来说,通过对科学史的细致研究,他认为"本体论是科学本身的一部分,不能与其分离开来"④。但他同时又否认哲学家应该追求"纯粹的形而上学",因为当形而上学脱离科学时,两者总会在观点上遇到冲突,而在梅耶松看来,这种纯粹的

---

① F. Worms, *La Philosophie en France au XXe Siècle: Moments*, Paris: Gallimard, 2009, p.91.
② F. Worms, *La Philosophie en France au XXe Siècle: Moments*, Paris: Gallimard, 2009, p.92.
③ F. Worms, *La Philosophie en France au XXe Siècle: Moments*, Paris: Gallimard, 2009, p.93.
④ Émile Meyerson, *Identity & Reality*, Abingdon: Routledge, 2013, p.384.

哲学从来没有赢过。而且这种划分几乎错误地给出了科学的边界,限制了科学的发展。可以看出,对于梅耶松来说,上述两种完全不同的哲学倾向其实是同一枚硬币的正反面而已,他们用不同的方式表达了相同的哲学观点,即形而上学和科学应该分离开来,而这也是梅耶松所反对的。正是在这种意义上,梅耶松所反对的"实证主义"才能真正被读者所理解。这也解释了为什么梅耶松在批评实证主义的章节中会同时反驳一些明显不属于实证主义阵营的哲学家,比如赫尔姆霍兹、卡西尔、布特鲁、柏格森等。

梅耶松对于实证主义的反驳主要在以下两个方面:

首先是关于理论与定律关系的问题。孔德认为科学研究仅限于通过分析可直接观察的现象来发现其定律,科学家不关心现象的内在本质及其原因。马赫也认为,我们只能认识或者说只拥有感觉材料,我们没有必要相信我们感觉不到的东西的存在,"物、物体和物质,除了颜色、声音等要素的结合以外,除了所谓的属性以外,就没有什么东西了"[①]。孔德和马赫观点的基础是对可观察物与不可观察物的区分。科学定律是对可观察物相互关系的描述,而科学理论则是对不可观察物(至少是部分)的推断。

梅耶松首先否定可观察物与不可观察物之间的严格区分。类似于奎因(Quine)使用"信念网"(web of belief)反驳分析命题和综合命题的区分那样,梅耶松运用"似然的"(plausible)这一概念指出,科学理论中的似然陈述既不是先天的也不是后天的,因为它们既是先天的又是后天的,即不存在严格的区分。因此,这些似然陈述都是部分可观察的,根据其处于"信念网"的位置来判断其可观察度,越处于边缘的陈述越接近可观察陈述,而越处于中心的陈述则越接近不可观察陈述。

再者,梅耶松通过分析定律的产生过程来证明定律在某种程度上是建构出来的,其中两种因素起了重要作用。一是科学研究过程中对于研究对象的理想化,其中包括了理想气体、理想晶体等任何被认为绝对纯净的物质,还包

---

① [奥]恩斯特·马赫:《感觉的分析》,洪谦、唐钺、梁志学等译,北京:北京大学出版社,1986年,第5页。

括对于某些条件的理想化,如无限光滑、无限延伸的平面等。这些理想化操作都与孔德的描述大相径庭。二是实验在科学研究中所发挥的作用。实验并不是孔德和马赫所说的那种观察,因为观察是负载理论的。一方面,实验所进行的观察是有所侧重并且目的明确的,观察者的理论预期一定程度上限制了观察结果;另一方面现代科学实验严重依赖于仪器,但没有一台科学仪器是检测一切实验现象的,它们都是有所侧重的,这些侧重表明在观察开始之前,理论已经对观察进行了筛选。同时,还要注意的是很多高端仪器操作复杂,需要经过严格的训练。梅耶松因此认为我们只能通过干涉并孤立自然才能获得科学定律。①

最后,梅耶松承认某些理论确实只起到了数学工具的作用,但另外的理论却不是如此,因为"物理概念和数学抽象之间有着显著差别"②。他认为物理学中的诸多概念,譬如碳原子、氧原子等,与数学中的概念,如点、面、线等是截然不同的。梅耶松又从科学史的角度,举例指出科学家把牛顿环和杨氏双缝干涉归为一类事物,是因为理论及其概念在起指导作用。③ 因此,梅耶松最终得出与孔德完全相反的结论,即并不是理论为定律服务,而是完全相反。

可以看出,不同于孔德将理论贬低为仅仅是把各种定律联系起来的工具,梅耶松赋予了理论比定律更高的地位,理论所对应的本体论被科学家们所承认。

**2. 本体论承诺**

梅耶松在批评了孔德和马赫关于形而上学的观点之后,阐明了形而上学存在于科学研究的方方面面,可以将其概括为以下三方面:

第一,基本信念中的形而上学。梅耶松指出,科学家们进行科学活动存在一个前提,就是科学家们普遍相信这样一个事实,即自然是有秩序的、有规

---

① Émile Meyerson, *Identity & Reality*, Abingdon:Routledge, 2013, pp.30-32.
② Émile Meyerson, *Identity & Reality*, Abingdon:Routledge, 2013, p.53.
③ Émile Meyerson, *Identity & Reality*, Abingdon:Routledge, 2013, p.54.

律的,并且这个规律可以被人类所掌握。正是基于这样的信念,科学家才孜孜不倦地探索科学定律与理论。同时,梅耶松否认这一信念是完全来自经验的。他首先认为我们不能完全将观察与行动区分开来,人们不是通过观察得出上述结论然后再行动的。而且由于归纳的不确定性,即使观察先于行动,也无法解释人们对于此信念的坚定性。

第二,理论预设中的形而上学。古往今来的科学理论中或多或少都能找到一些形而上学预设。某些预设经过长时间的探索最终被抛弃,比如"以太"这一概念,而有些概念则经过发展和澄清最终进入了实证领域,譬如"场"的概念。

第三,许多科学理论是由形而上学理论成长转化而来的,这些科学理论在创立之前,哲学家们很早就根据哲学思维将其作为形而上学理论提了出来。譬如古代原子论作为现代科学原子论的前身,梅耶松将这一整个发展过程在《同一与实在》中进行了详细的考查。再比如由迈尔、焦耳等人提出的能量守恒定律在他们先驱那里:"一个基础性的形而上学的力不灭的观念,看来先于科学研究而存在,而且与科学研究几乎没有什么关系。"[1]

上述第二种情形是梅耶松主要讨论的内容。从《同一与实在》起,梅耶松就断言:"科学解释的本体论特征是无法消除的……在科学理论的自然演化过程中,不可能出现这样一个阶段:在这个阶段中,本体论的实在性已经消失,而合法性的概念却依然存在。"[2]上一节最后提到了理论所对应的本体论被科学家们所承认,本节将对相关问题继续展开讨论。梅耶松断言理论的变化反映出本体论的变化,进而引起各种概念变化,而这又规定了科学的变化。"我们的科学理性迫切地需要某种本体论的实在性,而且如果科学不允许创造新的本体论,那么它也肯定没有能力摧毁旧的本体论。"[3]从中可以看出本节为何将"本体论承诺"作为标题。

---

[1] [美]托马斯·库恩:《必要的张力》,范岱年、纪树立译,北京:北京大学出版社,2004年,第81页。
[2] Émile Meyerson, *Identity & Reality*, Abingdon:Routledge, 2013, p.430.
[3] Émile Meyerson, *Identity & Reality*, Abingdon:Routledge, 2013, p.495.

"本体论承诺"一词最早是奎因在1943年所写的"略论存在和必然性"中使用的,后来在《论何物存在》中做了详细说明,"在本体论方面,我们注意约束变项不是为了知道什么东西存在,而是为了知道我们的或别人的某个陈述或学说说什么东西存在。"①

　　梅耶松同样认为本体论不在于知道哪些东西实际存在,而在于科学理论承诺哪些东西存在。因此,关于本体论问题的解答,我们不应该求助于哲学,而是应该求助于科学,正是科学作为一个整体告诉我们哪些东西存在。正如奎因所说:"只有在科学本身之中,而不是在某种第一哲学中,我们才能够识别和描述实在。"②

　　问题在于理论和学说都要对"何物存在"给出本体论承诺,但是显然这些承诺并非都是正确的,并非其承诺的东西都是真实存在的。因此,我们要如何在相对立的本体论之间做出取舍呢?奎因认为这种本体论承诺的取舍标准没有绝对的解决方案。梅耶松则并不讨论本体论之间的比较。由于在梅耶松这里,本体论问题的可能答案存在于科学之中,因此对于梅耶松来说,本体论和认识论就是一体的。梅耶松通过重新定义第一哲学来表达与奎因类似的观点,即"épistémologie才是第一哲学(prima philosophia)"③。对于梅耶松来说,科学理论之间的比较与取舍就决定了本体论的更替,所以要了解梅耶松关于本体论更替的标准就要讨论他的认识论思想与科学理论更替的标准,这是下一节将着重阐述的内容。

## 四、科学说明中的同一性

　　对科学说明(scientific explanation)大量的研究始于20世纪逻辑实证主

---

① [美]威拉德·奎因:《从逻辑的观点看》,江天骥、陈启伟等译,上海:上海译文出版社,1980年,第15页。

② W. V. O. Quine, *Theories and Things*, Cambridge (MA): Harvard University Press, 1981, p.21.

③ Émile Meyerson, *Explanation in the Sciences*, Berlin: Springer Science & Business Media, 1991, p. 527.

义的兴起。由于逻辑实证主义消除了对本体论的讨论,因此这些研究是认识论进路下的讨论。但是,随着逻辑实证主义的衰落,本体论进路开始出现在人们的视野中,但仍处于萌芽状态,还需要哲学家们进行更为详细的讨论。

梅耶松的科学说明坚持本体论进路,会对现当代的讨论有所启发,并且他是在深刻分析定律与因果性关系的基础之上提出的模型,对于认识论进路的学者理解定律在科学解释中的作用也有一定的帮助。而且梅耶松的本体论和认识论是紧密结合在一起的,就像他宣称科学和形而上学是密不可分一样。因此,梅耶松的科学演化模型对于理解他的本体论承诺与更替也至关重要。

**1. 因果性原理**

对于科学说明的研究预设着一个前提,那就是科学是提供解释的而不仅仅提供描述。虽然现在这基本是共识,但在 19 世纪末 20 世纪初,更多的哲学家和科学家否认上述观点。譬如实证主义代表人物孔德(Comte)、马赫(Mach),他们都坚持科学是描述性的而不是解释性的,科学出于行动与预测未来的目的追寻自然界背后隐含的定律,而不是出于解释的目的探索形而上的原因。

而梅耶松则提出与孔德、马赫完全相反的观点,即认为科学的终极任务在于解释自然而不是描述现象。梅耶松承认科学活动确实存在着由定律所支配的描述性活动,这是出于预测未来而更好行动的目的。但他指出人类还有一个更深层次的欲望,那就是理解自然,对于自然的描述无法满足这一欲望,因此科学家们通过科学理论去解释现象从而对自然有更好的理解。因此,梅耶松最终得出结论,认为科学活动不完全是定律支配下的描述性活动,还包含着更重要的理论支配下的解释性活动。

梅耶松认为科学活动遵循合法性和因果性这两种原理。正如孔德所阐述的,合法性原理指导科学的描述性活动。但是在梅耶松看来,科学活动中更重要的是在因果性原理指导下的解释性活动。梅耶松在批评孔德时说:

"可能被称之为实证主义谬误的原始根源在于对定律和因果的混淆。"①

关于合法性原理,梅耶松否定了其是由经验所决定的这一论断,指出由于归纳问题的存在,定律无法被经验所决定。同时,定律对象的理想化、实验的人为干涉、检测仪器的限制等都表明了:"定律是一种思想建构……如果自然是无序的,我们就无法阐述这些定律。但是这些定律本身仅仅是自然有序性的映像(image)……"②而这种对定律建构的心理基础是由于人类长期进化过程中产生的一种本能的信念,即自然是有序的,"没有这种信念,人们将无法行动"③。运用定律预测未来并有所行动提高了人们的存活率,因此"自然是有序的"通过漫长地自然选择成为人们根深蒂固的信念。在此基础上,定律揭示了其对象在时间中变化的规律,但要求其在空间中同一。

对于因果性原理,梅耶松说道:"事实上,合法性原理采用的不论是关于时间还是空间的所有条件,都是因果性原理所要求的;它还有另外一个迫切要求,就是对象在时间中的同一。"④为了理解这种因果性,梅耶松引用莱布尼兹(Leibniz)的充足理由律来进行解释。所有事物都需要一个充足理由(sufficient reason)来得到理解和解释,正是这种理解的意愿而不是孔德所说的实用性在驱使着科学前进。要用不同时间下的前提来解释结论,唯一的可能就是在前提中找到结论的"预形"(pre-existence),因此这种因果性原理就同时包含了分析意义和综合意义:"当它仅表达概念分析的结果时,它是分析的;另一方面,当他被理解为是与实在对象本质相关时,它是综合的。"⑤梅耶松总结道,因果性原理是运用到时间中对象的存在之上的同一性原理。因此,可以看出梅耶松的基本观点认为定律可以被还原为因果性。虽然如此,梅耶松依然赋予合法性原理在科学中以一定的作用,他给出了以下两点理由。

首先,当我们使用"原因"一词时,我们谈论的不是原因的整体而是其部

---

① Émile Meyerson, *Identity & Reality*, Abingdon:Routledge, 2013, p.389.
② Émile Meyerson, *Identity & Reality*, Abingdon:Routledge, 2013, p.31.
③ Émile Meyerson, *Identity & Reality*, Abingdon:Routledge, 2013, p.19.
④ Émile Meyerson, *Identity & Reality*, Abingdon:Routledge, 2013, p.45.
⑤ 转引自 Émile Meyerson, *Identity & Reality*, Abingdon:Routledge, 2013, p.43.

分。因为某件事的原因可能是多元的,并且根据充足理由律,依然有其原因,这样便可形成一条不断往前追溯的原因链。谈论这种原因链是不可能的,因此人们进行简化,当人们讨论原因时,一般满足于他们所关心的直接原因,而定律是发现这种直接原因的前提。

其次,由于自然界本身的高度复杂性,对于自然的很多研究只能满足于合法性阶段,"对于我们来说,符合因果性原理的解决办法似乎处在几乎无限远的未来"[1]。虽然出于这种现实的缘故,科学做出妥协,部分满足于描述性研究,部分满足于利用定律来进行解释,但"只要有可能,他们将会确保满足因果性原理"[2]。

至此,我们可以说,梅耶松认为科学解释就是理性识别同一的过程,即遵循因果性原理,但由于原因和自然的复杂性,合法性原理成为最终达到因果性原理不可缺失的一环,但因果性原理依然是最终目标。燃素说与氧化说、亚里士多德力学与牛顿力学在梅耶松这里是类似的理论,它们都建立在识别同一的基础之上,之所以后者取代了前者,是因为后者对同一识别的更好。

**2. 同一性原理**

上文已经表明,梅耶松指出科学活动是在"合法性原理"与"因果性原理"的共同指导下进行的。因果性原理是运用到时间中对象的存在之上的同一性原理,因此"同一性"(identity)这一概念的澄清对于理解梅耶松的思想至关重要。但是遗憾的是,同一性概念在梅耶松这里没有得到明确的定义,关于它的直接阐述并不是很多,因此本文只能通过分析梅耶松的科学史研究来间接阐述这一概念。

梅耶松花费很长时间研究、讨论原子论[3],因为他认为这一理论很好地体现了因果同一性。宇宙中的物体是由原子所组成,他是变化的宇宙中的同一

---

[1] Émile Meyerson, *Identity & Reality*, Abingdon:Routledge, 2013, p.46.
[2] Émile Meyerson, *Identity & Reality*, Abingdon:Routledge, 2013, p.46.
[3] Émile Meyerson, *Identity & Reality*, Abingdon:Routledge, 2013, ch.4.

的基本小岛。在这里,原子论不仅仅如上所述用于解释化学反应,而且作为各种运动形式的说明。所有这些时空中的变化都是第二位的,都基于这一稳定的原子世界。虽然随着科学的发展,原子已经不是构成物质的基本单元,但是用"基本粒子"来代替"原子",上述称述依然可以被理解。这种对于不变物质的追求让梅耶松对于守恒定律情有独钟,他称原子论为物质守恒定律,随即他便开始讨论能量守恒定律对其理论的支持。① 梅耶松用同样的方式说明了不论是化学反应还是物理运动,变化的背后依然有一种称之为能量的东西是保持不变的。

经典力学中还有一个著名的守恒定律,即惯性定律。② 在讨论惯性定律之前,梅耶松表明在经典力学中可以看到科学家们统一解释现象的努力,而且这种努力最终基于一个不可还原的概念,即运动和位移概念。对于梅耶松而言,力学中所使用的任何概念和所处理的任何现象都可以通过运动概念得到解释。"所有的力学假设都有一个共同之处,他们试图通过运动解释自然现象。"③梅耶松认为,运动和位移概念允许我们调和静止和运动,它们是力学理论的本质,对于解释现象是必要的,"当一个物理现象能够被看作是物质系统的构成及运动的变化时,对于该现象的动态解释才得以完成。我们认为其后的解释既不必要也不可能"④。但是这种运动观念是如何产生的呢?梅耶松通过考察惯性定律进行了说明。随着亚里士多德观念被抛弃,有一个问题开始困扰科学家和哲学家,就是运动随着时间不断减弱最终停止。如果这是一个正常现象,那么这表明一个现象没有明显的原因就可以产生变化。惯性定律的出现解决了这一问题,它将匀速直线运动作为正常现象,而这种运动减弱现象可以通过摩擦力得到解释,这符合同一性原理。

至此,本文对同一性概念做了简单的考察,虽然梅耶松对于这一概念的阐述大多分散于科学史的案例研究中,并且很多表述存在一定歧义,但作为

---

① Émile Meyerson, *Identity & Reality*, Abingdon:Routledge, 2013, ch.5.
② Émile Meyerson, *Identity & Reality*, Abingdon:Routledge, 2013, ch.3.
③ Émile Meyerson, *Identity & Reality*, Abingdon:Routledge, 2013, p.62.
④ Émile Meyerson, *Identity & Reality*, Abingdon:Routledge, 2013, p.98.

初步研究,我们依然可以初步得出梅耶松的同一性概念的两个特点:还原论和物质实体。梅耶松认为只有原因本身包含结果,前者才能解释后者,并为人所理解。同样的,不断变化的现象只有还原为某些不变的事物才能得到解释。在梅耶松这里,这些不变的事物就是某些不可还原的物质实体,如上所述的原子、能量和运动、位移概念。后者其实算不上物质实体,但是这一概念也是相对的。卡西尔也提出过与梅耶松类似的还原论观点,但他最终把基础建立在数学结构上,即认为科学理论追求的目标是某种不变数学结构。① 与之相比,梅耶松的同一性追求的则是物质实体,而且近现代科学把运动作为物质的状态或者属性看待,因此享有一定的物质性。

### 3. "同一"VS"非理性"

根据梅耶松的观点,自然并不完全顺从同一化过程,因此理性并不能实现完全的同一。梅耶松称之为"认识论悖论"(the epistemological paradox),即理性一直寻求同一,但自然本身却是多样的(diverse)。② 这个悖论表明如果理性能够实现纯粹的同一,那么这就会摧毁自然,因此在这种情况下多样性就不存在了。所以,自然本身一定会保留"抵抗的表达(expression of the resistance),也就是自然反对我们通过因果性定律对自然进行约束的企图"③。这种"抵抗的表达"就是梅耶松所说的"非理性"。

我们可以区分出两种"非理性",它们在梅耶松的认识论中起到了至关重要的作用。第一种"非理性"包括那些无法被理论解释但对于理论成立又是必要的假设。梅耶松以"感知"(sensation)为例,指出感觉经验一般是科学理论的出发点,需要被翻译成理论语言。我们可以从中推导出结论,但它自身无法被理论所解释,这一情况在机械论中尤为明显:"我们可以理解,光作为

---

① G. Gutting, *Continental philosophy of science*, Hoboken:John Wiley & Sons, 2008, pp.79 - 81.
② Émile Meyerson, *Explanation in the Sciences*, Berlin:Springer Science & Business Media, 1991, p. 492.
③ Émile Meyerson, *Identity & Reality*, Abingdon:Routledge, 2013, p.297.

运动可以产生运动。但是如果我假设某一器官感觉到了光,这种感觉是机械论所无法解释的,就像我本身的感觉那样。用光是一种运动来解释是毫无意义的,因为我很确定我对于光的感觉和那种运动截然不同。"① 可以看出,感觉经验在机械论体系中无法被解释,在这种意义上,我们可以说感知经验是"不可知的,超验的"。② 为了避免不必要的误解,梅耶松选择"非理性"一词,表示那些自身不能被理性化或被解释的事物。

需要说明的是,梅耶松认为"非理性"出现的原因并不在于科学理论没有能力解释这个现象(譬如机械论无法解释感觉经验)。相反,这种现象揭示出了一个关于科学理论行之有效的条件,即科学理论的产生需要抽象和概括,这一过程需要指出什么需要被排除在概念结构之外。③ 理论需要给自己设立一个界限这样才能起作用,界限之外的内容则属于"非理性"的范畴。

第二种"非理性"与第一种完全不同,后者是同一化过程的假设,前者则是该过程的结果;科学家假定后者而发现前者。卡诺原理是第二种"非理性"的典型代表,它与力学和物理学的其他理论不同,引入了"时间之矢"这一概念,以不可逆性代替可逆性。此理论一出现,科学家们纷纷表示"我们不仅无法成功理解这种非理性,而且也无法向这种理解靠近"④,因此,也可以说,它也对科学理论的解释能力做出了限制。卡诺原理这一例子还向我们展示了第二种"非理性"的两大特征。

第一个特征:第二种"非理性"对于科学理论的发展有着积极作用。依然以卡诺原理为例,梅耶松观察到大量科学家抵制卡诺得出的结论,希望热力学第二定律能够克服"不可逆性"。例如物理学家阿仑尼乌斯就宇宙动能问题提出假说来重建同一性,玻尔兹曼给出的统计力学解释等。⑤ 这都表明:"某类现象中可能(甚至是确定)存在的'非理性'被识别出来,这绝不意味着

---

① Émile Meyerson, *Identity & Reality*, Abingdon:Routledge, 2013, p.297.
② Émile Meyerson, *Identity & Reality*, Abingdon:Routledge, 2013, p.298.
③ Émile Meyerson, *Identity & Reality*, Abingdon:Routledge, 2013, p.31.
④ Émile Meyerson, *Identity & Reality*, Abingdon:Routledge, 2013, p.274.
⑤ Émile Meyerson, *Identity & Reality*, Abingdon:Routledge, 2013, p.274.

理论科学必须停止解释和合理化它们的尝试。这个命题被历史上接二连三被发现的'非理性'所证实"[1]。"非理性"的发现不仅不会阻止反而会激励科学研究的进一步开展。理论的解释力越强则这个理论就越好,也就是说理论发现的"非理性"越少,同一化程度越高。

第二个特征:两种"非理性"之间的区分并不是绝对的,而是相对于某一理论而言的,相对于一个旧理论来说的第二种"非理性",相对于另一个新理论来说,可能就是第一种。更确切地说,一个新理论可以解释旧理论发现的"非理性"(第二种),但需要给出一些预设,这些预设则是新产生的"非理性"(第一种),热力学第二定律很典型地体现了这一点。玻尔兹曼的分子统计力学把不可逆性和体系的宏观状态与微观的分子运动同一起来,"合理化"了熵增过程。但这种新理论的解释也预设了微观粒子的初始状态,即"各态历经假说"(Ergodic Hypothesis)[2],这一假说本身无法被玻尔兹曼的理论所解释但又是必要的。因此,梅耶松表明,统计力学的解释相比于卡诺原理更"合理"(rational),但卡诺原理所发现的"非理性"并没完全消失,而是被新的"非理性"所代替。

## 五、结语

随着英美科学哲学界对法国认识论的逐渐重视,巴什拉－康吉莱姆－福柯这一传承已经被众人所熟知。部分学者已经将注意力转向巴什拉之前的法国科学哲学家的工作,以及他们是如何影响法国认识论发展的。梅耶松作为其中重要的一员,他的影响是不容忽视的。他发展了孔德的历史方法,对化学史进行深入研究,并引导柯瓦雷开始科学史的研究,将其概念分析方法传播开来。同时梅耶松对实证主义的批判,在美国后实证主义转向中有所展

---

[1] Émile Meyerson, *Explanation in the Sciences*, Berlin Springer Science & Business Media, 1991, p.171.

[2] Émile Meyerson, *Explanation in the Sciences*, Berlin: Springer Science & Business Media, 1991, p.162.

现,也一定程度上影响了奎因与库恩。

但相关研究仅仅处于初步阶段,梅耶松与迪昂、彭加勒等同时代哲学家的关联,以及他对巴什拉之后的法国认识论的具体影响,还有奎因、库恩如何接触到梅耶松的思想,这其中柯瓦雷所起到的作用都还有待进一步挖掘。这些论题将有助于通过早期法国科学哲学的发展,将法国认识论与美国后实证主义串联起来。

**个人简介**

范裕锋,浙江余姚人,南京大学地球科学与工程学院2011级本科生,哲学系2015级硕士生。2018年进入巴黎第一大学攻读科学技术哲学博士学位,目前研究方向为法国科学哲学、法国认识论。

**学习感悟**

南京大学作为一所综合性大学,其各类专业都能在全国名列前茅,因此我在高中便选择报考南大,并顺利通过自主招生获得了南大的加分,最终进入地球科学与工程学院学习。

虽然我是理科生,但我对哲学一直很感兴趣,高中时便会阅读一些哲学史相关的书籍,对哲学有了一个较为粗浅的了解。进入大学之后,在南大"三三制"教育的推动下,我选修了一些其他专业的课程,并且认识了一些朋友。其中,哲学系的学姐向我介绍了科学技术哲学这一专业,同时推荐了刘鹏老师的课。这是我第一次知道哲学系还有"科哲"这一专业,这一消息瞬间就把我从选外国哲学还是逻辑学的苦恼中拉了出来。在旁听了刘鹏老师的几门课并在课后与刘老师交流之后,我随即决定要报考刘老师的硕士,同时也明白了原来我喜欢阅读的科学家对科学进行反思的文章属于科哲领域。

这么多年过去了,课程的内容在我脑海中已经逐渐模糊并被我遗忘了,但仍有几点烙在我的脑海中。首先是刘老师对学生的热切关心。当时我正处于换专业的迷茫期,刘老师不仅耐心地回答我课上的问题,还在课后帮我介绍了科技哲学这一专业的特色。不过,印象最深的还是刘老师的上课风格。刘老师能够用浅显易懂的语言把专业知识传授给学生,同时穿插一些有趣的例子使得学生不会觉得枯燥,并且在保证有趣易懂的情况下还能逻辑连贯、结构明晰。这一特点深深吸引了我,也成为我之后做研究所追求的目标。

这次入选论文集的文章也显示出我对这一目标的追求,只是自己的写作经验尚浅,在文章结构和行文逻辑上仍显生疏。而且本文完成于学术研究的早期阶段,在内容上仍有多处待改进,因此敬请广大师生朋友批评指正。

# 在经验与认识之间:论塞拉斯"所予神话"批判

周 菁

**摘 要**:"所予论"是贯穿整个知识论传统的线索问题,塞拉斯在其代表作《经验主义与心灵哲学》中对此问题进行了针对性批判,将语言作为切口,以知识之为自我校正的整体为解决问题的出路。这一做法某种程度上避免了康德"表象论"带来的诟病,但又在理论整体性上,失去了康德奠基性的深度。

**关键词**:塞拉斯;康德;所予;直观

在《经验主义与心灵哲学》一文中,塞拉斯对"所予神话"(the myth of given)进行了集中批判,其落点在于:感觉经验可否作为知识的基础;或者更进一步,经验知识有没有一个基础?这是从古希腊就开始的知识论传统中的线索问题,自笛卡尔洛克以来,更成为经验论唯理论争论不休的主题,但以塞拉斯的看法,历史上的种种观点都没有摆脱"所予神话"的桎梏,甚至康德也位列其中。然而,尽管选择了"语言"作为问题的切口,塞拉斯本人的观点某种程度上却依然没有脱离康德饱受诟病的"调和论"怪圈,亦未及康德追问先天性基础的深度。那么,"所予神话"的问题节点在哪里,所谓经验与认识之间的鸿沟能否被弥合,从语言角度是否可以解决这一难题?本文即试着依循塞拉斯的论述,对此进行讨论。

在经验与认识之间：论塞拉斯"所予神话"批判

一

对"知识有没有一个基础"的追问，从古希腊时期就初露迹象。以罗蒂的描述，在柏拉图做出"感性直观作为偶然真理知识的来源"、"概念作为必然真理知识的来源"这一区分之时，对知识之基础的追问就业已发生了。以直观与概念的区分为标识，这一"发生"可以称之为前分析的。① 而以一般知识论的确证性要求，这一追问则可以回溯至亚里士多德，即一种依循了欧几里得几何学的思路，将一些命题视为基本的或者基础性的，使之可以为其他命题提供确证而其自身无须（也无法）被证明。② 及至笛卡尔与洛克，前者将此基础赋予"我思"这一具有先天性的存在③，后者则将其归属于心灵与感觉印象④。此举的效应在于，即便是对于具有先天性的"我思"，人们的关注点也普遍地只落在了"心灵"上，于是心灵与世界成为知识论中两条并行的线索⑤，"内在"与"外在"的区分成为哲学讨论的主线，仿佛知识有两种基础可以选择，而且二者非此即彼。也同样在这一阶段，感觉经验与认知概念之间的距离愈发突显，"表象论"成为主流，认知并不能直接达及经验而是代之以表象，借此才形成知识。如罗蒂所形容的："俘获住传统哲学的图画是作为一面巨镜的图画，它包含各种各样的表象……如果没有类似于镜子的心的观念，作为准确再现的知识观念就不会出现。"⑥ 在这面巨镜中，同样有康德的身影。

---

① [美]理查德·罗蒂：《哲学和自然之镜》，李幼蒸译，北京：商务印书馆，2003年，第142—143页。
② 陈嘉明：《论作为西方知识论主流性观念的基础主义》，《文史哲》2004年第4期，第93—98页。
③ 或者说，是天主保证"我思"持存的连续性和"先天性"，而非"我思"自身。此处不赘述。
④ 陈嘉明：《经验基础与知识确证》，《中国社会科学》2007年第1期，第65—75页。
⑤ 陈亚军：《要康德还是要黑格尔——鸟瞰实用主义的路径分歧》，《北京师范大学学报》（社会科学版）2016年第3期，第108—113页。
⑥ [美]理查德·罗蒂：《哲学和自然之镜》，李幼蒸译，北京：商务印书馆，2003年，第9页。

某种程度上康德终结了前一时期经验论与唯理论的缠斗,以一种调和的"曲行论"①,探求知识得以可能的普遍必然的先天依据。但矛盾也在于,康德本身首先是顺延着笛卡尔、洛克两条分离的思路而来才使得"调和"成为可能,在这一"调和"中,他依然保留了"直观"这一蕴含着中介意味的结构而未能脱离表象的巨镜。受到康德相当影响的塞拉斯,其论题之问针对的就在这一环节:如果没有表象,经验能否"直接"作为认识的"基础"?

面对这一问题,主要承袭了经验论传统的当代论者,不可避免地要遭遇"所予",即"把感觉经验看作认识主体与外部世界联系的唯一途径,把我们有关世界的信念看作对感性输入的直接回应"②。其中,感觉经验是被给予的,它直接呈现而无须进一步确证,构成了更复杂的信念的基础。持这一观点的代表刘易斯就认为,"所予"是一种事实因素,"它既不是自在的客体,也不是主观的感觉,而是某种直接的事实……它是被人们所'发觉'的,即通过意识在现象中'直接发现'的。它构成'经验'中的直接因素……具有直接性和稳固性,不为任何思想活动所创造或改变"③。于是,这种直接的、无须确证的、稳固的"所予"就构成了知识的基础,也即塞拉斯笔下的"所予神话"之所在。之所以斥之为"神话",是因为,在塞拉斯看来,所谓非推论的、直接的感觉经验作为知识的基础是不可能实现的,从认识的角度而言,所予论者的做法是混淆了对特殊事物的感觉以及把握这些感觉所用的概念。这就是塞拉斯对"所予神话"批判的开端。

## 二

以塞拉斯的看法,感觉经验中其实已经包含了概念的因素,对这一观点

---

① 这里借用阿利森论康德思想中人类认识条件中所使用的"曲行论"(discursivity thesis)概念,即主张人类认识既需要概念也需要感性直观。参见[美]亨利·阿利森:《康德的先验观念论:一种解读与辩护》,丁三东、陈虎平译,北京:商务印书馆,2014年,第31—32页、第110—115页。

② 陈嘉明:《论作为西方知识论主流性观念的基础主义》,《文史哲》2004年第4期,第93—98页。

③ 陈嘉明:《经验基础与知识确证》,《中国社会科学》2007年第1期,第65—75页。

的论证,首先从驳斥感觉材料论者的一贯思想开始。

在《经验主义与心灵哲学》开篇,塞拉斯提到:"所予"论者会认为通过"看"就可以直接获得"是";然而反对"所予"的哲学家以为,推论某事为实和直接看见某事为实不同,他们通常将批评的矛头指向"直观的第一原则与综合的必然联系",但又往往只是在攻击感觉材料。① 这里,要反对整个"所予"体系,要先从感觉材料这一源头入手。

首先,塞拉斯认为,感觉材料论者区分了觉知的行动(act of awareness)与行动的对象(object)。前者即感觉活动(sensing),感觉材料论者视之为基础的、不可分析的;后者,如我们可想到的,比如一个被感觉着的色块,它作为被感觉着的事项,被感觉材料论者称为"感觉材料"(sense datum)。但在塞拉斯看来,感觉材料论者在这里出现了第一个疏漏,即"感觉材料"一词代表着一种"之于某事项的相关性"(relational property;关系属性),仿佛存在着一个什么感觉对象,且这个感觉对象是"可感的"(sensible);这种"-able"的可能性表现出一种对象化预设,即通过关系相关性,仿佛没有被"感觉着"的时候,这个对象也依然存在;那么,如果有一个直接的感觉,则这一感觉就是附着于对象之上的,则该对象直接存在。出于此,塞拉斯用"感觉内容"一词替代了"感觉材料",以期撇清关系相关性可能带来的混淆。

其次,就知识论而言,"所予论"的一个要点在于:"经验知识是建立在关于事实的、非推论的知识之基础上。"②然而另一方面,感觉经验所感觉到的是"殊相"(particulars),殊相作为个别的存在并不具有知识的普遍性,唯有共相才可以成其为知识。那么,从殊相如何才能达到共相? 我们看到,"所予"论者在其观点中提到了"事实"(facts)。"事实"意味着:"某事就是如此这般的,

---

① W. Sellars, *Empiricism and the Philosophy of Mind*, Cambridge, Massachusetts: Harvard University Press, 1997, p.13. 中译文参见[美] 塞拉斯:《经验主义与心灵哲学》,李绍猛、李国山译,陈波校,选自《逻辑与语言:分析哲学经典文选》,陈波、韩林合主编,北京:东方出版社,2005 年。

② W. Sellars, *Empiricism and the Philosophy of Mind*, Cambridge, Massachusetts: Harvard University Press, 1997, p.15.

或者某事与另一事有如此这般的关系。"①换言之，由于自身带有关系相关性，事实已经处于逻辑空间之中，它自身包含着判断，同时也显示着与他物的关联。由此，作为"所予论"拥趸的感觉材料论者再次出现了疏漏，即通过具有关联性质的"事实"，单个的殊相与普遍的共相之间出现了暧昧不明的区域。塞拉斯就此为感觉材料论者划出两条道路：

（a）被感觉到(sensed)的就是殊相。感觉(sensing)不是知道(knowing)。感觉材料的存在并不逻辑地蕴含知识的存在；

（b）感觉(sensing)就是知道(knowing)的一种形式。我们感觉到(sensed)的就是事实而不是殊相。②

这里需要不厌其烦地区分出"感觉到"(sensed)与"感觉着/感觉活动"(sensing)两个词，(a)(b)其实同属于一个感性认识活动，但是被强行做出了区分。当感觉着的时候，感觉着的只有伴随性的感觉活动本身，是从主动发生的角度而论的"怎样"；当感觉到的时候，"感觉着"便停止，判断得以做出，"感觉"转为"知道"，所感觉的即感觉到的，是从被动的、被感觉对象的角度而论的"什么"。顺延塞拉斯的路径，二者之间出现了一道裂隙，两个选项成为非此即彼的；以他的观点，感觉材料论者并不能"既拥有一块蛋糕，又同时吃下它"，他们从用词上就忽略了两个阶段之间的微妙差别。

如此，已经揭示了"事实"在感觉材料论中的暧昧用法，接下来要面对的是，能否从殊相而非事实得到知识。如果感觉材料论者要同时坚持感觉活动就是知道以及被感觉到的就是殊相，这就会陷入困境。除非借用塞拉斯的方法，对知道进行细分。这里，塞拉斯提到："如果一个感觉内容被感觉到了，它就被感觉得似乎具有某种特征；如果它被感觉得具有某种特征，它具有该特

---

① W. Sellars, *Empiricism and the Philosophy of Mind*, Cambridge, Massachusetts: Harvard University Press, 1997, p.16.

② W. Sellars, *Empiricism and the Philosophy of Mind*, Cambridge, Massachusetts: Harvard University Press, 1997, p.16.

## 在经验与认识之间:论塞拉斯"所予神话"批判

征的这一事实就是非推论地被知道的。"①这种做法似乎可以调和从殊相到知识之间的分歧,但其问题在于"知道"的含义已经被更改,更重要地,"被感觉得具有某种特征"这一调和的中间项如何是一个"事实"? 站在塞拉斯的立场上会看到,这种"知道"已经不是原初的、发生意义上的全新的"认识",而毋宁说是一种糅合了既有背景和现成知识的"熟悉",唯有在这个条件下,在指向一个殊相时,才能实现一种关于某个事实的"非推论地知道":我和约翰很熟,于是我可以不假思索地说"我知道约翰"。但即便是隐藏在既有背景中,也不能否认"事实"作为中间项的存在,它指向着我们所谈论的殊相在理性的逻辑空间中的位置,从而才使之成其为"知识"。这种"熟悉"同时印证了知识在时间中的习得过程,即并非感觉的当下直接性构成了知识的基础,而首先是我们自身的历史性才使得"当下直接"的意义成为可能。但是感觉材料论者却"不预设任何的学习,任何联系的形成"②。当一个直接的感觉经验发生时,他们既不能对这一感觉经验进行分析(如其所言,它是直接的、基础的、无须确证的),还会将自身引向一种混淆,即对内在片段(inner episodes)的混乱使用。

塞拉斯将经典的感觉材料论归结为以下两种观念杂交的结果,即:

(a) 存在着某种内在片段,比如对红色或者C#的感觉(sensations of),这种感觉发生在人(和动物)身上而无需任何先在的学习或者概念形成过程;如果没有这样的内在片段,则某种意义上,看到(see)比如物理对象表面呈红色且是三角形,或者听到(hear)某段C#的物理声音就将是不可能的。

(b) 存在着某种内在片段,即非推论地知道某些事项是红色或者

---

① W. Sellars, *Empiricism and the Philosophy of Mind*, Cambridge, Massachusetts: Harvard University Press, 1997, p.17.

② W. Sellars, *Empiricism and the Philosophy of Mind*, Cambridge, Massachusetts: Harvard University Press, 1997, p.20.

C#；这些片段是经验知识的必要条件，并且为所有其他的经验命题提供证据。①

这里的内在片段某种程度上即承担着先前提到的感觉内容的角色，它是直接的、当下的、在"我"这里发生的，并且也是不可错的，它提供着前判断的原初质素。我们不能否认内在片段的存在，至少从(a)可以看出，如果连内在片段都没有，那么我们将无法看到和听到。换言之，内在片段是作为看(looking)和听(listening)的过程存在，由此才有看到和听到的结果；而判断结果的做出无疑需要更多的信息(无论是先天的、既有的，还是在理性的逻辑空间内相互关联的)，否则内在片段将与感觉材料一样掉入存在预设的陷阱。对于当下直接的内在片段而言，"意指"甚至也是难以实现的。无论是"具有一个关于红色三角形的感觉(sensation *of*)"还是"想到一座天上的城市(thought *of*)"，由 of 所带起的关联指向对于内在片段并不适用，以一种决然的态度，当下发生的感觉没有指向性，毋宁说只是"不可言明"的单纯存在。而对于(b)，上文已然明了的是，借由"熟悉"而来的"非推论的知道"，就感觉经验直接作为知识基础这一问题而言，无论如何不够严谨。

## 三

借塞拉斯对感觉材料论者的批评，"所予论"以感觉经验作为知识基础的思想根基已经开始动摇，而且当下的感觉经验似乎要被决然地分离出去了。但批驳如是，"感觉经验能否直接作为知识基础"这一问题，其根本仍没有解决。布兰顿在对塞拉斯文章的分析中，对以感觉内容作为基础到达知识的过程做了如下四个阶段的划分②：

---

① W. Sellars, *Empiricism and the Philosophy of Mind*, Cambridge, Massachusetts: Harvard University Press, 1997, pp.21-22.

② W. Sellars, *Empiricism and the Philosophy of Mind*, Cambridge, Massachusetts: Harvard University Press, 1997, p.126.

物理对象[A]——对感觉内容的感觉[B]——非推论的信念[C]——推论的信念[D]。

四阶段中,从[A]到[B]显示为一种因果关系,"它涉及可以用非规范词汇加以描述的具体的殊相。这里只有事实的问题,并不涉及认知关系";从[C]到[D]显示为认知(epistemic)关系,"它是推论到概念,关涉具有语句结构的信念,涉及理由而不是原因……是一种规范的关系"①。那么,这就明显地表明了问题的节点所在,即界于自然因果到知识推论之间的[B]与[C]如何连接。

可以看到,阶段[A]—[B]所呈现的是经验性的、感受性的;而阶段[B]—[C]—[D]则构成了我们通常认为的认知过程。那么,问题的关键点甚而就不是在[B]到[C]之间,而毋宁说就在于[B];并不是关于[B]本身是什么,而是在于,站在怎样的角度理解[B]。以[A—B]的方式,则[B]只意味着对[A]当下直接的感觉;以[B—C—D]的方式,[B]已经某种程度上作为"基础"进入了知识的生成过程。将感觉经验"直接"作为知识的基础,毋宁说是[A—B]与[B—C—D]两个系统的套嵌,这种套嵌造成了一种模棱两可,使得[B]在经验与认识之间"既是又是"。塞拉斯对"所予论"的进一步批驳可以理解为是对[B]的两种使用的驳清,但这一驳清保留了相当的康德色彩。

康德并非没有遭遇对[B]的定位问题,在探讨构成知识的人类认识条件的过程中,康德从知识论的整体结构上为[B]的定位留出了思考的余地,其中关键的一点在于"直观"。尽管如赫费提到的,对于康德而言,"被动的或接受性的感性自我用于直观,主动的或自主的知性自我用于思维,只有二者一起才构成了一个理论的、建立认识的自我"②。但从经验认识的角度来看,前者更具基础性的意义。

在《纯粹理性批判》中,康德写道:"认识要么是直观,要么是概念。前者

---

① 陈亚军:《超越经验主义与理性主义》,南京:江苏人民出版社,2014年,第159页。
② [德]赫费:《康德的〈纯粹理性批判〉——现代哲学的基石》,郭大为译,北京:人民出版社,2008年,第71页。

直接关系到对象,并且是个别的;后者间接关系到对象,以多个事物可以共同具有的某个特征为中介。"①"在直观之外,除了借助于概念的认识方式,就再没有别的认识方式了。"②然而,概念意味着间接的、推论的知识,如果关注"所予"的"直接性"问题,应当先从直观开始。

首先是感性直观。从布兰顿的四阶段划分来看,感性直观直接相关于对象,这满足了认识从[A]到[B]的进路,同时表明了一种原初的被动接受性,它基于对象所施加的触发,换言之,感性认识就其起点而言必须有对象被给予,而不可脱离对象自发生成。其次,感性直观虽然不能主动产生认识,但可以使无法被认识的、前直观的杂多转变为能够得到认识的、对象的直接的表象,换言之,是为概念化提供原始材料,因为"一个概念永远也不和一个对象直接发生关系,而是和关于对象的另外的某个表象发生关系"③。罗蒂在批评表象论时将康德也纳入同列,认为康德的疏漏就在于将直观与概念分离,并在其中加入了中介性的表象。然而事实上,在康德的论证中,表象甚至也是后发的,更根本的发端依然可以推回到直观。

概念与感性直观对立,意味着普遍性。要联结普遍的概念与单个的感性直观,表象似乎成为枢纽。借康德的说法,概念与直观在判断中得到关联,判断之作用就在于产生诸表象在一个概念之下的相关对象的统一性。④ 在判断中,"对象—表象—概念"得到统一,同时借由谓词的关联作用,判断获得其普遍性。当我们做一个判断说:"金属是硬的"。其中,"硬的"既与其他概念相关,又同时与此处的金属相关;而"金属"在此又能够特别关联于具体的某一对象。这种概念上的相关性就提供了普遍性的可能性。反对者可能会认为,这是由于使用了语言谓词,才使得关联得以可能。塞拉斯的观点也是同理,当我们把某物置于理性的逻辑空间中时,"就是把它们置于'确证'以及能够

---

① [德]康德:《纯粹理性批判》,邓晓芒译、杨祖陶校,北京:人民出版社,2004年,第274页。
② [德]康德:《纯粹理性批判》,邓晓芒译、杨祖陶校,北京:人民出版社,2004年,第62页。
③ [德]康德:《纯粹理性批判》,邓晓芒译、杨祖陶校,北京:人民出版社,2004年,第63页。
④ [美]亨利·阿利森:《康德的先验观念论:一种解读与辩护》,丁三东、陈虎平译,北京:商务印书馆,2014年,第122页。

确证我们所说的话的逻辑空间之中"①。通过语言,know that 所带起的事项才可以与其他事项发生关联。但如果转向康德会发现,这一关联事实上具有更为原初的基底。在此,直观的重要性再次突显,即直观本身先于语言蕴含着实现普遍性的可能性。

对单个对象的感性直观并不足以满足知识所要求的普遍性,那么,对接受性的感性直观进行纯粹化就是必要的,亦即抽离具体的内容而只保留形式,通过纯粹直观转向空间与时间的先天作用。

首先是空间—时间的先天性。② 在先验感性论中,康德提到:"空间不是什么从外部经验中抽引出来的经验性的概念。因为要使某些感觉与外在于我的某物发生关系(也就是与在空间中不同于我所在的另一地点中的某物发生关系),并且要使我能够把它们表现得相互外在、相互并列——不只是各不相同,而且是在不同的地点——这就必须已经有空间表象作为基础了。"③这里值得注意的是:第一,外在于我的某物所显明的不是仅仅在"我"之外,而是在我的位置以外与"我"的另一空间位置关系;第二,与我不同的各个对象,各对象之间互相的位置关系也不同。之所以能意识到这一"不同",是因为我们首先在且已经在此空间之中,换言之,空间是对对象关系觉知的先天条件:如果没有空间,则我们不能形成一个表象,更无从"谈论"表象间的关系。

时间的先天性与此同理。"如果不是有时间表象先天地作为基础,同时和相继甚至都不会进入到知觉中来。"④而缺乏同时性与相继性,则主观演绎中将诸表象统一为相继相连的三重综合活动就无法实现,则"我思"既不可能贯穿一切表象,"我"的同一性也将失去保证。因而,当用语言表达一个判断时,语言自身具有约定俗成的用法,譬如以"苹果"指称某一特定的物,亦即其自身蕴含的历史性,是由相继时间的先天性才得以保证。否则,语词在发生

---

① 陈嘉明:《经验基础与知识确证》,《中国社会科学》2007年第1期,第65—75页。
② 参见[美]亨利·阿利森:《康德的先验观念论:一种解读与辩护》第五章。阿利森在书中做了两组共四个论证,以解决纯粹直观问题,此处引文有所借鉴。
③ [德]康德:《纯粹理性批判》,邓晓芒译、杨祖陶校,北京:人民出版社,2004年,第28页。
④ [德]康德:《纯粹理性批判》,邓晓芒译、杨祖陶校,北京:人民出版社,2004年,第34页。

之时即消逝,我们既不能拥有对某物的判断表述,也不能将之前的"知识"运用于当下的"认识"。

最后,是时间与空间提供了量化的可能性。就空间而言,这种可能性来自空间总是作为整体存在的自身性质,即每一于经验世界中单个对象的直观,总是预设了空间的存在;这一空间并不因为对象的单个性而被划分为诸多单独存在的,因为受限于具体对象的空间总是整体空间的一部分,它可以被无限分割,但总属于一个整体:"如果我们谈到许多空间,我们也是把它们理解为同一个独一无二的空间的各部分。这些部分也不能先行于那唯一的无所不包的空间……相反,它们只有在唯一空间中才能被设想。"[1]时间在此具有相同的意味,因为"不同的时间只是同一时间的各部分"[2]。这种无限划分的可能性所蕴含的量化之意义在于,使得单个的直观在其发生时就蕴含了相同的纯粹形式,并由此具有了由一及众的普遍性之可能性。借此纯粹化过程,感性直观得以同知性概念相联结,而表象亦是在此基础之上才能获得。换言之,语言在表象层面带来的"普遍性"之可能性,在其根基上具有更为先天的缘由。

就此而言,康德看似是以"表象"这一中介性的概念解决[B]的定位问题,其实在发生意义上,从经验到认识的过渡在更基础的层面已经铺设了先天性前提。通过这层铺设,表象的显出以及表象层面的普遍性才是可能的,借表象基础上的语言来表达一个判断才能够实现。

## 四

如果说康德采取的是从结构上打地基以完成其建筑术的方式,那么塞拉斯其实是从整个建筑中抽走了筋骨,即抓住贯穿性的"语言"反诘整座建筑的坚固性,以及地基的牢靠与否。以这样的方式,他甚至可以采取诡辩的态度,

---

[1] [德]康德:《纯粹理性批判》,邓晓芒译、杨祖陶校,北京:人民出版社,2004年,第29页。
[2] [德]康德:《纯粹理性批判》,邓晓芒译、杨祖陶校,北京:人民出版社,2004年,第35页。

来宣称没有哪种知识可以不需要语言,因为我们的思维甫一运作,语言的作用就已经加入其中了,不然我们将只能拥有"莫名"的内在片段,只能存在于康德所说的"杂多"之中。

但是,塞拉斯其实是在[B]与[C]之间提取出了语言,使之向更高级的认识与更基础的经验两个方向上延伸,以完成思路上的统摄。他虽然避开了康德颇受诟病的"表象论"的调和法,但实际上是以一种暧昧的"整体论"态度重新调和着问题;后者应该在发生的层面谈论,但塞拉斯又选择了语言这一后发的工具。然而,这一选择也具有其合理性,就语言自身的性质而言,其普遍性通过诸如表述判断而实现,其历史性体现于语言本身在生长过程中的积淀与丰富。这也就是塞拉斯在《经验主义与心灵哲学》的后半部分最终提出的观点,他事实上并未直接言明经验知识没有基础,而只是温和地提出,这一基础不应是静态不变的,而是自身不断校正着的整体存在。① 这一出路与语言的内在性质依然是契合的,即如果有一个基础,它应该是在感觉经验与理性认识之间不断涌动的自我丰富的河流。从理论的整体性而言,塞拉斯的追问深度,仍未及康德在先验感性论中奠定的基础,但就这一点而言,依然可以说塞拉斯选择了与康德不同的出口,并由此开辟了知识论的新的讨论空间。

### 个人简介

周菁,甘肃兰州人,2011—2015 年南京大学新闻传播学院本科,南京大学优秀毕业生;2015—2018 年保送南京大学哲学系外国哲学专业,获硕士学位;2018 年秋季起于德国弗莱堡大学哲学系攻读博士学位,目前研究方向为海德格尔与谢林哲学。

### 学习感悟

多年前的习作能有幸入选母校论文集是个温暖的惊喜。选择现代西方

---

① W. Sellars, *Empiricism and the Philosophy of Mind*, Cambridge, Massachusetts: Harvard University Press, 1997, p.78.

哲学的课程习作，并且保留文章粗糙的原貌，是因为这门课作为人生轨迹转折点一样的存在，纪念意义远甚其他。

2011年进入南京大学时，正逢学校开始进行"三三制"教学改革，各方面十分鼓励支持学生跨学科发展。我的主修是新闻，大一、大二时选修过文史哲的通识课与专业核心课，其中唯独哲学让我欲罢不能，遂在大三时正式申请了哲学辅修，从此一发不可收拾。

大三第二学期我选到现代西方哲学，似乎之前对哲学懵懵懂懂的兴趣在那个学期突然变得清晰明朗。思想王国的敞开，满是惊异与喜悦。感谢当时任课的王恒老师和陈亚军老师，王恒老师的思考启迪和陈亚军老师的热情鼓励，让我第一次有了换专业来哲学系读书的念头。课程结束后不久，恰逢大四保研填报志愿，我抱着试一试的心态在第一志愿写了哲学。同一年，依然受惠于"三三制"教学改革提供的平台，我有幸进入南京大学与哥廷根大学合办的第三届德语精英班学习，这才有了两年后去弗莱堡大学交流的契机，才在交流学习时结识了现在的博士导师，才有了重返弗莱堡攻读博士学位的可能。

离校已久，我对南大、南哲依旧念念不忘。如果没有学校提供的广阔平台和丰富资源，没有所遇所知的各位老师的启蒙与教导、宽容与支持，或许我不会在哲学之路上走到现在。在一些安然的时刻，所有的记忆依然会被牵回到2014年初那个下雪的日子，教室在无限的绵延中仿佛一个盒子被揭开了顶，寒风与阳光偕行如一阵风暴，那样威严地、亲切地、深邃地向我涌来，作为所有思考的指引的开始，作为所有清澈的明亮的开端。

# 文化分析与马克思主义

## ——谈雷蒙德·威廉斯文化理论的几个重要概念

吕天麟

**摘　要**：雷蒙德·威廉斯是 20 世纪著名的马克思主义理论家,开创了文化研究的先河。80 年代以来,威廉斯成为文艺学与西方马克思主义的共同研究热点。当我们审视 20 世纪马克思主义文论的时候,在法兰克福学派以及阿尔都塞学派之外,来自英国学者的传统与理论是无法忽视的。笔者希望在本文中理清威廉斯关于文化的重要概念,重新探讨威廉斯对于英国社会以及更广阔的社会的文化价值。

**关键词**：威廉斯;剑桥大学;文化研究;文化唯物主义;三元动态结构

有这样一位文论家、思想家,生于英国工人阶级家庭,14 岁投身社会主义工人运动,考入剑桥三一学院,应征入伍,后回到剑桥著书立论,直至终老。他是英国"新左派"的先锋与核心,涉猎领域遍及文艺学、哲学、社会学以及传播学。思想睿智的他在生前饱受非议,有人与他遥相呼应,如爱德华·汤普森称:"即使是他写的一段简单文字都具有某种召唤关注的力量……他的作品带有一种值得其对手尊敬的权威。"[1]也有人为他贴上了"保守的社会主义者"的标签。有意思的是,逝世之后,他却名满欧洲,被称为"文化唯物主义"奠基人,成为文艺学与西方马克思主义的共同研究热点。他就是雷蒙德·威廉斯(Raymond Williams,1921—1988)。

---

① 张亮、熊婴编:《伦理、文化与社会主义》,南京:江苏人民出版社,2013 年,第 367 页。

威廉斯成长和生活的20世纪是一个变革的时代,从两次世界大战到左派运动在欧洲各地的兴起,70年代以后世界又泛起科技革命的先声。威廉斯的思想与时代密切相关。他通过文学批评与文化理论研究,展现他对马克思主义以及英国无产阶级运动的理解与发展,在学术上具有承前启后的意义。当我们审视20世纪马克思主义文论的时候,在法兰克福学派以及阿尔都塞学派之外,来自英国学者的传统与理论是无法忽视的。笔者希望在本文中厘清威廉斯关于文化的重要概念,重新探讨威廉斯对于英国社会以及更广阔的社会的文化价值。

## 一、为什么是英国？——谈威廉斯与英国的文论传统

在威廉斯之前,当我们谈到西方马克思主义的时候,很少会在名单中出现英国以及英国人。我们会谈论卢卡奇、阿多诺、本雅明等人的文论成就,可唯独没有英国。20世纪30年代,考得威尔等人率先将经典马克思主义引进英国,他的代表作《幻想与真实》成为英国马克思主义的文学理论的先声与标杆,深刻影响了威廉斯一代人。英国马克思主义从此之后有了突破性发展,到了60年代,剑桥的威廉斯与坐落于伯明翰大学的当代文化研究中心［The Centre for Contemporary Cultural Studies,CCCS,第一任主编理查德·霍加特(Richard Hoggart)］一同成了英国文化研究的标志,获得了世界性的声望。为什么是英国？这是第一个值得探讨的问题。

在谈威廉斯与英国文论传统前,我们不得不先探讨英国的哲学传统与根基。英国与欧洲大陆虽仅隔一段大西洋,但是在哲学传统上却是截然不同的两个派别。与欧洲大陆的理性主义传统不同,英国从文艺复兴哲学家弗朗西斯·培根起便强调经验的意义。"我们的一切知识都在经验里扎着根基,知识归根结底由经验而来。"[①]洛克如是说道。18世纪的休谟谈到知识起源于印象而非先验的理性,认为没有知识可以先天取得。从洛克到休谟,英国经验

---

① 约翰·洛克:《人类理解论》,北京:商务印书馆,2011年,第68页。

论的传统自 17 世纪起便扎根在了英国人的精神中。威廉斯文化唯物主义中的重要概念"情感结构"(Structure of Feeling)，便与这份传统紧密相连。

而文论在英国同样具有悠远的历史。亚历山大·浦柏、华兹华斯、雪莱等诗人除了在诗歌写作方面的成就之外，在文学批评史上占据了同样重要的地位。活跃在 19 世纪的马修·阿诺德更是现代文学批评的奠基人之一，他通过写作抨击英国文学与文化之中的地方主义、庸俗风气、功利主义，表达了对崇高美的追求，深切影响了身后的学者。而到了 20 世纪，倡导立足文本进行分析的"新批评"在英语文学界占据了非常重要的地位，而英国正是这场运动的发源地。

在"新批评"的影响下，P.R.利维斯与雷蒙德·威廉斯分别走向了两条道路，这也是双方观点交锋的一大平台。1930 年，利维斯发表了《大众文明和少数人的文化》一文，提出了自己基于精英主义的文化批评观点。他反对把文学拓展到社会语境下进行分析，而仅仅归于少数"社会精英"所拥有，因此他得出结论：少数精英应作为文化的"启蒙者"，为大众开列经典书目（这些作品仅包括在文学史上已经有定论的作家，如简·奥斯丁、乔治·艾略特等）来实现启蒙。这一观点受到了霍加特与威廉斯的强烈质疑。霍加特指出真正的作家应走出象牙塔，走近社区关注人们的生活，而威廉斯则是通过对大众文化的研究来实现对"利维斯主义"的批判与超越，我们将在下文具体分析。

在经验论传统与文论传统之外，独特的身世让威廉斯接触到了马克思主义的传统。在剑桥内，威廉斯加入了社会主义俱乐部（一个学生社团俱乐部），在其中担任了重要的职务。在俱乐部中阅读了《反杜林论》、《资本论》等经典马恩著作。过了一个月，威廉斯加入了共产党[①]。值得一提的是，威廉斯提到剑桥中来自工人阶级的家庭非常少，但是在社会主义俱乐部的社交活动中不会在乎身份，这与剑桥"右派"占主导地位的情况大不相同，笔者猜测这可能是威廉斯倾心马克思主义的一个重要原因。

---

[①] 在威廉斯访谈录《政治与文学》（河南大学出版社，2008 年）中可以找到更多关于威廉斯剑桥时期的介绍。

《新左派评论》20世纪70年代的主编安德森在考察西方马克思主义现状时以这样一句话总结:"在马克思主义文化传统上最落后的资本主义国家世界,突然间都已变成最先进的了。"①为什么会产生这样的现象?笔者认为有两个原因。从社会运动角度看,英国的学术研究一直与社会运动保持密切联系,随着英国工人阶级地位的上升,马克思主义的理论家能透过现实走向理论,在政治、经济和文化各方面深入研究并取得成就;从文化的角度看,20世纪是大众文化的高速发展期。电视、电影等新载体的流行构成了对英国长期以来传统精英文化思潮的挑战。20世纪早期英国盛行利维斯主义,坚持英国的文化传统,强烈批判"庸俗而粗鄙"的大众文化。在这样的大环境下,一批文化研究学者从反驳利维斯主义出发,将大众传媒与亚文化研究发展成了美学的新命题。在这里,马克思主义对工人阶级的关注与大众传媒的传播紧密地联系到了一起。而威廉斯正是这场学术浪潮的主导者之一。

## 二、文化研究与唯物主义

在《文化与社会》中,威廉斯首先关注到的是英语语言中的几个词语。他认为有五个词语的变迁过程能够反映社会的变迁,他们分别是"工业"、"民主"、"阶级"、"艺术"与"文化"。其中"文化"是最值得关注的概念。"文化这个词的发展是对许多重要而持续的反应的一种记录,就其本身而言,或许可以被看作一种特殊的地图,依靠它可以探索这些变迁的性质。"②文化的概念首次被正式提出。在他另一本著名作品《漫长的革命》中,威廉斯清晰地对文化做出了三种定义的区分,分别是"理想的"、"文献的"、"社会的"。对于第一种定义,"文化是人类根据某些绝对的或普遍的价值而追求自我完善的一种状态或过程"③,这追求的是人类永恒的价值,是哲学层面的讨论;第二种定义

---

① 佩里·安德森:《当代西方马克思主义》,北京:东方出版社,2000年,第24页。
② 雷蒙德·威廉斯:《文化与社会:1780—1950》,高晓玲译,长春:吉林出版集团,2011年,第1页。
③ 雷蒙德·威廉斯:《漫长的革命》,倪伟译,上海:上海人民出版社,2013年,第50页。

则类似于档案,需要考察世界上已有的思想并给予文化上的评价,文化在这里更多的是文献学的意义;而第三种定义是最广泛的。正如威廉斯所说:"文化就是要阐明一种特殊的生活方式——即一种特殊的历史文化——中或隐或显的意义和价值。"①笔者认为,第三种定义最值得探讨,这种批评方式将历史和逻辑的方法相结合,考察传统和社会的方方面面,从而令我们从文化视野延伸到社会的整体发展。从这一意义上看,"社会的"定义能够兼容前两种定义,换句话说,威廉斯在这里将文化提升到了与社会相等同的高度。这是文化研究分析的基础。

正如上文所言:"文化就是要阐明一种特殊的生活方式。"在这里他将文学、文化看作一个整体的过程,其背后映射的是他对马克思主义的独到理解。

威廉斯认为,过去的英国马克思主义者之所以无法正确认识"文化"概念,源自他们对马克思的"上层建筑"概念有理解偏差。马克思在《政治经济学批判》导言中指出:

> 人们在自己生活的社会生产中发生一定的、必然的、不以他们的意志为转移的关系,即同他们的物质生产力的一定发展阶段相适合的生产关系。这些生产关系的总和构成社会的经济结构,即有法律的和政治的上层建筑竖立其上并有一定的社会意识形式与之相适应的现实基础。②

这段话通常被解读为"经济基础决定上层建筑。马克思坚信经济基础对上层建筑的决定作用,但是这种作用绝对不是无条件的与机械的。许多早期英国的马克思主义者并没有看到这一点,而是将经济基础和上层建筑的关系当作机械的、单向的决定关系,并且在著述中生搬硬套马克思的观点,如考得威尔认为要研究文学史,必须从经济史入手并且用经济史来阐释文学,这类观点遭到了威廉斯的强烈批评。在对庸俗马克思主义的批判中,威廉斯阐发

---

① 雷蒙德·威廉斯:《漫长的革命》,倪伟译,上海:上海人民出版社,2013年,第51页。
② 马克思、恩格斯:《马克思恩格斯选集》(第二卷),北京:人民出版社,1995年,第32页。

了他对唯物主义的理解。

威廉斯认为，经典马克思主义中的"上层建筑"的说法更像一种抽象的比喻，而非精确的定义。马克思原著中提及上层建筑由"情感、幻想、思想方式和世界观"构成，但是整个精神世界并不能够用这样几个词语而清晰概括。此外，威廉斯强调要用动态的观点来考察经济基础与上层建筑之间的关系，强调文化的实践性。"我们应当在肯定它的能动作用的同时，继续寻求它对作为整体的文化的阐明。"①威廉斯将马克思主义的经典概念引入更广阔范畴，即文化唯物主义。

值得一提的是，威廉斯在创立文化唯物主义的时候，极大地参考了卢卡奇"总体性"的概念。卢卡奇把"总体性"规定为一个无所不包和自我包容的世界，在它之外没有任何更高的实在。但不同于卢卡奇仅仅停留在理论层面，威廉斯在其中注入了"文化"的内涵。从威廉斯的角度看来，作为整体的文化不仅出现在了上层建筑领域，也具备物质性从而出现在自然与社会的基础之中。

笔者认为，文化唯物主义发展了马克思的经济决定论和历史唯物主义，在一定程度上纠正了早期英国马克思主义的机械决定论的思潮。文化唯物主义适应了20世纪英国的工人阶级运动与大众文化的传播，在英国马克思主义的发展历程上具备独一无二的意义。

## 三、文化领导权与三元动态结构

学界普遍认为，威廉斯关于领导权的理论来源是意大利马克思主义者葛兰西。作为马克思主义的理论家与实践者，葛兰西的文化霸权理论强调了文化的重要性；同时，他也曾表达过对庸俗经济决定论的批评意见。这让威廉斯颇有相惜之情，因此沿着葛兰西的道路提出了文化领导权的概念。

葛兰西认为，一个社会集团能够也必须在赢得政权之前开始行使"领导

---

① 雷蒙德·威廉斯：《文化与社会》，吴松江、张文定译，北京：北京大学出版社，1991年，第361页。

权",这是赢得政权的首要条件之一;当它行使政权的时候就最终成了统治者,但它即使牢牢地掌握住了政权,也必须继续以往的"领导"。这里的"领导权"指的就是文化上的领导权。通过文化霸权,统治阶级主导的世界观会成为社会的"普遍真理",被各个阶级所认同。葛兰西认为,有效统治不仅仅是依靠政治手段或者武力,更多的是在意识形态领域的领导。因此,对于无产阶级革命运动者来说,争夺文化领导权(文化霸权)变得格外重要。

威廉斯的文化领导权概念正是葛兰西理论的延续。通过文化霸权的建构,文化理论从理论层面进入了工人运动的实践。相较葛兰西,威廉斯进一步指出了霸权是运动的。"霸权绝不是单数的。正如在具体分析中随处可见的那样,它的内在结构极其复杂。此外,霸权绝不仅仅作为一种主导而消极地存在,霸权总是不断地被更新、被再造,得到辩护,受到修饰;同时它也总是不断地受到那些完全不是来自它自身的压力的抵制、限制、改变和挑战。"[①]根据霸权的动态过程,威廉斯引入了关于文化三元动态结构理论。

威廉斯指出,在同一社会同一时期,文化有三种形态,分别是主导文化(Dominant)、残余文化(Residual)以及新兴文化(Emergent)。主导文化一般指精神力量上占统治地位的文化,主导文化会引导人们的文化观念和行为,换句话说,主导文化是所谓社会主流的一整套观念与价值。残余文化与主导文化相对,在过去某个社会中它曾作为主导文化引导人们的实践,但是在当下社会只保留了一部分。威廉斯并不轻视残余文化,"它(残余文化)不仅或不完全作为过去的一个因素,而且作为现在的一个有效因素。"[②],残余文化拥有的是来自历史的特殊价值,它可被主导文化所吸收,也可能随着时代而消亡。举例来说,宗教、礼仪、风俗都是社会残余文化的一部分,普罗大众也最能在生活中直观地感受到残余文化的动态性。

对于新兴文化,威廉斯将其定义为"新的意义和价值、新的实践、新的关

---

① 雷蒙德·威廉斯:《马克思主义与文学》,王尔勃、周莉译,开封:河南大学出版社,2008年,第121页。

② 雷蒙德·威廉斯:《马克思主义与文学》,王尔勃、周莉译,开封:河南大学出版社,2008年,第130页。

系和关系类型"。产生新兴文化的主体是工人阶级,创新的源泉在于最广大的工人群体,这与历史唯物主义的观点不谋而合。威廉斯对新兴文化抱有强烈的期待,同时他也指出,新兴文化具有替代性与对立性,这其中包含着一个暗示:当工人阶级所创造的新兴文化达到一定程度之时,将取代现有的主导文化而构成全新的文化动态结构。

在笔者看来,文化三元动态结构理论是威廉斯最具现实意义的理论创新。文化三元动态结构的实质是一种动态平衡,核心是通过维系主导文化来维护文化领导权。统治阶级需要根据具体情况吸收残余文化与新兴文化的力量,从而维护发展主导文化使其符合社会实际,从而成为社会各阶级普遍的行为准则;然而,当一个社会的主导文化已经明显不符合实情之时,新兴文化就具有替代主导文化的责任。马克思主义的辩证观能在这三者关系中得到最好的体现。

威廉斯曾经讲到,文学批评的主流最早是对资本主义的批判,然而最终成了资本主义社会的一部分,这不能不称为文化领导权的胜利。威廉斯和葛兰西共同认同文化领导权的重要性,并且通过这一概念厘清了资本主义阶级统治的内涵。借助威廉斯的三元动态结构理论,工人阶级以及革命政党才首次认清文化领导权的重要性,这在开拓无产阶级革命者视野方面具备独特的现实意义及历史意义。

## 四、威廉斯文化理论的现实针对性

作为英国新左派的领军人物、"文化研究"的奠基人,威廉斯开创了文化研究的新道路。他对于文化的定义拓展了文化的边界,使文化纳入了平凡人的日常生活。尽管威廉斯已经逝世多年,但是他的文化理论依然能够适应当今中国社会,能为文艺学界提供新的思路。在笔者看来,威廉斯文化理论的意义集中体现在三个方面:

第一,威廉斯批判了"文化精英论"的利维斯主义,引领了大众文化研究的热潮。在传统的精英主义者看来,文化无非局限于文学、美术、音乐、戏剧等几个范畴,绝大多数的艺术研究也只停留在这些领域中。而根据威廉斯的文化理论,大众文化同样值得进行理论研究。威廉斯提倡的是"多数人的文明"而非"少数人的文化",文化平等观念在学界有很强的影响力。

笔者认为,这对中国学术界非常有启示意义。过去我们对新载体与新的传播方式研究不足,不少领域还未上升至学术高度。近年来,影视剧、电视广告,甚至像微电影这样的互联网产物,都相继出现在了博士论文、硕士论文中,日益被学界所重视。学者们也开始思考优秀电影背后的文化现象与符号价值,如《大话西游》。这些如雨后春笋般出现的学术新热点,不得不说与威廉斯的大众文化理论有所联系;同时,威廉斯的文化理论也能让我们更好地厘清大众文化与商业文化的价值。

第二,威廉斯为马克思主义文化理论注入了新的内涵。如果用威廉斯的理论来解释中国问题,我们就须建立并弘扬文化价值论,与此同时吸收来自过去与国外的优秀文化成果,从纵向与横向两个维度来促进文化领域的发展。文化领域的控制权向来是中央的关注重点,在互联网的文化背景下改进意识形态领域的工作方法,发展文化领导权,已经是一个亟待回答的问题。

在文化领域,新的变化已经出现。我们已经能在各个领域看到中央级的宣传单位逐渐开始使用网络名词,如在严肃媒体中使用"任性"、"正能量"等网络词汇,并且赋予其新的含义。"任性"的原意是"执拗使性,无所顾忌",而官方媒体将其用来形容贪腐分子,并且已经形成了文化共鸣。而"正能量"本是物理学名词,现在被广泛用来表述社会的"真善美"而被官方所弘扬。这正是一次在新的文化形势中推广文化领导权的尝试。我们可以发现,官方对文化领域新形势已经拥有了相当的了解,也开始使用这套新的话语权来掌握文化领导权。不难想象,未来会出现更多的同类案例。

第三,威廉斯发展了文化社会学,凭一己之力开创了英国马克思主义的文化传统。威廉斯将文学批评延伸到了社会学领域,通过文学与文化观测社会的变迁。这是来自英国的原创性的成果。用《马克思主义与文学》的译者王尔勃的话说,法兰克福学派代表"西方马克思主义"的正题,阿尔都塞学派代表"西马"的反题,那么威廉斯的文化唯物论与受其影响的伊格尔顿审美意识形态论即20世纪"西马"的合题。威廉斯开辟的新维度也正由伯明翰学派、鲍德里亚、布迪厄等人继承。威廉斯通过理论建构取得了他在学术领域的"文化领导权",这或许能给新兴的中国学术界一种期待:让来自中国的声音也成为"文化领导权"的一支重要力量。

## 结　语

威廉斯的学术重要性已经在学界获得了广泛的认可。然而笔者仍要多添一句:威廉斯的重要性或许不只体现在他所处的时代,也体现在我们的时代。对于大众文化,相关的学术储备还远远不够,发展速度也跟不上大众文化的发展速度。从学科视角看,文艺学视野下的文化研究在我国依旧是一门年轻的学科,广泛吸收国外同行的文化成果是一门新兴学科的紧迫要求,也是这门学科的发展之路。这也是笔者研读威廉斯的启示之一。

这是我首次对一个学术人物做出具体地分析与研讨,下一步就应由点及面,从人物到学派,最后得以把握整个学科的发展脉络和动态热点。学术研究的道路上一定同时伴随着快乐与苦痛,只可叹一句:路漫漫其修远兮,吾将上下而求索!

**个人简介**

吕天麟,上海人,南京大学文学院2012级本科生,辅修哲学。2016年本科毕业后在联合利华工作。

**学习感悟**

我在哲学系和文学院学习的过程中渐渐对这两个学科的交集,也就是文化研究领域产生了浓厚的兴趣,在哲学系孙乐强副教授和文学院汪正龙教授的指导下,我研究了雷蒙德·威廉斯的文化分析理论,体会到了文化研究的重要性,并由此展开思考。感谢爱智慧论坛让我有机会来深度体验学术研究的过程,享受学术研究的乐趣,这对我本人的成长非常重要。尽管我毕业后没有继续深入探索学术天地,但是这份精神一直伴随着我的工作与生活。感谢南哲给予我本次发表的机会,敬请母校校友指正,欢迎与我一同交流学术、工作与生活。

# 库恩与布鲁尔相对主义思想比较研究

李博文

**摘　要**：以布鲁尔为代表的科学知识社会学家代表了科学哲学中的社会建构主义研究流派，就其思想背景来看，库恩的范式理论为其提供了哲学根基，曼海姆和涂尔干的知识社会学为其提供了社会学框架。实际上，库恩强调了科学知识的共同体属性，挖掘出了科学的社会维度，而布鲁尔则将科学彻底委身于社会。布鲁尔是如何从库恩的范式相对主义发展出自己的社会相对主义的，二者对相对主义与进步之间的问题又是如何处理的，是我们需要讨论的问题。

**关键词**：范式；社会学；相对主义；进步

对相对主义的争论自从其诞生起便未曾停止，而"相对主义"似乎在 20 世纪中又找到了它的新的含义，焕发出新的生机。库恩将范式理论引入科学哲学[①]，从而开启了科学哲学的社会学转向，而布鲁尔等人的科学哲学社会学分析工作使得人们意识到传统的科学形象已经发生了改变[②]。库恩和布鲁尔的思想中所体现出的相对主义特征可以看作其不同阶段的两个典型。

---

① 库恩对范式理论的讨论可参见［美］库恩：《科学革命的结构》，金吾伦、胡新和译，北京：北京大学出版社，2014 年，第 21—48 页；库恩：《必要的张力——科学的传统和变革论文选》，范岱年、纪树立等译，北京：北京大学出版社，2004 年，第 287—331 页。

② ［英］布鲁尔：《知识和社会意象》，艾彦译，北京：东方出版社，2001 年，第 1—33 页。

# 一、从"范式相对主义"到"社会相对主义"：相对主义内涵的变迁

传统的相对主义具有如下特征：以极端地强调变动性来否定确定性；以极端地强调认识主体的主观性和历史依赖性来否定作为认识结果的客观真理；以强调过渡和转化来否定区别和对立；侧重于认识过程和结果的形式方面的相对主义特征而很少涉及作为认识的结果的知识内容的相对性……其核心立场是，科学并不具有内在的本质，它的合法性不是来自自身（同样不是来自自然），而是来自外在于科学的东西。

对于库恩来说，这种外在的东西便是"范式"。"范式"是库恩在其著作《科学革命的结构》中提出的，其基本含义是认同某些相同基本假定的科学家形成科学共同体，开展科学活动并以此取得一定的成果。对于某些相同基本理论假定的认同是范式存在的基本条件，而范式的转换便会引发科学革命。在范式的阐述中，库恩将科学发展的过程概括为"范式——反常——范式转换——新范式"的过程。在一个范式稳定时期内的科学工作被称为"常规科学"，其工作便是解决前人留下的问题：减小误差、诠释理论、预言理论等——简言之便是"解谜"。一个范式会为工作于其中的科学家们解决一些问题，同时提供另外一些待解决的问题并使科学家在这些问题上取得成果。而当科学中某些"反常"出现时，科学家们会尝试着先从自身寻找问题，而不是怀疑范式本身。当"反常"的存在使得新的理论出现，并且新的理论可以在原有范式的解题能力之外解决原有范式无法解决的问题，即随着理论的发展，大多数人认可新的范式而抛弃原有范式的时候，一次范式转换便完成了——我们称之为科学革命。在范式转换的过程中会面临的一个重要问题，即新理论的选择。对于科学家们如何进行理论选择，库恩在《必要的张力》中提出了一些

标准(精确性、广泛性、一致性、简单性和富有成果性)[①]。总而言之库恩认为在理论选择的过程中,产生影响的是加以主观因素限制的客观因素。

在库恩的范式理论中,我们可以看到相对主义的某些特征:第一,科学的发展是范式的转换,所以科学的发展也就是一次又一次观念的转变,从前被接受的知识可能在未来被新的知识所取代,那么"知识"也就不再是一成不变的,而是随着范式的发展而变化。第二,库恩采用了历史主义的方法论,其论述过程中采用了大量的科学发展史上的例子(哥白尼革命、量子力学的出现、燃素的争论等)从而放弃了逻辑经验主义和证伪主义的立场,而此二者均承认存在一种超历史的准则。历史在某种程度上是过去的社会,考察历史便是考察当时的社会对当时的科学的影响,所以在历史主义方法论下的研究会不可避免地引入社会学因素[②],这使得科学与社会开始密切接触。第三,库恩的范式选择包含着主观因素的作用,这也就使得相对主义有了立足之地,社会因素、心理因素等非理性因素在这个时期占了主导地位。科学的合理和进步体现在解题能力和范围的增长上,而对于"增长"的认识则在很大程度上依赖于作为主体的人,这种科学认识论为科学知识社会学奠定了方向。

库恩的"范式相对主义"为科学开启了一扇通向社会的大门,但是将这条道路完成的是布鲁尔。其相对主义核心立场是科学完全是一种社会建构物。基本内涵是认为知识完全是社会中人们的集体信念,将科学的合法性归结于社会。在《知识和社会意象》中,布鲁尔提出了"强纲领"的四条原则,试图从社会维度出发解释科学知识。作为社会学家,布鲁尔对于传统观念中知识不能参与社会学考察的观念持反对态度。"强纲领"的四个原则可以简称为因果性、无偏见性、对称性、反身性。我们从无偏见性开始理解强纲领的内容,因为无偏见性中明确体现了布鲁尔对于传统科学研究范式的挑战,"应当客观公正地对待真理和谬误、合理性和不合理性、成功和失败"。长久以来,用

---

[①] [美]库恩:《必要的张力——科学的传统和变革论文选》,范岱年、纪树立等译,北京:北京大学出版社,2004年,第287—331页。

[②] 刘华杰:《科学元勘中SSK学派的历史与方法论述评》,《哲学研究》2000年第1期。

逻辑解释科学的"正确"一直都是理性主义科学哲学家的工作。而社会学家们只能拾取他们所丢弃的"错误"加以解释,无论是社会、文化还是政治因素,都无法涉足科学知识这一领域。但布鲁尔认为这两类知识应当受到同等的待遇,也就是说,二者应当拥有同等的研究范围。和无偏见性有所关联的是对称性,二者相辅相成。"强纲领"之"强",是相比于传统社会学的"弱"而言的。对称性的提出在一定程度上是针对默顿学派的"只对伪的、非理性的和失败的知识进行社会学分析,以求矫治那些'非理性'的科学家,而对真的、理性的和成功的知识则免于社会学研究"的论述。在这里的知识具体包含以下三种:一是作为"真"的信念的知识,如数学和自然科学;二是仅作为信念的知识,如宗教、神话等;三是作为知识的知识社会学自身。也正是由于这两条纲领,布鲁尔使得科学知识社会学将传统的科学真理和科学合理性撇在了一边。

基于上述两条,接下来的因果性便是科学知识社会学的主要工作。因果性原则之"因"便是社会学因素,而"果"便是科学知识。在这里布鲁尔表现出他的一些相对主义特征。科学知识的裁决委身于社会,因此"因"便是产生知识的政治、经济、文化环境,以及与科学家所属的利益团体、科学家的切身利益等科学知识产生过程之外的社会利益。所以,因果性原则强调科学知识的产生取决于社会利益。在《知识和社会意象》一书中,布鲁尔运用社会因素分析科学知识,社会因素优于其他任何因素。反身性作为最后一条因素,其出现的作用是为了保证自身理论的自洽和严密。但是它并不是仅仅针对科学知识社会学自身提出的,它也适用于其他的理论。借助"强纲领",布鲁尔试图将社会学因素贯彻到传统科学知识研究的方方面面,建立真正属于"社会的"科学知识社会学[1][2]。

布鲁尔的"强纲领"自提出便饱受争议,柯志阳在《强纲领和知识的社会建构》一文中指出:"布鲁尔在论证中不恰当地降低了经验在知识建构中的重

---

[1] 赵煦、马雷:《强纲领简论——科学知识社会学的问题与出路》,硕士学位论文,南京:东南大学哲学系,2006年。

[2] 张改珍、马来平:《大卫·布鲁尔的科学知识社会学理论之于"两种文化"的交融——兼论"两种文化"交融的逻辑进路》,硕士学位论文,济南:山东大学哲学系,2006年。

要性,因而未能提供知识的自然主义说明的普适模式。"[①]根据他的观点,布鲁尔在强纲领中并未完全抹杀社会因素以外的其他因素,但是仅仅流于一句"自然地,除了社会原因以外还将存在其他类型的原因,它们将共同作用以产生信念"。在布鲁尔的论述中,对于感觉经验的扩展成为这种"其他原因"中重要的一部分。作者根据布鲁尔的思想归纳出"不充分决定性——自然地退隐——不对称性"的思路。在布鲁尔的思想中,自然因素只是一个不变的常量,在决定知识的过程中起着有限的作用,而使知识产生变化的社会变量,这与布鲁尔的"朴素唯物主义"有些相似。由此,布鲁尔的科学知识社会学并不是完全忽略自然因素,而只是将它置于弱于社会因素的位置。"强纲领与传统观点的差别,关键不在于是否承认文化社会因素时刻影响着认知过程……关键的差别在于一种'视角'的转换,对知识社会学而言,社会因素无处不在,无法消除,渗透在知识的内容、形式以及实践的每个角落。"笔者认为布鲁尔构建强纲领的目的便是运用社会学研究方法研究传统科学哲学研究的知识。但是对于传统科学哲学家而言,布鲁尔将社会因素放在主要位置的行为,无异于置"客观"、"科学"于不顾,这引起了双方的自我解释和互相驳斥。而在布鲁尔构建科学知识社会学的过程中,我们也看到了社会学角度分析知识的弊端。为了解释知识,我们需要一种自然与社会足够对称的理论。

我们可以看到,基于库恩的方法论和认识论,布鲁尔在传统意义上的"社会"中加入了范式的特征[②],从而将"范式相对主义"扩展至"社会相对主义"。我们可以在"社会"这个概念中发现库恩"范式"中的某些特征:二者均认为不存在一种超历史的科学准则;作为群体的人对科学知识的信念成为科学工作开展的必要条件;社会作为科学所处的环境在一定程度上起到了范式对科学家的指导和激励作用。但是布鲁尔比库恩走得更远:第一,科学的发展被完全归结于科学团体之间的利益争夺,其结果也变成了磋商而非实践的成果,人们的信念变化造就了科学的变化,对科学准则的社会化造成了其理论更明

---

① 柯志阳:《强纲领与知识的社会建构》,《自然辩证法通讯》2003年第5期。
② 常春兰:《库恩哲学与科学知识社会学》,《山东科技大学学报》(社会科学版)2004年第1期。

显的相对主义倾向;第二,布鲁尔不仅强调知识形式上的相对性,更强调知识内容上的相对性,他试图说明我们认知的方方面面都是受到我们所处的社会影响的,这是布鲁尔"社会相对主义"的"发展"之处,同时这也为他带来了一系列需要解决的问题。事实上,布鲁尔等科学知识社会学家毫不掩饰自己的相对主义倾向。

相对主义是一种令人愉快的林间空地,它距离我们通常所处的知觉大道不算太远。的确,相对主义者的林间空地中有许多小径,它们通向碎石路的多数目的地。但它们并不引向某种预定的道路。林间小道呼唤探索,它有许多条道路,对于观赏风景,它比普通大道能提供更丰富的选择。①

## 二、相对主义与进步性问题

如果将相对主义赋予科学,那么,不可避免的就是对科学进步性的说明。虽然库恩坚持相对主义,但他仍然承认科学的进步性。这种进步性体现在两个层面,对应于库恩的科学发展的两个阶段:在常规科学时期,它体现在解题能力的提高(科学共同体在范式下工作的结果),而其评判标准则交由"观察者的视角",也就是由范式决定的;在科学革命时期,它在于新范式的选择(精确性、一致性、广泛性、简单性和富有成果性等),新范式可以在旧范式解决问题的基础上解决更多的问题,并且其中某些已被证明且为人接受。库恩受波普尔影响,认为不存在绝对的真理,不存在客观的中性观察,这本身就已经为社会因素提供了角度。但也是由于传统思想的影响,库恩坚称自己不是一个相对主义者,他试图从"相对主义"的含义的角度来解释:"按照这个术语的一

---

① H. M. Collins, *Changing Order: Replication and Induction in Scientific Practice*, London: Sage Publications, 1985, p.1.

种意思,我可能是个相对主义者,但按它更本质的意思,我又不是的。"库恩坚持认为自己是一个进步主义者:"对我来说,科学进化犹如生物进化,是单向的、不可逆的。一种科学理论不如另一种那么好,因为科学发展正如科学家通常所做的那样在往前研究。"范式稳定时,科学家们在其指导下解释更多的现象或者使得实验结果更加精确地符合理论,从而使得范式更为人所满意接受,这样的工作便是范式指导下的进步。当范式开始"动荡",新的范式或者从前被忽视的范式开始进入人们的认知范围,众多范式开始了竞争。获得成功——也就是为人们所接受的标准,便是这个范式可以成功地解释原有范式无法解释的现象,并且成功地预言一些新的现象。当它符合这些,它就具有了为人们所接受成为新范式的必要条件。经过了一次革命,从事新的"常规科学"的科学家们可以解决更多问题,可以获得更小的误差,这就是范式选择带来的科学进步。总之,库恩提出了范式,并且基于范式提出了通过革命而进步的理论。范式作为进步的标尺,很大程度上是取决于其在实际问题中的"实用"性的。

实际上,在库恩的论述中,"进步"和"科学"的含义已经发生了变化。它们开始面向实际的社会生活,而不是隔绝于社会的、"神圣"的存在。也是由于这一点,它无法给出一个让人们信服的准确表述来判定何为进步。究竟什么是"成功解释"和"精确"?既然不存在客观的中性观察,我们的科学研究的合理性又该诉诸什么?传统的理性受到了挑战,正是此时,布鲁尔等人给出了一套自己的理论。

在布鲁尔的观点中,科学是一种社会产物,它与宗教、政治、历史一样,因此科学所具有的那些传统属性也就只能是一种社会建构。所以,进步性只是科学家们建构的结果,真正的进步并不存在,只是科学家们的利益斗争导致了这种现象(进步)的出现,而斗争的背后就是社会维度。布鲁尔在《知识和社会意象》的第一章末尾,曾提到"科学发现推动了人们对于优先权的争论","人们用'贡献'来交换'承认'和社会地位",这也成了推动人们进行科学活动的动力。在布鲁尔的观点下,社会维度无所不在,渗透到了传统科学中的每一个领域——无论是形式还是内容。在第四章中,布鲁尔直接将波普尔和库恩的思想比较,作为他知识和社会意象的个案研究的例子加以分析,认为二者思想的不同来源于其所处时代的历史变革,以及由此引发的启蒙主义运动和浪漫主义运动。另外,他还尝试用社会学方法解释数学,建立"关于数学的社会学"。可以看到,库恩的"范式"在布鲁尔手中扩展为"社会",其对科学本身的影响也加大。但是如果说范式指导科学研究是基于"科学性",保留着一些科学的客观理性成分的话,那么布鲁尔的社会意象决定知识便是基于"社会性",彻底否定了传统意义上的客观理性[1]。布鲁尔强调经验和信念在知识形成之中的作用,强调科学家之间的争论和利益争夺在理论冲突时的作用,这些都在表示着在社会维度下的科学进步仅仅是社会发展的产物。社会发展是基于人的思想和活动的,没有无可辩驳的固定的轨迹和评判标准来描述,因此不存在所谓的"进步"。

布鲁尔在《知识和社会意象》中提出的观点虽有其独到之处,但是具有一个很大的漏洞:它无法解释当今科学技术发展所带来的一系列成果,即科学的有效性。我们依靠在社会维度影响下的科学,依然取得了生产生活中实实在在的进步。如果这一切仅仅是社会建构,它们怎么能在实际生活中发挥各自的作用呢?[2] 西斯蒙多就曾提出过这样的质疑,牛津大学生物学家道金斯更以此公开挑战布鲁尔等相对主义者的立场,引发了一场论战[3]。布鲁尔引入了社会维度,但是却忽略了自然在科学中的作用,这也使得其相对主义理论受人诟病。

可以看出,库恩尽管认为科学是相对的,但他将相对主义限定在范式的界限内,因此,相对主义与其进步性理论之间仍然具有相容性(实用标准)[4];

---

[1] 郭启贵、高文武:《爱丁堡学派科学知识社会学研究》,博士学位论文,武汉:武汉大学哲学系,2010年。

[2] 胡辉华:《论知识社会学的困境》,《哲学研究》2005年第4期。

[3] 关于该论战的内容与对该论证的讨论可参见刘鹏:《三万英尺高空的相对主义者——相对主义与科学的有效性可以共存吗?》,《科学技术哲学研究》2010年第5期。

[4] 库恩对该问题的论述可参见库恩:《科学革命的结构》,金吾伦、胡新和译,北京:北京大学出版社,2014年,第85—101、130—156页;库恩:《必要的张力——科学的传统和变革论文选》,范岱年、纪树立等译,北京:北京大学出版社,2004年,第287—331页。

而布鲁尔将科学主要委身于社会，丧失了科学的独特性内涵，于是，相对主义与进步性之间的矛盾便无法调和。

## 三、结语：库恩与科学哲学的社会学转向

尽管库恩本人认为自己是一个坚定的进步主义者，但其范式理论中所蕴含的相对主义因素（范式相对主义、不可通约性等）和历史主义方法[①]，为社会学家们找到了从社会学切入科学的道路。对于进步中的实用性原则，库恩实际上并没有给出明确的判定，这里会不可避免地引入"非理性"因素，这也许是库恩对此避而不谈的原因。而布鲁尔由此出发，以社会学角度审视科学，建立起了科学知识社会学的强纲领。从此，科学与科学哲学不再隔绝于社会，而是面向社会。布鲁尔的工作为我们展示了一幅全新的图景，也吸引了大量的哲学和自然科学工作者深入社会，开展实验室研究，探索科学、科学哲学背后的社会因素。这便是科学哲学的社会学转向，这一转向的实质是以社会学方法研究哲学问题，于是科学的客观性、进步性等就都成了一种社会建构之物，都是虚假的。

这一转向的深层哲学基础在于哲学家们通过"观察渗透理论"命题消解了证据与理论之间的必然性联系。"观察渗透理论"认为我们通常带着由过去的经验和知识构成的、以各种特殊语言和符号的逻辑形式加以着色的眼睛来"观看"的。"看"是我们所谓的渗透理论的操作。这一结论对科学哲学领域产生了巨大的影响，不仅动摇了逻辑实证主义的合理性评判基础，还为历史主义等学派的诞生提供了理论出发点。库恩等人明显受到了这种思想的影响，他将科学的决定权交到了范式（或科学共同体的集体决策）之中，认为范式转换引发的革命通过解题能力的增强而进步，却也留下了社会学可以切入的角度。而以布鲁尔为代表的社会学家则由此彻底消解证据的作用，将科

---

① 对范式理论中所蕴含的相对主义因素和历史主义方法的讨论可参见郑杭生、李霞：《关于库恩的"范式"——一种科学哲学与社会学交叉的视角》，《广东社会科学》2004年第2期。

学的裁决权委身于社会,从此科学从只面向自然渐渐地变成由社会中的人来决定的集体产物,对科学的研究也从此开始走向社会。

**个人简介**

李博文,吉林省吉林市人,南京大学物理学院2014级本科生,清华大学交叉信息研究院2018级博士生,研究方向为离子阱量子计算、量子信息。

**学习感悟**

在哲学系通识课"科学技术与人类社会"中,我第一次了解了科学哲学这一新鲜的学科。这一个学期的学习给我所从事的自然科学赋予了一个全新的视角,让我对物理学乃至整个自然科学的发展有了更加深刻的理解。在与刘鹏老师的交流中,我也深深感受到了科学发展与哲学发展的相互影响。在刘鹏老师的指导下,我有幸入选了哲学系"爱智慧"本科基金项目,以库恩《科学革命的结构》为出发点做了一些初步的探索研究。虽然本科结束之后,我继续在物理学的领域内攻读博士学位,但是这四年之中的通识教育给我留下了很深的印象。南京大学多元的学术氛围让我能够更方便地接触本学科领域之外的知识。我在项目过程中阅读了大量科学哲学书籍,我对科学研究有了更加全面的认识,同时我也了解到了哲学研究的其他前沿领域,其中很多与物理学相关。无论是作为一个学习者还是科研工作者,这段经历都是我难忘的回忆。这次有幸入选论文集的拙作,是我在科学论文写作的第一次尝试,希望它可以抛砖引玉。思考尚浅、内容不到之处,恳请大家批评指正。

# 异托邦、非场所与拟像的狂欢

## ——福柯《这不是一只烟斗》文本义疏

尹昌鹏

**摘　要**：《这不是一只烟斗》是福柯著名的艺术评论文本之一，在这一文本中，福柯通过对马格利特的两幅画作《形象的背叛》和《双重神秘》及其他画作的"六经注我"式评论，完成了对传统图像与文字关系的颠覆，这同时是对传统形而上学表象秩序的意识形态批判。福柯认为，马格利特的画作摧毁了表象秩序所赖以建立自身的共同场所，敞开了根基撤离的非场所，而这又同福柯哲学中的"异托邦"、"拟像"等概念息息相关，典型地呈现了后现代哲学对差异重复、偶然性、不确定性、杂多性的关注。

**关键词**：《这不是一只烟斗》；福柯；异托邦；拟像

对艺术尤其是绘画的关注是当代法国哲学的显著特征之一，梅洛·庞蒂、福柯、德勒兹、德里达、马里翁等著名哲学家均表现出对绘画的极大兴趣，更有甚者直接参与到了绘画的创作实践中。[①] 他们有关绘画的论述明显溢出了传统的艺术评论，以"六经注我"的方式完成了对自身哲学架构的有机支撑，如克罗索夫斯基、福柯、德勒兹的差异哲学，马里翁引领的所谓现象学的神学转向，均同对绘画的介入息息相关。本文将深入福柯绘画批评的经典文本《这不是一只烟斗》，透视其背后的哲理内涵与哲学动机。

---

① 如著名的尼采主义哲学家皮埃尔·克罗索夫斯基同其弟巴尔蒂斯·克罗索夫斯基都是著名画家。

## 异托邦、非场所与拟像的狂欢

《这不是一只烟斗》写作于1968年,出版于1973年,是对比利时画家马格利特的两幅画作《形象的叛逆》和《双重神秘》(见图1和图2)及其他系列画作的评论。在《形象的叛逆》中,马格利特精心绘制了一只烟斗,却匪夷所思地在其下方配文"这不是一只烟斗",而在《双重神秘》中,马格利特将前一幅画作置于三脚架上的画框中,于画框之上又画了一只更大的烟斗。通过对马格利特画作戏剧化的解读,福柯阐述了其对原本—摹本等级关系的颠覆,以异托邦的方式敞开了不可化约的、为偶然性所支配的无限可能性。

图1 《形象的叛逆》    图2 《双重神秘》

### 一、图形诗的解体:传统图文关系与表象秩序的崩溃

福柯的问题意识始于《这不是一只烟斗》第三部分"克利,康定斯基,马格利特"中对15至20世纪主宰西方绘画的两项原则的指认。其一是"确认形体再现(它强调相似性)和语言指涉(它排除相似性)之间的分离"。"人们通过相似性来观看,通过差异性来言说,结果是两个体系既不能交叉也不能融合。"[1]在这一传统中,图像符号和语言符号是两套各自独立的符号体系,前者通过

---

[1] [法]米歇尔·福柯:《这不是一只烟斗》,邢克超译,桂林:漓江出版社,2012年,第37页。译文有所改动。

相似性从形体上再现其对象,而对于后者,即"能指和所指相联结所产生的整体……是任意的"①。而在二者共同出现的场合,二者总是受到一定的等级秩序支配,"总有一种顺序,从形态到语言或者从语言到形态,按等级把它们排列起来"②。例如在图画的题词、说明性文字中,文字受到图像的支配;而在书的插图中,图像受到文字的支配。其二是"把相似与再现性关系的确认这二者等同起来"③。图像同其对象的相似同时便意味着命名与确认的完成,话语悄悄潜入了相似性关系中,完成了"是"这一确认动作,在带有标题或指示性文字的图像中,文字则光明正大地扮演了确认者的角色。

在此福柯无意标识两套符号系统的客观差异和各自的分工,恰恰相反,他正是通过揭示潜藏于"常识"中的观念构型来说明貌似不证自明的秩序对于艺术实践之可能性的限定。而保罗·克利和康定斯基无疑突破了这种限定。(关于克利和康定斯基的革命性实践,福柯分析已备,本文不再赘述。)福柯说明的两项原则中,两套符号系统彼此泾渭分明,却又联结形成各司其职的关系,这早已成为常识,它井然有序地保证了符号再现的统治地位。正如福柯为德勒兹所写的书评《哲学剧场》中所言:"常识,就其识别力而言,就其对距离的估量,就其进行同化和分隔而言,它是世界上最有效的划分力量。而正是这种常识在再现的哲学中占据了统治地位。"④使得这一秩序得以可能的,是被福柯称为"共同场所"的可能性条件。福柯举了带插图的页面上文字和插图中间出现的空白作为例子:"在这个几毫米宽的空白处,在酷似岸边无声的细沙上,词语和图形结成了指示、命名、描述、分类等各种关系。"⑤这一空白隐喻使得表象秩序得以以自明的效果呈现基础性平台。如同"光"在西方哲学史上的作用一般,它虽自身不可见,却是万物得以可见、边界得以明晰的

---

① [瑞士]费尔迪南·德·索绪尔:《普通语言学教程》,邢克超译,北京:商务印书馆,1999年,第102页。
② [法]米歇尔·福柯:《这不是一只烟斗》,邢克超译,桂林:漓江出版社,2012年,第38页。
③ [法]米歇尔·福柯:《这不是一只烟斗》,邢克超译,桂林:漓江出版社,2012年,第39页。
④ [法]米歇尔·福柯:《哲学剧场:论德勒兹》,李猛译,选自《生产第五辑:德勒兹机器》,汪民安主编,桂林:广西师范大学出版社,2008年,第199页。
⑤ [法]米歇尔·福柯:《这不是一只烟斗》,邢克超译,桂林:漓江出版社,2012年,第28页。

前提条件，只不过这一可见性在福柯看来不过是一种光之暴力，是伪装的同一性等级序列，这一序列试图将纯粹的事件归拢为规范化的概念体系。他在《哲学剧场》中论述了三种试图对事件进行概念化的哲学，即新实证主义、现象学和历史哲学，三种哲学分别建构了以世界、自我和上帝为中心的牢固秩序，将事件强行还原成同一性的从属和派生。① 而传统的文图关系同样并非基于符号的"本质"，不过是一种被建构的观念形态。

在定位了传统文图关系的语境下，不难理解福柯为何要将图形诗作为剖析马格利特作品的切入点。图形诗指的是将诗行以图形的形式排版，以求诗作呈现出来的视觉外观同其语义指涉相吻合的诗歌创作，典型作品如法国诗人阿波利奈尔的诗集《图形诗》。图形诗消除了文字与图像赖以区分的间隙，表面上同克利和康定斯基的创作实践类似，突破了传统的窠臼，"试图游戏般地消除我们字母文明中最古老的对立：展示与命名，绘制与言说，重现与表述，模仿与意指，观看与阅读"②。然而在福柯看来，这反而是上述古老对立的极端化呈现。首先两类符号系统的对立并没有真正消弭，它产生了一种"图文二象性"的效果，如同思想实验之"薛定谔的猫"一样，既是图像形式的文字，也是文字绘制的图像，其具体的锚定取决于观测者——然而只能二者择其一，因此"图形诗徒有其表，它那鸟、花或雨的外表不会说：'这是一只鸽子，一朵花，一场正在落下的倾盆大雨。'而当它开始讲述，词汇开始说话并表达一个意思的时候，鸟儿已经飞走，大雨已经停止……这可见和可读的同一物，在视觉中被封口，在阅读中被隐形"③。其次两类符号系统非但没有改变各自在传统文图关系中的定位，反而在图形诗中达成了最精密的合谋。图形通过外形、词语通过指涉完成了对事物的双重捕获，"用双重措施保证了话语自身或单纯的图画都无法实现的这一收获……这是双重的陷阱，不可避免的罗

---

① [法]米歇尔·福柯：《哲学剧场：论德勒兹》，李猛译，选自《生产第五辑：德勒兹机器》，汪民安主编，桂林：广西师范大学出版社，2008年，第192—193页。
② [法]米歇尔·福柯：《这不是一只烟斗》，邢克超译，桂林：漓江出版社，2012年，第17页。
③ [法]米歇尔·福柯：《这不是一只烟斗》，邢克超译，桂林：漓江出版社，2012年，第22—23页。

网"①。将事物牢牢固定在既定的意义网络之中,逃遁无门。

马格利特的《形象的叛逆》重新打开了图形诗所消弭的文图之间的间隙,以看似最古板的方式,即图像下方配文的外观呈现在观者眼前,貌似是传统的回光返照,却以戏仿的方式无情地揭穿了传统图文关系虚伪的面具:"它外表看来是回到了之前的布局,重拾其三项功能,但目的却是颠覆它们,并由此打乱语言和图像之间的所有传统关系。"②这一颠覆的关键在于一个简单的否定,首先文字与图像之间的关系被这一否定所挑拨离间,由相互配合、各司其职转变为极端的不信任甚至互相攻讦,文字取得了脱离其曾经需要为其命名之物的自主性,而图像则执着于自身的惟妙惟肖,拒绝语词的冗余描述。其次,"这"这一代词的含混指涉无疑引发了图像和语词的交错,使得其间的关系变得扑朔迷离,由此引发出如图3所示的三种解读方式:

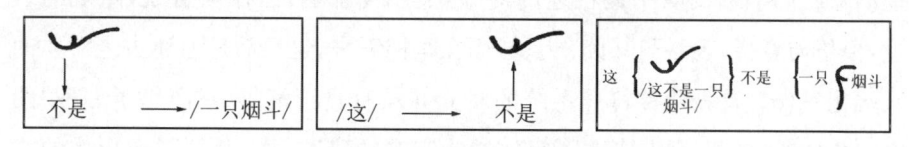

**图3 "这不是一只烟斗"的三种解读方式**

"陷阱纵向遭到破坏,图像和文字各自从自己的方向,按照本身固有的引力跌落下去。它们不再有共同的空间,不再有一个可以相互影响的场所。"③图像和文字既终止了合作,又纠缠于不确定的关系之中,曾经出现于文图之间并使得其区分与并存得以可能的空白,如今坍塌为"一个不确定的模糊的区域……更应该说这是空间的一种缺失,是书写符号和图像线条之间'共同场所'的删除"④。而在《双重神秘》中,福柯将三脚架上的画作置于一个虚构的课堂中,认为该场景"为重建图像和语言的共同场所做了必须所做的一

---

① [法]米歇尔·福柯:《这不是一只烟斗》,邢克超译,桂林:漓江出版社,2012年,第17—18页。
② [法]米歇尔·福柯:《这不是一只烟斗》,邢克超译,桂林:漓江出版社,2012年,第18—19页。
③ [法]米歇尔·福柯:《这不是一只烟斗》,邢克超译,桂林:漓江出版社,2012年,第28页。
④ [法]米歇尔·福柯:《这不是一只烟斗》,邢克超译,桂林:漓江出版社,2012年,第28—29页。

切"①。然而这一重建的努力遭遇的是更为刻薄的讽刺,确定性平台的自负再次面对无可挽回的结局:"共同的场所——平庸的画作或者日常的课程——消失了。"②

简言之,图像与文字在马格利特的画作中丧失了赖以联结在一定的等级秩序中的共同根基,构成了非场所中的非关系。由此,画作就暴露了传统再现秩序的非自明性和非必然性,构成对传统的反讽。

## 二、扰乱人心的异托邦:差异的独立宣言

福柯在文本中一再提及的"共同场所"的消失,并非孤立地存在于对马格利特绘画的评论,而是植根于福柯哲学的整体框架,指向其哲学的一个重要概念,即异托邦(les hétérotopies)。

福柯最初提出"异托邦"是在1966年出版的《词与物》前言中那个著名的大笑场景,因其看到博尔赫斯的书中提及某部中国百科全书里的另类动物分类法。这种分类法没有统一的标准,而是深陷在对事物的杂多感性体验中:"动物可以划分为:(1)属皇帝所有;(2)有芬芳的香味;(3)驯顺的;(4)乳猪……;(13)刚刚打破水罐的;(14)远看像苍蝇的。"③在这里福柯看到了一个语言的他者构境,一个没有家园和场所的语词的星丛,这一他者使得西方人看到了自身思想的边界,看到了一种不可能性的可能性,事物失去了赖以井然有序被分类排列的场基:

> 贯穿于博尔赫斯的列举中的怪异性是在于事实即:使得这种相遇得以可能的那个共同基础已经被破坏了。……除了在语言的非场所,它们还能在其他什么地方并置在一起呢?……被撤销的是著名的"手术

---

① [法]米歇尔·福柯:《这不是一只烟斗》,邢克超译,桂林:漓江出版社,2012年,第30页。
② [法]米歇尔·福柯:《这不是一只烟斗》,邢克超译,桂林:漓江出版社,2012年,第33页。
③ [法]米歇尔·福柯:《词与物——人文科学考古学》,莫伟民译,上海:上海三联书店,2001年,第1页。

台"……另一重含义指"图表"(tableau)，它使得思想去作用于存在物，使它们秩序井然，对它们分门别类，依据那些规定了它们的相似性和差异性的名字把它们组集在一起。有史以来，语言就在这张图表上与空间交织在一起。

相对于同一性逻辑统摄的乌托邦，这样一个异托邦无疑是干扰思维的："异托邦是扰乱人心的，可能是因为它秘密地损害了语言，是因为它们阻碍了命名这和那，是因为粉碎或混淆了共同的名词，是因为它们事先摧毁了'句法'。……异托邦（诸如我们通常在博尔赫斯那里发现的那些异托邦）使语言枯竭，使词停滞于自身，并怀疑语法起源的所有可能性；异托邦解开了我们的神话，并使我们的语句的抒情性枯燥无味。"①在1967年世界建筑学会的演讲稿《另类空间》中，福柯重点阐释了"异托邦"概念的空间维度，这里强调的同样是对同质化的既定秩序之外的不可化约的异质存在，以及对使既定秩序得以可能的共同场所的质疑。正如福柯研究专家阿兰·布洛萨指出的："异托邦的功能和效果是质疑，即质疑被看作自然和合法空间的所有不证自明的样式，质疑这些自然和合法空间之权力和权威的所有不证自明的样式。异托邦的本质就是向权力关系、知识传播的场所和空间分布提出争议。"②马格利特的两幅画所产生的同样是异托邦的效果，它损害的正是传统的"这是"的命名和确认，摧毁的正是图像和语言得以被比较"同"和"异"的平台、得以找到确定的一席之地的"图表"，它打开了一个不可思议的"非场所"，在文图关系的不可能之域游荡，在思考的边界处向秩序和权威提出质疑，乃至嘲弄。

而这一理论路径又同法国哲学对于差异的理解相关联，文森特·德贡布在其《当代法国哲学》中描述了这一理解："此时的问题是为思考一种非矛盾、非辩证的差异开辟道路，这种思考不把差异视为同一性的简单对立，也不强

---

① ［法］米歇尔·福柯：《词与物——人文科学考古学》，莫伟民译，上海：上海三联书店，2001年，第5页。
② ［法］阿兰·布洛萨：《福柯的异托邦哲学及其问题》，汤明洁译，《清华大学学报》2016年第5期，第161页。

求在差异自身中看到与同一性的'辩证'统一……与之相比,先前所有的讨论都仿佛摇晃不定的指南针。"①在福柯处也不例外,差异正是摆脱了同一性的统摄的差异,差异是差异自身的绝对存在。思想应当摆脱作为"差异的支撑物,差异的基地,差异的限定者,差异的主宰"的统一性,转而"以差异的方式来领会差异,而不是寻求差异之下隐藏的共同要素",如此,"将我们带向概念的一般性的差异就消失了,取而代之的是一种作为纯粹事件的差异"②。这也正是摧毁共同场所的意义所在,摆脱先验范畴的颐指气使,摆脱伪装为自然的知识构型,敞开被屏蔽的"游牧性的杂多",使其"在重复的游戏中坚持存在和持续存在"③。

"在哲学中'解构'的目的就是显示哲学话语是如何被建构的"④,对福柯而言,批判的目的正如他在《何为启蒙》一文中指出的,在于找出"在对于我们来说是普遍的、必然的、不可避免的东西中,有哪些是个别的、偶然的、专断强制的成分","从使我们成为我们只所是的那种偶然性中得出不再是、不再做或不再思我们之所是、我们之所做或我们之所思的那种可能性"⑤。马格利特的画作所证明的,也正是在符号领域革命永恒的潜在性,它是扰乱人心的,然而正是这种异托邦式的扰乱不断动摇着秩序的根基,具体的艺术实践可能会被收编,成为新的神话,如乔纳森·卡勒在论述罗兰·巴特时所言:"消除神秘性的努力并没有真的消灭神话,反而赋予了它更大的自由……最坚决的反文学性的运动并没有消灭文学,而是形成了一种新的文学流派。"⑥但异托邦本身其"清单永远也不会完结。每个人都能在此状况下对之有所体会:一旦

---

① [法]文森特·德贡布:《当代法国哲学》,王寅丽译,北京:新星出版社,2007年,第179页。
② [法]米歇尔·福柯:《哲学剧场:论德勒兹》,李猛译,选自《生产第五辑:德勒兹机器》,汪民安主编,桂林:广西师范大学出版社,2008年,第198页。
③ [法]米歇尔·福柯:《哲学剧场:论德勒兹》,李猛译,选自《生产第五辑:德勒兹机器》,汪民安主编,桂林:广西师范大学出版社,2008年,第201页。
④ [法]文森特·德贡布:《当代法国哲学》,王寅丽译,北京:新星出版社,2007年,第109页。
⑤ [法]米歇尔·福柯:《何为启蒙》,顾嘉琛译,选自《福柯集》,杜小真编,上海:远东出版社,1998年,第539页。
⑥ [美]乔纳森·卡勒:《罗兰·巴特》,陆赟译,南京:译林出版社,2014年,第30页。

开始被这个主题纠缠,就会在阅读过程中、在旅行过程中不断发现新的异托邦经验"①。

## 三、骰子一掷:哲学剧场中的拟像之舞

在《这不是一只烟斗》的后半部分,福柯区分了两个对立的概念,即仿效(la similitude)和相似,其区别如表1所示:

表1 "仿效"和"相似"的区别

| 相似 | 仿效 |
| --- | --- |
| 本原从自身出发,整理并按等级排列那些越来越远离和削弱的复制品。 | 无始无终,不遵循任何等级,以细小的差异一点一点地繁衍 |
| 为再现服务,受制于再现 | 为重复服务,被重复所贯穿 |
| 确定、不可逆转 | 把拟像(la simulation)作为不确定的和可逆转的关系从一个仿效物传递到另一个仿效物 |
| 可以使人识别可见物 | 可以使人看到可识别物及熟悉的形状所覆盖的、妨碍看到的、变得不可见的东西 |
| 只允许一个唯一的,总是同样的判定:这个、那个以及再一个是什么东西 | 增加了不同的说法,它们一起舞动,相互支撑、相互印证 |

在此,福柯的矛头显然对准了西方哲学的柏拉图主义传统,这也是马格利特的画作所突破的传统文图关系背后的终极背景观念,正如他在法兰西学院讲座中提出的:"在现代艺术中有一种反柏拉图主义……反柏拉图主义:艺术作为让一个场所,生存的基本状况涌现出来,被剥光"。② 柏拉图在《理想国》第十卷给定了三张床,分别为神、木匠、画家所制造,神只制造了一张"本质的床,真正的床,床本身",木匠是"具体的床的制造者",而画家则绝对不能

---

① [法]阿兰·布洛萨:《福柯的异托邦哲学及其问题》,汤明洁译,《清华大学学报》2016年第5期,第160页。
② [法]米歇尔·福柯:《说真话的勇气:治理自我与治理他者Ⅱ:法兰西学院讲座系列,1984》,钱翰、陈晓径译,上海:上海人民出版社,2016年,第156页。

被称为制造者,只能被称为摹仿者,他进而推及悲剧家,认为画家和悲剧家"与真理隔着两层",只是对实在显示出来的影像进行摹仿。[①] 这是一个从原本到摹本的森严的等级序列,本原物与派生物沿着单向的价值链条谨慎地恪守着自身的位置,不得越雷池半步,否则就是僭越,这是真理的政治学。而仿效则标识着一种反柏拉图主义,秩序瓦解的每一个碎片都获得了行动的自由,其间的任何关系都变得可逆而不确定,秩序井然的空间瞬间堕入一种极端的偶然性与不确定性。以《双重秘密》为例,画中的每一个成分围绕"这不是一只烟斗"的判断均取得了话语权,从而形成多达七种声音:画中烟斗的声音、画框上方烟斗的声音、文字的声音、被画框圈起的烟斗及文字共同的声音、两只烟斗共同的声音、文字和上方烟斗共同的声音以及漂浮不定的画外音,"要想摧毁仿效被相似性的论断所囚禁的堡垒,一个也不能少"[②]。观者在这个飘忽不定的空间中体验影像的自由舞动,每一种关系的联结都稍纵即逝,无始无终,方生方灭。此即福柯、德勒兹、德里达、鲍德里亚等人均论述过的拟像的特征:没有本原,只有无限增殖的差异与重复。

在文本的最后,福柯以金汤宝(Campbell)的重复收束全文:"这一天终将到来,仿效沿着一个长长的系列不确定地转移,图像本身带着自己的名字,失去了自己的身份。Campbell, Campbell, Campbell, Campbell。"[③] 这是对安迪·沃霍尔的作品《金汤宝罐头》(*Campbell's Soup Cans*)的致敬,该作以批量生产的汤罐的极端重复为表现内容。福柯在《哲学剧场》中论述"非范畴的存在"时重点提及了他的艺术实践。范畴作为知识的先天形式扮演了颐指气使的发号施令者与对错判定者的角色,"在知觉中确立了相似的合法性"[④],这无疑是柏拉图主义的秩序维护者。而在非范畴的存在,例如沃霍尔的汤罐

---

① [古希腊]柏拉图:《柏拉图全集·第2卷》,王晓朝译,北京:人民出版社,2002年,第613—617页。
② [法]米歇尔·福柯:《这不是一只烟斗》,邢克超译,桂林:漓江出版社,2012年,第69页。
③ [法]米歇尔·福柯:《这不是一只烟斗》,邢克超译,桂林:漓江出版社,2012年,第79页。
④ [法]米歇尔·福柯:《哲学剧场:论德勒兹》,李猛译,选自《生产第五辑:德勒兹机器》,汪民安主编,桂林:广西师范大学出版社,2008年,第201页。

中,曾经的愚笨被接受,"我们看见它,我们重复它,而且以柔和的方式,我们呼吁全身心地投入其中"①,所谓的深度被消弭,纯粹事件的无政府主义游牧被开启,"这是差异带来的震撼。一旦悖论颠倒了再现的表,紧张症就在思想的剧场中上演了"②。而支配这一剧场的不是先在的"剧本",而是偶然性法则:"思作为事件就像掷骰子一样独特","掷骰子的结果,另一场游戏的命运……它用心地在戏剧中重复自身;它将自身抛出了骰子盒"③。这不得不让人联想到马拉美那令法国当代哲学家痴迷的诗歌文本《骰子一掷永远取消不了偶然》。这一文本同样是图形诗解体的产物,它让读者坠入最极端的不确定性中:永远不知道下一个词的位置、大小及内容,唯有在纯粹偶然性的深渊中持续坠落。马拉美、马格利特、安迪·沃霍尔,这些文学艺术的实践者,同当代法国哲学家一道,将哲学从立法者与奠基者的神坛上请入了剧场,以扮相的方式呈现在这一持续动荡、危险而迷人的场域。

值得一提的是,福柯将德勒兹的哲学文本以及诸多文学艺术作品指认为哲学剧场,其自身的行文同样充满戏剧性。如在《哲学剧场》中提到的战争与课堂教学场景,也分别出现在了《这不是一只烟斗》中对《形象的叛逆》和《双重神秘》的分析中,尤其是后者,学生的嘲弄和教师的窘境被描述得活灵活现,煞有介事。马格利特的画作未必暗示了战争和课堂教学的意图,然而并不妨碍福柯做如此解读,正如博尔赫斯的中国百科全书未必不能是杜撰的一般。罗兰·巴特在回应比卡对"新批评"的抨击时指出:"今天人们责难新批评,并不是因为它的'新',而是由于它充分发挥了'批评'的作用,重新给作者与评价者分配位置,由此侵犯了语言的次序。"而"批评所能做的,是在通过形式——即作品,演绎意义时'孕育'出某种意义"④。既然可能性高于既定性,

---

① [法] 米歇尔·福柯:《哲学剧场:论德勒兹》,李猛译,选自《生产第五辑:德勒兹机器》,汪民安主编,桂林:广西师范大学出版社,2008年,第204页。
② [法] 米歇尔·福柯:《哲学剧场:论德勒兹》,李猛译,选自《生产第五辑:德勒兹机器》,汪民安主编,桂林:广西师范大学出版社,2008年,第196、205页。
③ [法] 米歇尔·福柯:《哲学剧场:论德勒兹》,李猛译,选自《生产第五辑:德勒兹机器》,汪民安主编,桂林:广西师范大学出版社,2008年,第206页。
④ [法] 罗兰·巴特:《批评与真实》,温晋仪译,上海:上海人民出版社,2016年,第2、45页。

批评未必不能成为一种创作，福柯在《这不是一只烟斗》文本末尾与安迪·沃霍尔的互动，同样以重复的方式展现，这是在召唤安迪·沃霍尔本身的在场，也是一种哲学文本以其自身的形式成为艺术品的冲动。

### 个人简介

尹昌鹏，1996 年 12 月生，安徽宣城人，南京大学文学院 2015 级本科生，文学院文艺学专业 2019 级研究生，研究方向为法国当代文论。

### 学习感悟

本科期间在哲学系的学习所带给我的最丰饶的财富，大概是对一切不证自明与理所当然之事物的警惕，以及对敞开的无限可能性的追求。在阅读哲学的道路上，我总是能够遇到种种惊喜。就在前些日子，我还在期刊修辞评论（Rhetoric Review）上，读到了一篇关于拙作的研究对象的论文，名为"这不是一篇对福柯的《这不是一只烟斗》的评论"（This Is Not a Review of Foucault's *This Is Not a Pipe*），也是很有趣了。

这次荣幸入选论文集的拙作，是根据我在王恒老师"走近后现代哲学"通识课的课程论文改写的，思考尚浅，敬请母校师友批评指正。

# 干预与实在:冷冻电镜与科学实在论初探*

高旭东

**摘　要**:冷冻电镜这项新技术在当今生物医学领域日益重要,相关成果获得了诺贝尔奖,也为以往的科学哲学讨论带来了许多启发。我们以冷冻电镜为具体案例,提出前人研究侧重于不同的实验主体与实验阶段的观点:麦克斯韦关注被观察对象,指导实验观察的理论形成;哈金关注实验观察的操作层面,注重实验仪器的干预;弗拉森则关注观察者自身的局限,提醒观察者注意到"反常"现象,并对语言进行反思。科学实在论和反实在论为参与实验的不同主体提供了不同的功能。在实际科学实验和观测的不同阶段,科学实在论和反实在论不是非此即彼的关系,往往呈现出相互并存的复杂状态。冷冻电镜除了光学意义上的间接干预,还有对样品观测前和观测时的直接干预,此外还有比较干预、虚拟干预等多种手段。干预手段同时决定着观察者和被观察对象二者的"实在性",成了可观察/可经验和不可观察之间的清晰标准,也可以成为人类经验的边界。在作为媒介的显微镜的干预下,观察者与观测对象的关系最终具象化,即冷冻电镜等科学仪器不是简单地表征着自然本身的实在性,而是表征了人与自然的关系。纵观微生物观察史,原本为了控制干扰因素的干预手段却带来了新的不确定性。这也提醒我们注意到,对干预的"再干预"或许有助于突破自身认识的局限性。

**关键词**:冷冻电镜;显微镜;科学实在论;干预;表征

---

　　* 本文受到了清华大学科学史系王巍教授的帮助,特此致谢!

现代显微镜几乎自其被发明伊始,便成了生物医学领域最重要的仪器之一。截至2019年,显微观察相关领域先后六次获得诺贝尔奖。显微镜也是科学哲学家关注的重点对象之一。目前,对于显微镜的科学哲学研究主要围绕科学实在论展开。同时,"讨论实在论和反实在论的科学哲学家们必须对显微镜略有所知",因为"(显微镜)是发现实在世界的一种途径"。[①]

2017年10月,诺贝尔化学奖授予了三位生物物理学家:瑞士洛桑大学的雅克·迪波什(Jacques Dubochet,另有中译名杜波谢),美国哥伦比亚大学的约阿基姆·弗兰克(Joachim Frank),以及英国剑桥大学的理查德·亨德森(Richard Henderson),理由是他们"促进了低温电子显微镜的研发,以用于生物分子的高分辨率结构测定"[②]。所谓低温电子显微镜(cryo-electron microscopy,简称CryoEM,中文中一般形象地称其为"冷冻电镜"。

然而,或许因为是近年来较新的科研成果,冷冻电镜较少被包括生物学哲学在内的以往科技哲学所关注。本文结合显微镜发展史,以1984年迪波什小组发表于《自然》(Nature)杂志的一篇用冷冻电镜得到病毒清晰照片的经典论文为具体案例,在三位著名科学哲学家——麦克斯韦(G. Maxwell)、伊恩·哈金(I. Hacking)和范·弗拉森(van Fraassen)的既有研究基础上,尝试对冷冻电镜做一些初步的哲学分析。

## 一、关于显微镜的科学实在论讨论

**1. 显微镜与科学实在论**

在科学实在论者看来,显微镜会涉及理论实体和观察实体两方面的实在论。格罗夫·麦克斯韦(G. Maxwell)提出了实在性较强的"视觉连续谱"概

---

① [加]哈金:《表征与干预:自然科学哲学主题导论》,北京:科学出版社,2011年,第150页。
② 这段颁奖词原文为"for developing cryo-electron microscopy for the high-resolution structure determination of biomolecules in solution"。见诺贝尔奖官方网站:https://www.nobelprize.org/prizes/chemistry/。

念:"有些实体虽然在某个时候看不见,但是后来随着新技术的出现,就成为可以观察的了。可观察实体与纯粹的理论实体之间的二分,没有本体论意义。"①这包括从直接观察到推论的连续,以及认为存在一个连续的可观察实体系列两方面的"连续"。② 因此,是否存在观察的"连续谱"也成为实在论和反实在论争论的焦点之一。

伊恩·哈金是法兰西学院院士、加拿大多伦多大学教授,1983年出版了其名著《表征与干预》(*Representing and Intervening*),明确提出"实验取代了理论思辨成为科学的重心"③。哈金为显微镜观察引入了"干预"(intervention)概念,为人们从可观察走向不可观察建立了信心。他从"干预"的角度出发,秉持着较弱意义上的科学实在论:"我可以相信实体存在,但不一定相信理论为真,并非基于如下事实。"④哈金认为,使用显微镜是在"做事、干预",而非仅仅"观看"影像:"(干预)培养了区分因为准备工作或仪器而带来的可见人为产物以及显微镜看到的真实结构的鉴别能力。"⑤

针对显微镜观察到的是人为产物还是实在对象的传统问题,哈金将其转化为区分"实在但不可观察的实体"和"只是思维工具的非实在实体"的问题,这可以通过使用两种不相干的物理系统进行实验来证明。比如,哈金认为"如果借助于光波的不同性质都可以辨别出同一种结构,那么我们就很难认为这一结构是所有这些不同的物理系统的人为产物。"⑥

哈金重新定义了什么是"看":"如果一幅影像是样本与成像辐射之间的互动映像,得到排除像差和人为效应、能够从二维或三维关系表征样本某种

---

① G.Maxwell,"The Ontological Status of Theoretical Entities", *Minnesota Studies in the Philosophy of Science*, 1962(3), pp.3-27.转引自哈金:《表征与干预:自然科学哲学主题导论》,北京:科学出版社,2011年,第151页。
② Bas C. van Fraassen, *The Scientific Image*, New York: Oxford University Press, 1980, p.15.
③ 孟强:《伊恩·哈金的科学哲学思想述评》,《自然辩证法研究》2005年11期。
④ [加]哈金:《表征与干预:自然科学哲学主题导论》,北京:科学出版社,2011年,第51页。
⑤ 同上,第153—154页。
⑥ 同上,第162—163页。

结构的好的映像",那它就是用显微镜的"看"。在回答"怎么看"这个问题时,哈金总结了几种显微镜的工作原理,指出使用显微镜就是利用任何类型的电磁波的所有属性,将其与样本进行"互动",从而得到类似于恒星光谱分析的"真实"。哈金认为:"我们之所以相信我们看到的结构,是因为我们可以用完全物理的方式干预它;使用截然不同的物理原理制造出来的仪器观察样本,会发现具有非常相同的结构。"①

### 2. 显微镜与反实在论

在反实在论者看来,如何处理不可观察的实体或现象是核心问题之一,他们由此质疑不可见的微观的实在性。他们坚持可观察和不可观察、假设实体和理论的二分:"我们只能相信从理论所需要的可观察实体的存在",甚至不能先验地假设任何"实在"②。古斯塔夫·伯格曼(Gustav Bergman)持有较强的反实在论观点:"显微对象不是真实意义上的物理事物",只是"语言和图式想象"③。

范·弗拉森是美国科学哲学协会颁发的首届亨普尔奖的获得者,长期任普林斯顿大学教授,其1980年出版的《科学的形象》(*The Scientific Image*)成了一部关于科学说明与科学实在的名著。④ 在上述"二分"问题上,对于前者,范·弗拉森区分了作为"实体"(an entity, such as a thing, event, or process)的观察(observing)和作为"判决"(something or other is the case)的观察(observing that)。他认为,科学理论只能从其本义上理解,"可观察的"('observable')只是一种假定的实体(可能存在或可能不存在)。

对于后者,范·弗拉森从语用学的角度,重视观察,反对解释说明。他认

---

① [加]哈金:《表征与干预:自然科学哲学主题导论》,北京:科学出版社,2011年,第159—167页。
② G. Gustav."Outline of an empiricist philosophy of physics", *American Journal of Physics*, 1943(5), pp.248-258.转引自哈金:《表征与干预:自然科学哲学主题导论》,北京:科学出版社,2011年,第151页。
③ 同上。
④ 王巍:《科学哲学问题研究》(第二版),北京:清华大学出版社,2013年,第185页。

为,"可观察"是一个模糊的谓词。自然语言中的谓词几乎都是模糊的,当我们制定支配它们的逻辑时,会遇到问题。解释的语言还负载着观察者已有的观念(perception)。我们可以使用这些模糊的谓词,当且仅当有明确的情况和明确的反例时,比如用肉眼观察时。他认为,"观察"(observation)和"理论"(theory)之间不能划出一条非任意的线,无须相信那些关于不可观察物时的任何理论。[1]

范·弗拉森使得"怎么看"成为显微镜观察的核心问题之一,即肉眼观察和使用显微镜的工具观察是否有区别,存在什么样的区别。他只承认光学显微镜是可观察的,使用电子显微镜只是"更迂回的方式的检测"(only detectable in some more roundabout way)[2]。范·弗拉森一直保持着对人自身认识局限的警惕。他认为,从物理学的观点来看,人类的有机体也可以看作为某种测量仪器(measuring apparatus)。因此,"人类具有某些固有的认识局限"[3](limitations to which the 'able' in 'observable' refers)。

他的建构经验论(constructive empiricism)代表了新近的反实在论主张:"科学的目标在于给我们'经验充分'的理论;接受一个理论只意味着相信它在经验上是充分的",即"相信它(对我们)能够观察到事实的描述为真"[4]。但是,他并没有清晰界定如何才算"经验",也没有明确告诉我们如何才能克服这些局限,或克服局限是否可能。

### 3. 实验不同阶段的实在性问题

我们需要将科学哲学讨论与具体的科学研究过程结合起来。上述讨论

---

[1] Bas C. van Fraassen, *The Scientific Image*, New York: Oxford University Press, 1980, p.15, 16, 214.转引自[加]哈金:《表征与干预:自然科学哲学主题导论》,北京:科学出版社,2011年,第152、51、23页。

[2] Bas C. van Fraassen, *The Scientific Image*, New York: Oxford University Press, 1980, p.15, 16.

[3] Bas C. van Fraassen, *The Scientific Image*, New York: Oxford University Press, 1980, p.15, 17.

[4] Bas C. van Fraassen, *The Scientific Image*, New York: Oxford University Press, 1980, p.12.转引自[加]哈金:《表征与干预:自然科学哲学主题导论》,北京:科学出版社,2011年,第152页。

其实对科学实验参与者的不同身份各有侧重:麦克斯韦重在考察被观测的对象;范·弗拉森重在关注作为观察者的人自身的局限;哈金则位于二者之间,重在考察用来表征观察者和被观测者关系的实验干预手段。

同时,上述哲学问题还对应着实验操作的不同阶段:在用显微镜实验前,人们主要面临的是是否需要区分可观察和不可观察,及是否受到已有观念和语言限制的问题;在实验中,主要有什么是"看"、"怎么看"、人为干预与样本原貌如何区分的问题;在实验后,面对得到的图像,主要有是否需要理论说明、如何解释、是否需要"连续谱"以延伸研究的问题。

那么,在一线从事显微观察的科学家眼中,不可见的微观是否具有"实在性"?这种实在性能否通过干预而获得?哈金的"干预"观点能一劳永逸地解决实在性问题吗?以下,让我们进入显微观察史进行考察。

## 二、从光学显微镜到冷冻电镜

### 1. 显微镜生物观察的核心矛盾

为了深入了解冷冻电镜的历史意义,我们需要先进入科学史的视野考察。我们发现,显微镜生物观察的核心矛盾,在于清晰程度(包括分辨率和衬度等因素)和生物活性能否兼容,这个矛盾的解决取决于干预办法的研发和连续谱的理论假设。

在传统光学显微镜时代,提高分辨率和衬度一直是主要任务。为了看清细胞内部结构,人们不得不进行染色,而这会直接破坏细胞结构。1930年代,荷兰科学家泽尼克(Frits Zernike)给传统的光学显微镜加入了相位板,制成了首台相衬显微镜,可以用来直接观察活性透明物质。1953年,泽尼克因此获得诺贝尔物理学奖。[1]

但是,传统光学望远镜有分辨率的极限——可见光波长的二分之一(约0.2微米)。这意味着,亚细胞层面的研究几乎不能继续了。结合当时最新的

---

[1] 刘辛味:《诺贝尔奖历史上的那些显微镜》,《北京科技报》2017年10月16日第31版。

量子物理学进展,人们开始利用波长更小的电子束制造显微镜。1931年,德国工程师鲁斯卡(Ernst Ruska)及其助手诺尔(Max Knoll,也译作克洛尔)和鲍里斯(Bodo von Borries,也译作博里斯)等人合作研制出历史上第一台真正意义上的电子显微镜,它能将观察对象放大约16倍。1986年,鲁斯卡获诺贝尔物理学奖。①

此后,逐渐完善的电子显微镜虽然使分辨率提升了几个数量级之多。但是,高能电子束会严重破坏微生物的内部结构,造成图像"失真";同时,生物样品含有的大量水分子也不能满足电镜的真空环境,观察前水分子的蒸发同样会破坏样品。人们转而改变以往光学显微镜的染色技术。超分辨率荧光显微技术利用了荧光分子的开关效应,能在常温下将光学显微镜分辨率提高至纳米尺度,该成果获得了2014年诺贝尔化学奖。②但是,这仍然无法克服可见光衍射带来的分辨极限问题。

**2. 冷冻电镜的划时代意义**

为了在电子显微镜超高分辨率的前提下,依然可以观察具有生物活性的物质,获得蛋白质分子的单颗粒清晰直观的三维结构图像,迪波什教授及其领导的海德堡欧洲分子生物学实验室(EMBL),使用了液态乙烷或丙烷,成功实现了对样品的迅速冷冻。如果水被急速冷冻到－108 ℃以下,会跳过冰晶阶段,直接进入玻璃态。冷冻电镜不但避免了生物样品因结冰、体积膨胀而破坏结构的问题,还有效减少了样品的电子辐射损伤(约4—5倍),保持了比较完整的自然结构。这成为早期冷冻电镜的重要设计思路之一。

进入21世纪,冷冻电镜又发生了"分辨率革命"。它结合了早先用于天文学的直接电子探测器和计算机领域的三维重构算法,实现了从生物组织到病毒、核糖体等生物大分子的全方位观察,甚至可以"冷冻一切"③。目前,冷冻

---

① 章效锋:《显微传:清晰的纳米世界》,北京:清华大学出版社,2015年,第114—122页。
② 刘辛味:《诺贝尔奖历史上的那些显微镜》,《北京科技报》2017年10月16日第31版。
③ 李承珉:《冷冻电镜:四十年风雨无阻路终得云开见月明——2017年诺贝尔化学奖简介》,《自然杂志》2017年第6期。

电镜较好地兼容了清晰程度和生物活性的矛盾,促使生物学进入又一个井喷式发展的时代。冷冻电镜极大改变了以往显微镜的应用过程与途径,目前广泛应用于生物学、医学、化学的前沿领域,尤其对分子级乃至原子级尺度的生物结构研究具有无可替代的重要意义。

### 3. 从显微观察史小结

其实,显微观察时干预手段不断更新的过程,也是不断排除干扰因素并追求确定性的过程。传统显微镜在提高清晰程度时,不得不破坏生物活性;而如果要保持生物活性,就不得不降低清晰程度。这个问题困扰着一代又一代的显微镜科学家们。从哲学角度考察,我们还可以得到更多发现。

第一,从显微镜发展的总体趋势看,"连续谱"的观念促使着人们不断地改进显微镜,提高其分辨率。尤其在发现分子、原子、电子这样的物质结构存在后,人们更明确了在这样的"连续谱"中逐级下移的观察方向,每代显微生物学家都希望发现更小尺度的"实在"。

第二,显微镜的发展,一方面总是和科学技术的程度、科学家们的研究需求直接相关,这在一定程度上接近范·弗拉森所称的实用主义倾向("Theory acceptance has a pragmatic dimension."[①])。另一方面,原本试图带来确定性的干预手段,却带来了更多的扰动,这就需要对干预手段本身进行"再干预"。这表明,科学实在论与反实在论或许可以在实际科学研究中并存。

第三,提高衬度和对比度意味着需要在观察前对样品进行直接干预。冷冻电镜也延续着对生物样品的处理传统,这促使我们思考在显微镜观察中,直接干预与间接干预的区分。

综上,以往科学哲学家们经常使用的显微镜案例基本是数十年前的情况。在这半个世纪中,显微镜领域取得了大量飞跃性进展,该领域迄今最近一次获得诺贝尔奖是在2017年。迪波什教授作为对冷冻电镜有突破性进展

---

① Bas C. van Fraassen, *The Scientific Image*, New York: Oxford University Press, 1980, p.88.

的科学家之一,成为本研究主要关注的对象。目前,冷冻电镜在生物医学界大显身手,受到了社会各界的高度关注,但哲学等人文社科角度的相关研究却比较少见。以下,我们进入迪波什教授小组早期发表的一篇经典论文进行具体分析。

## 三、一篇冷冻电镜经典论文的哲学分析

这篇迪波什教授小组利用冷冻电镜发表的经典论文,刊登于1984年的《自然》(Nature)杂志。这篇论文比较完整地呈现出,如何使用液态乙烷或丙烷来冷冻生物样品。迪波什教授小组采用的新方法,大幅度减少了样品的电子辐射损伤,还比较好地解决了以往冷冻电镜观察中结晶水的干扰问题。[①]接下来我们将通过哲学视角,尝试对其进行分析。[②]

**1. 论文简介**

这篇论文题为"可以观察病毒的低温电子显微镜"。文章的摘要简明扼要地介绍了冷冻电镜的新方法和显著优点:

> 我们可以通过制备许多薄薄的玻璃化层,在易于控制的条件下通过低温电子显微镜来观察未固定、未染色和不进行营养支持的病毒悬浮液。在我们的研究中,病毒颗粒似乎没有因脱水、冷冻或吸附到支持物上而有损害,而这种损害常常会在使用以往的常规电子显微镜时遇到。玻璃化标本的低温电子显微镜为高分辨率观察提供了可能性。与其他

---

[①] 李承珉:《冷冻电镜:四十年风雨无阻路终得云开见月明——2017年诺贝尔化学奖简介》,《自然杂志》2017年第6期。

[②] Marc Adrian, Jacques Dubochet, Jean Lepault & Alasdair W. McDowall, "Cryo-electron Microscopy of Viruses," In *Nature*, 1984, 308(5945), pp.32—36. 本文关于该论文的文献出处不再另行标注。据《自然》杂志统计,该论文累计已被引用887次,2020年11月2日,http://www.nature.com/articles/30803200。

任何电子显微镜的方法相比,该观察都具有优势。①

该论文较早地提供了在不损害病毒原本结构的前提下,其清晰的电子显微镜照片,为科学家进一步研究生物大分子打下了坚实的基础。

**2. 观察前的干预**

在观察前,研究者已经意识到以往微生物观察对样本的"不当干预"。作者提到:

> 在以往电子显微镜的观察准备时,所有的生物标本都被损坏了(damaged)……化学固定(chemical fixation)、金属阴影(metal shadowing)和阴性染色(negative staining)等虽然是极好的方法,但它们都依赖于改变标本,使其更适合观察(observation)。尽管电子显微镜已经成为一个非常成功的科学领域,但所观察到的材料通常与原始样品有很大的不同。②

可以看到,研究者们认为,以往电子显微镜生物观察的明显缺陷,在于为了观察之便,"改变"(make it more suitable)了生物样品的原始结构;而实验的科学性标准,正是在于能精确反映观测对象的"本来面目"(the original sample);为了观测便利(suitable)而对观测对象的任何"改变"(changing the specimen)都是有严重问题的。③

从哲学的角度,研究者们在观测前,已经预设了一个不同于原有理论描

---

① Marc Adrian, Jacques Dubochet, Jean Lepault & Alasdair W. McDowall, "Cryo-electron microscopy of viruses", In *Nature*, 308(5954), p.32.

② Marc Adrian, Jacques Dubochet, Jean Lepault & Alasdair W. McDowall, "Cryo-electron microscopy of viruses", In *Nature*, 308(5954), p.32.

③ Marc Adrian, Jacques Dubochet, Jean Lepault & Alasdair W. McDowall, "Cryo-electron microscopy of viruses", In *Nature*, 308(5954), p.32.

述的"理想实体"的存在,以至于要保护其原有结构(preserve the structure of the specimen)。他们甚至强调了"所有"(ALL)已知电子显微镜生物观察的不可靠性,强调只能通过自己的新方法才能看到微生物的"本性"(native state)。他们对待已有理论的态度,一定程度上接近范·弗拉森的观点。但是,他们并不排斥相信一种理论。他们注意到了物理学界的新进展:任何水溶液可以被迅速冷却以防止冰晶的形成。同时,他们也从泰勒(Taylor)、格莱泽(Glaeser)等人的研究预设了蛋白质三维结构模型的存在。①

也就是说,他们并没有像范·弗拉森认为的那样,只有在经验被建构后才去相信(belief),而是在获得病毒的清晰照片之前,就已经通过前人的"干预"和理论,获得了关于还不可观察的病毒的理论。尽管他们同样在使用自然语言写作论文,但这篇论文实际上表征着其实验的干预过程。如果遇到"模糊谓词"的问题,研究者们可以通过"使用截然不同的物理原理制造出来的仪器,观察到样本具有非常相同的结构"这样的方法排除。②

### 3. 观察时的干预

如果我们将哈金眼中那种用电磁波探测来观察实体的方式称为"间接干预"(indirection intervention),那么这次冷冻电镜观察则是对样品几乎同时进行"直接干预"(direction intervention)和"间接干预"。它主要分为四个步骤:

"(1)形成一层薄薄的悬浮液;

(2)把它冷却到玻璃体状态;

(3)将其转移到显微镜中,防止在脱硫温度以上重新升温(Td—140 K);

(4)控制温度和足够低的电子剂量,以保持样品的原有结构。"③

他们先使用"网格法",即把一滴溶液放在一个干净的支撑网格上,用吸

---

① Marc Adrian, Jacques Dubochet, Jean Lepault & Alasdair W. McDowall, "Cryo-electron microscopy of viruses", In *Nature*, 308(5954), p.32.

② [加]哈金:《表征与干预:自然科学哲学主题导论》,北京:科学出版社,2011年,第167页。

③ Marc Adrian, Jacques Dubochet, Jean Lepault & Alasdair W. McDowall, "Cryo-electron microscopy of viruses", In *Nature*, 308(5954), p.32.

水纸去除大部分液体,然后冷冻。于是,在大多数网格上,充满了足够厚度的薄膜。几秒钟后,当这些薄膜有合适的厚度时,样品被冻结。在正式观察噬菌体和病毒前,研究者先观察了性质未知的"杂质",如呈玻璃体的冰。这种对不同样本的观测以及样本之间的比对方法,我们或许可以称之为"比较干预"(comparing intervention),目的是控制未知变量,减少之前直接干预的误差。实验的干预结果支持了在液体和水分子状态之间呈连续性的观点。之后,样品需要保持在液氮冷却下,引入电子显微镜来观察。观察者们认为:"样本仍然是玻璃体的事实在显微镜下证明冷冻和转移是正确的。"[1]

从哲学角度看,在"怎么看"的问题上,正如哈金所言,使用显微镜的人不是被动地观看,而是利用不同波长和种类的辐射在有意识地干预。但是,哈金式的电子显微镜本身仍是被动的、和样品相区隔的。在哈金那里,显微镜等仪器本身没有干预意义,有意义的是仪器发出的波。[2] 他并没有讨论对样品的直接干预。在这项研究中,研究者们为了尽力"不破坏"样品的原本结构,有意识地小心控制着样品的温度、显微镜的电子剂量、水的物理状态等。这说明,冷冻电镜观察时除了在使用电磁波间接干预外,还有对样本本身的直接干预。

在"什么是看"的问题上,研究者们先进行理论假设再进行实验验证,具体的操作步骤依然延续着观察前的理论预设。除了提前干预,在观察的同时,研究者们依然需要利用冷冻电镜对样品本身的物理、化学性质进行有意识的干预。"网格法"、控制电子剂量、冷冻等多种直接干预的目的是减少误差,试图确定观察对象。这样的干预,其目的正是在于保护理论实体,尽可能消除电磁波对样品间接干预造成的"损害",即为了保护"理论实体",观察者用直接干预来平衡间接干预。多种干预手段共同造就了这次实验中的"看"。

在实验进行过程中,麦克斯韦和哈金的科学实在论似乎被混合了。干预

---

[1] Marc Adrian, Jacques Dubochet, Jean Lepault & Alasdair W. McDowall, "Cryo-electron microscopy of viruses", In *Nature*, 308(5954), p.33.

[2] [加] 哈金:《表征与干预:自然科学哲学主题导论》,北京:科学出版社,2011年,第159页。

手段的精确调试和连续谱的清晰方向，指导着研究者们的工作。在具体操作时，研究者们强调"不需要特殊仪器或装置"，他们同样重视操作的简便性（easy and simple）和实用性。① 同时我们需要注意，不同物理系统的干预验证，除了哈金所称的使用电磁波之外，还包括对不同样本的观测、样本之间性质的比对和联系等。

### 4. 观察后的干预

实验观察后，得到的信息需要计算机进行处理，从而得到从不清晰到清晰的病毒结构图像，这似乎也包含着"连续谱"的思想。观察之后，为获取最佳清晰度的照片，在低分辨率和高分辨率的信息之间会留下一定差距。为了弥补这一差距，研究者们采用了一种精确的定量方式（a precise quantitative description）来描述标本图像，这需要计算机辅助处理显微照片。②

不同于肉眼直接观看或使用光学显微镜观察，计算机处理的图像完全不依赖于人的视觉，计算机本身也与实体的物理成像过程毫无关系。这样与观察实体不产生直接物理关系的观察工具，范・弗拉森、麦克斯韦、哈金可能都难以接受。但是，计算机处理是如今的科学家们实际广泛使用的一种干预手段，我们或许可以称之为"虚拟干预"（cyber-intervention），即在实验或观测的后期处理中，使用计算机的"复原"手段，减小成像的杂质、得到"原本"的图像。

计算机将冷冻电镜③表征的数据进行虚拟干预后，才获取了论文呈现的微生物图像。图 4 是研究组最终得到的噬菌体（上）和病毒（下）比较清晰的电镜照片。

为了对电镜图片进行合理的解释，科学家们使用了在哲学家们看来更加

---

① Marc Adrian, Jacques Dubochet, Jean Lepault & Alasdair W. McDowall, "Cryo-electron microscopy of viruses", In *Nature*, 308(5954), p.32.

② Marc Adrian, Jacques Dubochet, Jean Lepault & Alasdair W. McDowall, "Cryo-electron microscopy of viruses", In *Nature*, 308(5954), p.33.该论文没有具体展示和说明如何使用计算机处理。我们可能以后会对此继续研究。

③ Marc Adrian, Jacques Dubochet, Jean Lepault & Alasdair W. McDowall, "Cryo-electron microscopy of viruses", In *Nature*, 308(5954), p.34.

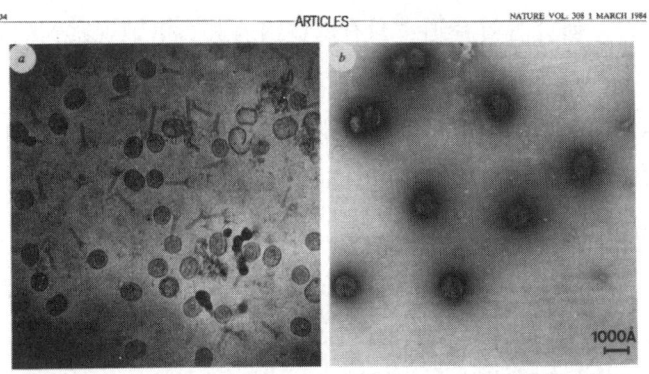

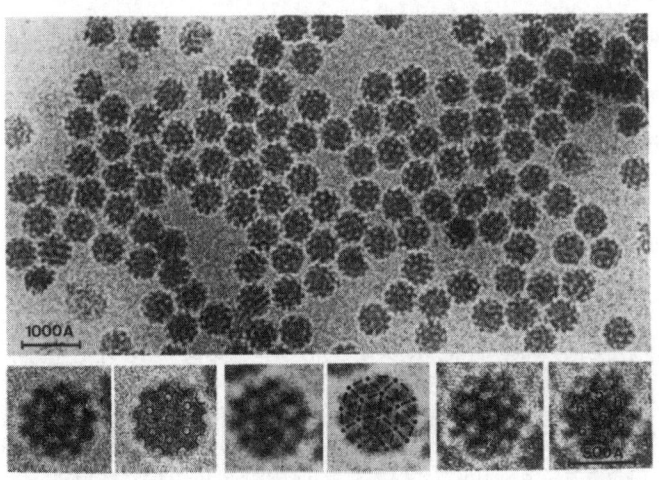

图4 冷冻电镜下的 T4 噬菌体（上）和塞姆利基森林病毒（下）

"混合"的策略。在这样复杂的实验面前，单纯的"建构经验"似乎不能起到任何作用。

在实验现象与已知理论不符时，该小组倾向于使用"最佳说明推理"（Inference to the Best Explanation），在多种竞争性解释中，从现象回溯原因，选择解释力更强的那种理论。实验观察完成后，研究者们看到了"塞姆利基森林病毒的结构仍然存在争议。"[1]根据以往参考文献得出的病毒性质与实验证据似乎不符。研究者解释道:"只有那些沿着其2倍轴观察到的病毒才容易被解释。"[2]又比如,研究者们比之前观察到了更多的光学反射(reflections),于是认为他们的解释必须考虑到病毒出现多态(polymorphic)的事实,这可能是因为大多数粒子被部分降解了(partially degraded)。[3]

与原先理论对比一致的时候,该小组强调了实体的连续性。比如,当进行高分辨率观测时,T4噬菌体的尾部结构与先前阴性染色钝化的结果一致,该小组认为其DNA的排列比以前的研究更清晰。[4]研究者们观察证实,液体水与非晶态水之间存在状态的连续性(continuity),这有力支持了麦克斯韦的"连续谱"理论。[5]

虽然范·弗拉森的建构经验论似乎没有在这个研究中起到重要作用,但是观察者无疑非常重视这次实验和自身认识的局限。比如,研究者提到,所看到的精微细节在强烈分散的图像中,必须"非常谨慎地解释"(interpreted with great caution)。[6]研究者们也需要注意"冷冻"条件对样品的影响,因此在一定程度上,"玻璃体和液体状态之间必须存在差异"(at some level differences must exist between the vitreous and the liquid state)。[7]总体上,在对实验现象的解释中,观察者们采取了实在论与反实在论并存的解释立场,包

---

[1] 塞姆利基森林病毒(Semliki forest virus)是一种蚊媒感染的RNA病毒,与疾病的关系尚不明确。此处参考了《兽医大辞典》,http://xuewen.cnki.net/R2006110540004884.html。

[2] Marc Adrian, Jacques Dubochet, Jean Lepault & Alasdair W. McDowall, "Cryo-electron microscopy of viruses", In *Nature*, 308(5954), p.35.

[3] Marc Adrian, Jacques Dubochet, Jean Lepault & Alasdair W. McDowall, "Cryo-electron microscopy of viruses", In *Nature*, 308(5954), p.36.

[4] Marc Adrian, Jacques Dubochet, Jean Lepault & Alasdair W. McDowall, "Cryo-electron microscopy of viruses", In *Nature*, 308(5954), p.35.

[5] Marc Adrian, Jacques Dubochet, Jean Lepault & Alasdair W. McDowall, "Cryo-electron microscopy of viruses", In *Nature*, 308(5954), p.33.

[6] Marc Adrian, Jacques Dubochet, Jean Lepault & Alasdair W. McDowall, "Cryo-electron microscopy of viruses", In *Nature*, 308(5954), p.33.

[7] Marc Adrian, Jacques Dubochet, Jean Lepault & Alasdair W. McDowall, "Cryo-electron microscopy of viruses", In *Nature*, 308(5954), p.36.

括"最佳说明推理"、连续谱假设、处理观察者局限等方法,总体趋向于实用性。

## 四、结论

**1. 实在论和反实在论的实际并存**

就显微镜的发展来说,我们看到显微镜下的科学实在具有一种类似"光的波粒二象性"的特征,每一个观察量级下获得的图像总是相对于前一个量级的实在和后一个量级的"不实在"。近十年前,生物学样品的电镜分辨率依然大部分在十几埃到几十埃,甚至被嘲笑为"blobology"("轮廓的技术")[①],这似乎成为一种"不实在"。但是,今天的冷冻电镜分辨率已经可以突破 2 埃[②],让人们观察到清晰、"实在"的生物结构。类似于望远镜从可见光波段到 X 射线波段的利用和发展,从光学显微镜到电子显微镜的发展过程,也是通过电磁波的接受与调试而体现出的一种"连续谱"。

在冷冻电镜的案例上,科学实在论和反实在论往往在实际科学研究中共存。科学家们既相信分辨率的提高,相信不断逼近实在的连续谱,还有受到实际技术条件和人类认识局限的限制而采取的干预办法,以及采用了多种实用主义和经验主义策略。在这里,"眼见为实"似乎管用——冷冻电镜的一大贡献就是可以呈现出微生物清晰的三维视觉图像;但似乎也不管用——微生物不能透过电子显微镜直接看到,而是需要计算机来辅助成像。这就达成了人、机器与观察对象之间相互干预的过程。

如此看来,三位著名科学哲学家的理论在实际的科学研究中侧重于不同的实验主体和实验阶段。麦克斯韦关注于被观察对象,指导实验观察的理论形成;哈金关注于实验观察的操作层面,注重实验仪器的干预;范·弗拉森则关注于观察者自身的局限,提醒观察者注意到"反常"现象,并对语言进行反

---

① 李承珉:《冷冻电镜:四十年风雨无阻路终得云开见月明——2017 年诺贝尔化学奖简介》,《自然杂志》2017 年第 6 期。

② 《冷冻电镜分辨率突破 2Å》,2016 年 5 月 11 日,https://www.sohu.com/a/78676776_115031。

思。范·弗拉森还提醒我们,如果单纯依赖"连续谱",那么"理论实体和过程往往成为可观察的",理论实体在它们被观察到之后就很快消失了。① 如此一来,新理论的产生就变得不再可能了。因此,哈金引入了干预的观点,在观察者与被观察者之间架起了一座桥梁,观察与理论的互动又成了可能。

### 2. 冷冻电镜对科学实在论的启发

在不同的实验阶段,研究者们的实在论也发生着变化。以冷冻电镜为例,研究者在实验观察前既保护理论实体,又会坚持范·弗拉森式的观察实体和理论实体二分;实验观察时既会使用哈金式的干预策略,也会试图验证麦克斯韦式的连续谱;实验观察后还会接受范·弗拉森的实用主义,综合多种立场和方法,得出结论。

显微镜和望远镜从干预的连续性上来说,本质上是相同的。然而范·弗拉森认为,望远镜和显微镜的实在性不同。望远镜的观察对象可以直接登临看到,而显微镜的观察对象无法直接查看。从放大镜过渡到显微镜,就是从肉眼可见物过渡到不用仪器就无法观察的事物。② 实际上,随着科学技术的发展,望远镜和显微镜原理的区分其实不那么明显了。射电天文望远镜和电子显微镜只在于观察波长的长短不同。冷冻电镜的观察甚至比望远镜更加具有"实在性"——前者可以对被观察对象直接干预,而目前我们还不能去几光年之外亲自"干预"一个星体。

冷冻电镜已经成为结构生物学研究的必需品,是平衡显微镜原有矛盾的典型。实验/观察本身会对观测结果带来扰动,这就需要对干预本身进行再干预(控制)。哈金只重视显微镜的电磁波干预,他没有看到,如果使用不同的波,观察对象的干预效果也会发生变化。这就需要二阶的"再干预"乃至三阶的干预,来进行误差分辨。比如,冷冻电镜一方面控制了自身的电子剂量,

---

① Bas C. van Fraassen, *The Scientific Image*, New York: Oxford University Press, 1980, p.15.

② Bas C. van Fraassen, *The Scientific Image*, New York: Oxford University Press, 1980, p.15, 16, 214.

另一方面也在评估电子辐射对玻璃态水的影响。从冷冻电镜的案例进行哲学考察,物理学和生物学乃至化学的区分不那么明显了。

哈金声称:"物理学完全独立于所要研究的细胞与晶体。"[①]卡特莱特(Cartright)等科学哲学家也持相似的观点。但是,仅从诺贝尔奖来看,显微镜的获奖成就,既有物理学成果也有化学成果。在电子显微镜,尤其是冷冻电镜时代,物理学、化学早已和生物学紧紧结合在了一起。尤其在直接干预时,对生物样品的物理、化学预处理是至关重要的,这也是判明干扰因素的重要依据。多种干预手段,为学科的深度综合甚至统一提供了可能。

### 3. 实在性取决于干预手段

在实在性究竟依赖于什么而存在的问题上,范·弗拉森似乎没有给出"经验"的边界;哈金虽然重视干预,却似乎把它看作与人无关的一种"客观手段"。从显微镜来看,科学仪器以人的身体为量度。我们认为,显微镜等科学仪器是人身体的延伸,干预手段同时决定着观察者和被观察对象的实在性,干预手段就是人类经验的边界。

科学哲学家赖欣巴哈(Hans Reichenbach)认为,人的知识开始于观察,但是"(只有)想象而没有实验的检验,只会通向空泛的思辨"。赫兹(H. R. Hertz)直指,科学发现是"从人这方面来说的确定事实"[②],即科学观察不能脱离以人为主体的实践。这样一来,肉眼观察和使用显微镜观察便可以统一起来。彭加勒(Jules Henri Poincaré)认为,"如果我们没有测量空间的工具,我们便不能构造空间","正是我们的身体,作为坐标系为我们服务","我们把每一种事物与它关联起来"[③]。换句话说,科学仪器的干预一方面具象化地表征了人与自然的关系,成为沟通观察者和被观察者二者实在性的桥梁,同时似乎也将人和自然的关系局限于"格栅"之中。

---

① [加]哈金:《表征与干预:自然科学哲学主题导论》,北京:科学出版社,2011年,第154页。
② [德]赖欣巴哈:《科学哲学的兴起》,伯尼译,北京:商务印书馆,2009年,第152、144、146页。
③ 彭加勒:《科学与方法》,李醒民译,北京:商务印书馆,2016年,第77页。

### 4. 小结与展望

目前来看，就像很多其他的科学仪器一样，冷冻电镜并未在本体论和认识论上在科学界遭遇很大的挑战，同时它也带我们一些哲学启发。结合以上分析可见，以往科学哲学家们对立起来看待的科学实在论和反实在论，在实际科学研究中其实是一种复杂和混合的表征。现代科学研究其实是一种人、科学仪器与观察对象之间"多主体"的相互干预过程，其干预手段也是复合多样的，可以包括直接干预、间接干预、提前干预、比较干预、虚拟干预等。这些干预手段的目的，本来在于控制确定性，结果却带来了新的扰动和不确定性。新的干预手段便在这种矛盾下被继续研发出来。这种对干预的"再干预"也是一种人类突破自身认识局限的尝试。从某种程度上讲，干预手段划定着人类知识的边界，同时决定着观察者和被观察者的实在性，这也促使我们反思人类认识及其手段的相对局限性。

本文只是对冷冻电镜的哲学初探，如电镜如何被接受、计算机干预的科学实在性讨论、科学论文的语言使用等，期待继续深究。本文存在的问题和不足，也请方家批评指正！

### 个人简介

高旭东，陕西西安人，南京大学历史学院 2015 级本科生，南京大学优秀毕业生。2019 年进入清华大学攻读科学技术哲学博士学位，目前研究方向为中国近现代科技史、科技哲学。

### 学习感悟

南京大学是我的母校，也是我初探学术之路的起点。记得填报高考志愿时，各类学校和专业让我眼花缭乱。偶然看到，南大作为一所历史悠久的综合性高校，各领域大师辈出，学生培养十分全面，我便下定决心填报南大，以历史学和哲学作为第一和第二志愿。

我的学习兴趣很广，除了历史学与哲学，还对自然科学非常好奇。我入学前曾一直冥思苦想,有没有一种专业领域,能将这三者结合起来呢?幸运的是,南京大学就像预备了惊喜那样,给予我选修和旁听大量文理科专业课和通识课的机会。这些课程并没有因为我是"门外汉"就设置壁垒,反而非常欢迎我参与讨论乃至研究。某次我偶然选上哲学系的通识课"科学技术与人类社会",这让我坚定了自己的研究生方向。在蔡仲老师和刘鹏老师开设的这门课里,我第一次听说科技哲学和科技史这样的学科。也是通过这门课,我有幸得到蔡仲老师指导,入选了哲学系的"爱智慧"本科基金项目,就20世纪初科学革命的历史书写做了些稚嫩的研究。匆匆流逝的本科岁月,充满了太多的偶然因素。回首这四年,南京大学的通识教育环境,是我最大的幸运。仅仅在哲学系,我不但受教良师、结识益友,还有幸进入了林德宏前辈和大卫·哈维、斯蒂格勒等国内外知名学者的课堂。在哲学系,我有幸见证了从列斐伏尔论评、太虚思想回顾到人工智能前瞻等一场场学术盛宴。在哲学系,我还躬逢纪念马克思200周年诞辰历史文献展,有幸担任了展览讲解员。在南京大学哲学系的学习时光是我本科最温馨、最难忘的回忆之一。

  这次荣幸入选论文集的拙作,是我第一次尝试哲学论文写作的成果。我的学术思考尚浅,敬请母校师友批评指正。

# 论禅宗对张九龄诗歌创作的影响

包小菲

**摘 要**：张九龄所处的时代恰是禅宗初兴与诗歌转向盛唐风貌的交汇点，他与禅宗或显或隐的互动关系影响了他的诗歌创作。张九龄的诗歌中不乏直接以佛教用语入诗的创作；选择词句与意象时，他时常营造出澄净清澈的氛围，与禅宗清净无染的境界相契合；在情感的表达上，禅宗更是成为他抒发避世归隐之心的重要思想来源。

**关键词**：张九龄；诗歌；禅宗

## 一、引言

在进一步与中国本土传统思想文化融合的基础上，中国佛教于隋唐五代时期空前发展。武后、玄宗二朝，三教并行的特征尤为鲜明。"武后重瑞应，初亦颇好道教，然于佛教则特为奖励。"①玄宗崇儒重道的同时，亦不废佛教，优待印度僧人。这样的社会氛围下，佛教各宗都得到相应的发展，禅宗一脉尤为蓬勃。《楞伽师资记》载："则天曰：若论修道，更不过东山法门。"②禅门隆盛，五祖弘忍在世时，东山法门已成为南方一代颇有影响的一派。有唐一朝

---

① 汤用彤：《隋唐佛教史稿》，北京：中华书局，1982年，第25页。
② 见《大正藏》第85册1290页中，转引自印顺：《中国禅宗史》，北京：中华书局，2010年，第72页。

对禅宗的接受,在士大夫群体中多有体现。孙昌武称禅宗为"中国士大夫的佛教"①,认为其"把佛教的心性论与中国知识分子的人生理想、处世态度结合起来"②。结合时代风潮与个人需求考量,生活在禅宗发展与隆盛期的文人们也必然受其影响,呈现出或显或隐的特征,张九龄即是其中一例。

仪凤二年(677),慧能禅师自南海归韶州曹溪宝林寺,《坛经》记载广东当地儒佛交流的风气:"时,大师至宝林,韶州韦刺史与官僚入山,请师出。于城中大梵寺讲堂,为众开缘说法。师升座次,刺史官僚三十余人,儒宗学士三十余人,僧尼、道俗一千余人,同时作礼,愿闻法要。"③仪凤三年(678),张九龄生于韶州曲江。地域风气的影响促使一批研究者探寻这两位岭南地区重要文化人物之间的关系,但由于文献资料匮乏,对张九龄与慧能关系的探究多停留在揣测阶段。唯一的史料记载见于《传法正宗记》:"昔唐相始兴公张九龄方为童,其家人携拜大鉴。大鉴抚其顶曰:'此奇童也,必为国器。'其先知远见皆若此类。"④张九龄少居韶州时,正值慧能在宝林寺弘法,从者如云。故而虽然资料匮乏,但张九龄受到慧能禅法的影响应当是一种事实。入京为官后,北宗神秀一系佛学风靡京城,不过大多数文人士大夫对于禅宗内部的区分并不过分重视。因此可以说,从岭南到京都,张九龄一直浸润于禅风中。

他的交游当中更不乏对佛教有深刻浸润的文人。对张九龄有奖掖拔擢之恩的张说笃信佛教,曾对神秀"问法,执弟子礼"⑤,并在神秀圆寂后,亲撰《唐玉泉寺大通禅师碑》。与之相善的严挺之在张九龄仕途失意、外放洪州时寄书"约以庄生之言,博以东山之法"⑥,劝其以佛、道作为传统儒家人生的调剂。王维精研禅宗义理,曾受张九龄汲引任右拾遗,并将其视作恩相。孟浩然与佛教关系密切,他晚年任张九龄幕僚,在开元二十四年,张九龄罢相、被

---

① 孙昌武:《佛教与中国文学》,上海:上海人民出版社,1988年,第89页。
② 孙昌武:《佛教与中国文学》,上海:上海人民出版社,1998年,第89页。
③ 丁福保笺注:《坛经》,上海:上海古籍出版社,2011年,第3页。
④ 转引自丁福保笺注:《坛经》,上海:上海古籍出版社,2011年,第20页。
⑤ [宋]赞宁撰,范祥雍点校:《宋高僧传》,北京:中华书局,1987年,第176页。
⑥ 因弘忍居所在黄梅之东山,故而称为东山法门。

贬为荆州长史后,曾与之共赴玉泉寺,二人皆有诗作。当代学者孙昌武更将张九龄视作新禅宗的支持者①,虽未做阐释,但如此论断,大抵是因为与张九龄政治上同气相求的许多士人皆曾习禅。如此氛围下,可以肯定的是,张九龄接触到禅宗文化并受其影响。

张九龄处于唐代文学革除前代绮艳之风,蓬勃新生,向盛唐气象前进的过渡期;也是禅宗初兴,南北宗并立,有创造性的大发展的时期。在这样的交汇点,从多个层次与视角考察禅宗对其诗歌创作的影响有相当的合理性。然而,前人对张九龄与禅宗关系的讨论并不充分,结合诗歌进行讨论的文章更是寥寥②。接下来本文将在介绍张九龄与禅宗之渊源的基础上,从诗歌创作的用词选取、审美特色与情感表达等三个方面展开,尝试对此问题有所补充。

## 二、禅宗对张九龄诗歌创作用词选取的影响

禅宗对张九龄诗歌创作最直接的影响体现在用词方面,政治生涯中的挫折引起诗人心态的直接变化,这也反映在诗歌中。张九龄以佛家用语入诗,表达个人绝尘弃俗、退居山林的祈愿。

外放洪州期间,他写下"城楼枕南浦,日夕顾西山"、"勿复尘埃事,归来且闭关"(《登城楼望西山作》)③这样的句子。巧合的是,开元二十二年(734)秋,王维干谒求进、受张九龄拔擢为右拾遗的前一年,作诗《归嵩山作》,同样写到

---

① 孙昌武:《禅思与诗情》(增订版),北京:中华书局,2006年,第127页。
② 具有代表性的有:李明山在《惠能韶州弘法行迹考》中指出,与慧能生活在同一时代的张九龄自幼深受禅宗文化的影响,其晚年被贬荆州后,写作多首对佛教禅理有深刻理解和浸染的诗,但他并未做具体阐释(李明山主编:《惠能韶州弘法行迹考》,广州:暨南大学出版社,2013年)。赵彩花的《张九龄与禅宗》一文探讨了禅宗对张九龄的可能影响,但在具体表现方面,由于文中对张九龄的文学作品涉及较少,该文并未全面展示张九龄与禅宗的互动关系(赵彩花:《张九龄与禅宗》,《韶关学院学报》2016年第37期)。罗韬在《张九龄诗文选》前言中认为张九龄对慧能之学、慧能之名一定有所耳闻,并明确指出几乎一生都是儒家的坚定追随者的张九龄在晚年有了慕佛之心(罗韬选注:《张九龄诗文选》,广东:广东人民出版社,1994年)。
③ 本文所引张九龄诗文皆出自[唐]张九龄撰,熊飞校注:《张九龄集校注》,北京:中华书局,2008年,不另外标注。

## 论禅宗对张九龄诗歌创作的影响

"归来且闭关":

> 清川带长薄,车马去闲闲。流水如有意,暮禽相与还。
> 荒城临古渡,落日满秋山。迢递嵩高下,归来且闭关。①

"闭关"为禅林之语,释子常闭居一室,修行以养道念。王维避世嵩山,眼见草木丰茂,水流清澈,车马从容自得,清闲自在。对比之下,张诗少了王维诗中的"闲适之趣,澹泊之味"②,此时的张九龄借用佛语,只是抒发其闭门谢客、不为尘事所扰的心愿,"仙井今犹在,洪厓久不还。金编莫我授,羽驾亦难攀"(《登城楼望西山作》)等诗句更是明显地体现出受道教影响的痕迹。

壮年时期的张九龄,仍怀经世之志,《酬王六寒朝见贻》里他写道:"贾生流寓日,扬子寂寥时。在物多相背,唯君独见思。渔为江上曲,雪作郢中词。忽枉兼金讯,长怀伐木诗。"自比贾谊、扬雄,愤懑不平与壮志激荡于诗句当中,也包含年岁增长、不断的政治打击下,他的心灰意懒。汤用彤在《隋唐佛教史稿》一书里分析士大夫阶层广泛接触佛教的原因,将其归为"玄理之契合"、"文字之因缘"与"死生之恐惧"③。"无常迅速,生死事大"④,禅师常言此语,点出生命在死亡面前的脆弱。对于已老迈疲敝的张九龄来说,思考生命存在与终极归宿的问题也成为自然而然的选择。

至其晚年,张九龄对佛禅的浸润明显增加。这直接体现在被贬为荆州长史后,大量使用佛教用语入诗。荆州时期,他与孟浩然同访玉泉寺。孟浩然作《陪张丞相祠紫盖山途经玉泉寺》,张九龄有诗《祠紫盖山经玉泉山寺》:

> 指途跻楚望,策马傍荆岑。稍稍松篁入,泠泠涧谷深。

---

① [清]赵殿成注:《王维诗集》,上海:上海古籍出版社,2017年,第190页。
② [元]方回选评,李庆甲集评校点,《瀛奎律髓汇评》,上海:上海古籍出版社,1986年,第931页。
③ 汤用彤:《隋唐佛教史稿》,北京:中华书局,1982年,193页。
④ [宋]大慧宗杲著:《大慧宗杲禅法心要》,载《大慧尺牍校注》,北京:金城出版社,2017年,第97页。

观奇逐幽映,历险忘岖嵚。上界投佛影,中天扬梵音。
焚香忏在昔,礼足誓来今。灵异若有对,神仙真可寻。
高僧闻逝者,远俗是初心。薜驳经行处,猿啼燕坐林。
归真已寂灭,留迹岂湮沉。法地自兹广,何云千万金。

玉泉寺曾为隋代智者大师道场,更是神秀曾经驻锡传禅之地,著有《佛性论》二卷的唐代高僧恒景也曾在此习止观门①。佛寺辉煌庄严,是士大夫文人们时常游览的胜地。细读诗中词句,"焚香"、"礼足"皆为佛教敬礼,"归真"、"寂灭"为"涅槃"意译,佛教中以此指超脱生死的理想境界。梵音悠扬,由中天而来,声声入耳,涤荡人心。这种带有宗教魅力的声音,给闻者带来的听觉上的震撼是更加直观的。傅道彬在分析寺庙钟声的审美意蕴时曾指出钟声能够"清心",因为"钟声的禅声梵意传达出否定现实世界,指向彼岸投入永恒的神圣意蕴"②。梵音更是如此,它直接承载文化与宗教层面的意义,梵音所在,即是佛法所在。它盘旋于"上界",和雅清彻、周遍远闻,从人无法触及的高度传来,恍若佛的召唤,沟通现实人生与彼岸世界。除赞颂佛法广大外,诗人也明显有向慕清虚的意思,这种有意识地向禅宗靠拢的行为在另一首《冬中至玉泉山寺,属穷阴冰闭,崖谷无色。及仲春行县复往焉,故有此作》里仍可以得到印证。

灵境信幽绝,芳时重暄妍。再来及兹胜,一遇非无缘。
万木柔可结,千花敷欲燃。松间鸣好鸟,林下流清泉。
石壁开精舍,金光照法筵。真空本自寂,假有聊相宣。
复此灰心者,仍追巢顶禅。简书虽有畏,身世亦俱捐。

---

① "释恒景。姓文氏。当阳人也。贞观二十二年敕度听习三藏。一闻能诵如说而行。初就文纲律师隶业异尼。后入覆舟山玉泉寺。追智者禅师习止观门。于寺之南十里别立精舍。号龙兴是也。……时景等捧诗振锡而行。天下荣之。"见[宋]赞宁撰,范祥雍点校:《宋高僧传》,北京:中华书局,1987年,第90页。
② 傅道彬:《晚唐钟声——中国文化的精神原型》,北京:东方出版社,1996年,第243页。

春日张九龄再访玉泉寺,见到山中幽绝景象,松石林泉皆焕发质朴生机。禅宗对幽绝之境的强调,在清幽之上,这种完全极致的幽静,使人回归于自然,进入与天地万物共存共生的状态。在这一层面上,道家的自然人生论与禅宗的"直显心性、自性解脱"达到相契。前八句主要写自然景色,紧承的四句写寺庙与佛理。僧人修炼之所从石壁中开凿而出,神佛之光照耀讲经说法者的坐席。除"精舍"、"法筵"外,"真空"、"假有"亦为佛家用语。《三论玄义》卷上:"如因缘假有,目之为俗。然假有不可言其定有,假有不可言其定无。"[1]佛教认为事物因缘而成,本无所有,所以是空,用"真空"指超出一切色相意识界限的境界,将表象的存在视作虚幻。在有无之间体会空寂幻灭,张九龄发出"复此灰心者,仍追巢顶禅"的感叹,也意味着他在佛教中有了更深的浸染。

《晨出郡舍林下》一诗据熊飞考证,也是张九龄在荆州时所作。尾联"无事由来贵,方知物外心",用"物外心"指超尘出世之心。后世前蜀僧人贯休有诗《酬张相公见寄》"周郎怀抱好知音,常爱山僧物外心"(《全唐诗》卷八百三十五),表达的也是同一个意思。但此处的"物外心"应该与"闭关"一样,更侧重于远离尘世喧嚣,而无具体明确的习禅避世之意。

## 三、禅宗对张九龄文学创作审美特色的影响

在张九龄的另一些诗歌中,有《西江夜行》"遥夜人何在,澄潭月里行"中"澄潭"意象这样的使用,虽然它当时并不是佛教用语,但张九龄营造出澄澈清净之感,后世的释子也多有引此入诗者。如五代前蜀画僧、诗僧贯休所作《商山道者》:"澄潭龙气来萦砌,月冷星精下听琴。"(《全唐诗》,卷八百三十六)宋代释子祖钦有偈颂:"一掬澄潭镜样磨,无风何必自生波。"(《全宋诗》,卷三百一十七)宋释觉阿上作偈:"诸方参遍草鞋破,水在澄潭月在天。"(《全宋诗》,卷二百九十二)释圆悟亦有:"长松发佳色,澄潭闷幽光。"(《全宋诗》,卷三百零九)例子众多,本文不逐一列举。"澄潭"频繁成为禅偈中的意象,可能

---

[1] [隋]吉藏著,韩廷杰校释:《三论玄义校释》,北京:中华书局,1987年,第141页。

有两层原因:一是有潭水处必有草木,易成清幽之景,而佛寺坐落的地点多与其相近,习禅者栖神幽谷,远避嚣尘,目之所遇,皆为风景,"澄潭"也就自然地进入禅偈,成为引动禅思、抒发禅悦的景象。二则潭面如镜面,而明镜可照万象,佛教中亦以心镜指清净无染之心。镜子给人提供直视本我,照见心性的可能,更易使人进入"自见本性"的境界。也因此,澄潭成为释子们偈颂中的常见意象。

张九龄之前,"澄潭"极少出现在诗文中。年长张九龄22岁的沈佺期曾以"澄潭"意象入诗:"碧水澄潭映远空,紫云香驾御微风。"(《全唐诗》卷九十六)此诗为应制所作,"紫云香驾"的气势远压"碧水澄潭",近靡丽而远澄净,绝无清幽之感。两相比较,更可以理解明人胡震亨的评价:"张子寿首创清淡之派,盛唐继起,孟浩然、王维、储光羲、常建、韦应物,本曲江之清澹而益以风神者也。"①他又言:"张曲江五言以兴寄为主,而结体简贵,选言清冷,如玉馨含风,晶盘盛露,故当于尘外置赏。"②胡震亨点出张九龄以"清"为特色的审美风格,这一点直接体现在张九龄诗歌对于诗歌意象的选取上。

概括而言,张诗中多写水与林木。水以溪涧山泉、小池绿渠为主,少见大江;林木除松竹以外,多是伴水而生的灌木,茂密葱茏,时有青苔,如:"空水秋弥净,林烟晚更浓"(《晚憩王少府东阁》)、"日落青岩际,溪行绿筱边"(《自始兴溪夜上赴岭》)、"乔木凌青霭,修篁媚绿渠"(《南山下旧居闲放》)、"松涧聆遗风,兰林觅馀滋"(《骊山下逍遥公旧居游集》)、"苔益山文古,池添竹气清"(《林亭咏》)、"松间鸣好鸟,林下流清泉"(《冬中至玉泉山寺,属穷阴冰闭,崖谷无色。及仲春行县复往焉,故有此作》)、"溪流清且深,松石复阴临"(《初发曲江溪中》)。这些诗句中,"绿"、"青"、"清"等字眼频繁出现,与茂林溪涧等共同营造出清幽的氛围。这与诗人的审美取向有极大关联,《读雪山房唐诗序例》评价张九龄"襟情高迈,有遗世独立之意"③,从诗作上也可体现其生命

---

① [明]胡应麟撰:《诗薮·内编》,上海:上海古籍出版社,1979年,第35页。
② 陈伯海主编:《唐诗汇评》,杭州:浙江教育出版社,1995年,第54页。
③ 陈伯海主编:《唐诗汇评》,杭州:浙江教育出版社,1995年,第54页。

追求与诗歌营造意境的一致性。

  美学上认为,对审美对象的感知是美感实现的第一阶段。[①] 张九龄或是久处樊笼、在官场的倾轧中求进,或是辗转征途、行旅途中疲乏体肤,忽然面对清空之景,只觉兴味无穷。李泽厚将审美分为"悦耳悦目"、"悦心悦意"、"悦志悦神"三个方面,从自然生理的愉悦满足,到对人情感心意的培育,最后"在道德的基础上达到某种超道德的人生感性境界"[②]。幽静的自然提供给张九龄静默观照、超脱于现实的机会,面对自我、关注生命的感受,于是有了更为丰富的审美体验与生命体悟。面对张九龄诗歌时,读者也能直观感受到他对山水的亲近。其诗文以清省、清澹著称,有澄澈、清远之感,写山川风貌,远离尘俗,与禅宗清空意境相像,张九龄清澹的诗歌审美特色与禅宗自性清净的思想也有契合之处。本文接下来将具体展开。

  无论是北宗的拂尘看净、方便通经,还是南宗的明心见性、顿悟成佛,最终抵达的都是"净"与"空"。禅宗将主客体的分化视作虚妄,继而取消主客的分别,因为主客的区分无益于识别本心,重要的只是本性的抵达。存在是虚空,当破除一切执着,放下外物的羁绊,让感官与心神去体悟。自识本心、自见本性,阐明的就是习禅之人最终要达到的境界。至于不立文字,一个层面上即是重视个体的感受与体悟,在日常生活的层面中,获得顿悟,尤其是在与自然朝夕相处中,感受即时超越与瞬刻永恒。

  孙昌武在《禅宗与古典诗歌的关系》一文中道明诗与禅的联系缘何而起,也点出诗与禅需要共同处理的问题:"禅往往成为一种理想化的人生境界。自然界那种空净寂寞、闲适、安逸之美,人生中那种任运随缘、不忮不求、蔑视利禄、乐天安命的精神,在优秀诗人的作品里表现出来,给人美感,令人神往。"[③]禅带来的理想化的人生境界如何吸引张九龄,并且在他的作品里得到表现,还需要回到诗歌作品去理解。

---

[①] 李泽厚:《华夏美学·美学四讲》,北京:生活·读书·新知三联书店,2008年,第326页。
[②] 李泽厚:《华夏美学·美学四讲》,北京:生活·读书·新知三联书店,2008年,第349—350页。
[③] 吴言生主编:《中国禅学》第1卷,北京:中华书局,2002年,第343页。

"片云自孤远,丛筱亦清深"(《晨出郡舍林下》)、"云间日孤秀,山下面清深"(《始兴南山下有林泉,常卜居焉。荆州卧病,有怀此地》)、"中流澹容与,唯爱鸟飞还"(《自湘水南行》)、"外物寂无扰,中流澹自清"(《西江夜行》),片云孤远,偶有飞鸟掠过,竹林茂密,流水汩汩有声。这些词句视角大多由远及近,意境清幽旷远,且常直接融入个人情志。在对自然的静观默察中,张九龄排解内心的烦忧,找寻心灵的安慰。

方立天将人通过禅宗实现自我超越分成六个不同层次,除宣泄情感、调节心理外,他指出:"禅宗尊重宇宙万物自然本性的自发流露,又提倡从统一和谐的视角超越地审视宇宙万物,这会使人从对自然、对宇宙万物的感性直观中获得一种特殊的愉悦体验,即审美经验。"[①]眼前的山、水、林、木、飞鸟,自然的和谐、静谧、统一,都在心灵感知的范围内。"岑寂罕人至,幽深获我思"(《骊山下逍遥公旧居游集》)即包含这样的体验:在罕有人迹的幽景里,张九龄摆脱人际关系与道德领域的桎梏,意绪自由而丰富,趋向自然适意、精神通达的生命境界。

## 四、禅宗对张九龄诗歌创作情感表达的影响

儒、道对张九龄的影响已是共识,但作为一个接触内容复杂、对佛教思想有体悟认知的文人,张九龄的情感表达也与禅宗的思想呈现出内在的一致性。"虽然经济日,无忘幽栖时",《骊山下逍遥公旧居游集》一诗中的句子可作为张九龄仕宦时期心态的注解。"避世辞轩冕,逢时解薜萝"(《商洛山行怀古》)又体现了他期冀在昌明盛世有所作为的人生理想。考察张九龄的文化基因,他出生岭南,相较于中原地区的文明开化,唐朝时期的岭南交通不便,在经济、文化上相对落后。一方面,他像岭南当地的文士一样,学习的是迁居岭南的先辈流传下来的儒家典籍,这种滞后使其能够在出仕之前与思想潮流复杂变动的中原地区保持相对的距离。另一方面,他笔下的自然景象皆与个

---

① 方立天:《禅宗精神——禅宗思想的核心、本质及特点》,《哲学研究》1995年第3期。

## 论禅宗对张九龄诗歌创作的影响

人情志息息相通。生于南方的张九龄对自然有着天然的亲近,他亲近山野自然,也深深受到庄骚文化的影响。陈建森在《张九龄的文化价值取向与诗歌的美学追求》中讨论张九龄仕途顺利与仕途受挫时的两种价值取向,认为其儒道思想兼容互补[①];顾建国在《张九龄的人生思考与盛唐文人的典型心态》一文中肯定张九龄晚年诗歌中表现出的消闲自适的倾向,并认为这是"儒道互补"的处世模式在张九龄身上的具体表现[②]。

孙昌武在《禅思与诗情》里提及:"宗教的目标无论是成佛做祖还是飞升成仙,优先要解决的是人们的心性问题;而认定心性正是文学、艺术表现的重要内容。这也就是诗、禅二者发生密切纠葛的主要原因。"[③]从张九龄创作的诗文中,可以大致梳理出他与佛教思想可能的互动关系。

在强固儒家传统的影响下,张九龄视忠孝为大义,即使外放,也不忘作诗赞颂君主圣德。贬官洪州时,张九龄在《答严给事书》中向好友严挺之表达了他对佛教的看法和态度:"彼二教者,妄情灭识,无有缠爱,故福至不喜,祸至不忧。"并言己仍要尽孝,谢绝严挺之"约以庄生之言,博以东山之法"的好意。

但另一方面,他无可避免地要解决心性的问题。"尝蓄名山意,兹为世网牵"(《自始兴溪夜上赴岭》)之类的诗句在张九龄的创作中时常可以见到。他直言曾想隐居名山,却仍然在为世俗所累,如膏火自煎,不知人生何时才能畅快恣意。刘斯翰、熊飞将《与生公寻幽居处》一诗系于开元十四年(726),张九龄与志同道合的友人寻幽访道,觅竹林、深潭等幽深之境,将此当作心灵疲惫时遥想的休憩之所。此时的他尚处政治生涯的上升期,故虽然偶尔也会生出厌弃俗世之心,但从政的热情、儒家经世的思想还是强固地占据主要的位置,诗中他直言,作为天子侍臣,只是偶访佛道,但又丝毫不掩饰心中的向往:"今为简书畏,只令归思浩。"(《与生公寻幽处》)因皇命在身,尚不能归隐,只能浩然唱叹。

---

① 陈建森:《张九龄的文化价值取向与诗歌的美学追求》,《文学遗产》2001年第4期。
② 顾建国:《张九龄的人生思考与盛唐文人的典型心态——兼论中国古代知识分子的处世模式》,《淮阴师范学院学报》1999年第2期。
③ 孙昌武:《禅思与诗情》(增订版),北京:中华书局,第22页。

张九龄一次次地感叹,抒发个人的情志,不免让人感受到他性格里的软弱纠结。他出身寒门,虽有治国之道,但君心难测,他又三番两次陷入朋党的牵连。开元十五年,张说罢相,张九龄外放洪州,同样是在那封写给严挺之的书信中,他直陈胸中郁结:"且往者不自量力,因缘小技,敝臊干进,荏苒历年,固以为运属盛明,朝多君子,义能容物,而忘其孤陋,则不知弊帚之贵,末路多艰。"①才学能力固然提供给张九龄进身之路,但没有显赫的家族、皇帝的荣宠、政治前辈的帮扶,出身寒门的士子依然步履维艰。

另一首《晨坐斋中偶而成咏》中诗人抒发了这样的感慨:"休闲倘有素,岂负南山曲。"相比于王维、孟浩然等人对禅学自觉的接受,张九龄更多地是在仕途不顺、心境转折后,将目光转到清净无染的山林之中,并且在精神的体悟里达到与禅学精神的相通,"形骸拘俗吏,光景赖闲林"、"我愿从归翼,无然坐自沉"(《郡舍南有园畦杂树,聊以永日》)。闲放时,他便"块然屏尘事,幽独坐林间"(《南山下旧居闲放》),在清旷寂寞的环境下,不再挂心名利、毁誉,转而关注个人的精神疆域。这不仅体现出庄子与天地精神独往来的影响,也与禅宗的自性清净的境界相合。有人问弘忍为何要住在山间,弘忍回答:"远避嚣尘,养性山中,长辞俗事,目前无物,心自安宁,从此道树花开,禅林果出也。"他"使达摩以来随缘自在的修行观具体落实到了实际的禅行生活之中"②。传统禅法重视个人的修行,神秀"以樵汲自役而求其道"③,将禅贯彻到日常生活,在山林之间寻找本心,慧能谈自在解脱,指向的也是超然尘世之外所能达到的精神超越。张九龄写下"却步园畦里,追吾野逸心"(《郡舍南有园畦杂树,聊以永日》),也正是在质朴平常的田间生活中找回清净无染的本心,就像弘忍那样,"把修禅与日常生活打成一片"④。

晚年诗歌《始兴南山下有林泉,常卜居焉。荆州卧病,有怀此地》中,诗人

---

① 罗韬认为在开元十五年,张说罢相,九龄外放,任洪州刺史。熊飞《张九龄集校注》则系此文于开元十六年,其时张九龄已50岁。
② 洪修平:《禅宗思想的形成与发展》,南京:江苏人民出版社,2011年,第101页。
③ [宋]赞宁撰,范祥雍点校:《宋高僧传》,北京:中华书局,1987年,第177页。
④ 洪修平:《禅宗思想的形成与发展》,南京:江苏人民出版社,2011年,第101页。

感叹人生多变,生命短暂,感叹世路崎岖,知万全不可寻,在激愤不平之下萌生强烈的隐逸念头。《庄子·则阳》有:"方且与世违而心不屑与之俱,是陆沉者也。"①庄子的思想是促使他产生隐遁想法的主要来源之一。与此同时,佛教也在共同发挥作用。他想到归隐后的景色:"云间日孤秀,山下面清深。萝茑自为幄,风泉何必琴。"(《始兴南山下有林泉,常卜居焉。荆州卧病,有怀此地》)目力所及,云气升腾,白日孤秀,山间草木为幄,泉水泠然,风声激荡,似乎回到自然中,便可忘记尘嚣。官场倾轧,张九龄长久斡旋其间,早年怀抱的经国之志在现实的打击下变得愈加单薄,年事已高的诗人又受着疾病的侵扰,思考起人生的终极归宿。前文也已经提到,张九龄被贬为荆州长史时期,恰是他与佛教关系表现得最为密切之时。张九龄面对困塞时对放达自适的追求,仕途失意时做出的向禅宗靠拢的行为使他晚期的这一系列诗歌情感表达都相对集中,且有相当的禅意,不滞于毁誉得失,这是禅宗的观点,也是张九龄进退官场时心中长存的自我要求,故而在诗文上也有直接的体现。

禅宗一方面"张扬人的主体"②,为深受国家的政治传统与文化传统影响的士大夫们提示新的人生可能,即从拥抱集体到回归个人。强调"本心"与"顿悟",都是对个体存在的充分承认。另一方面,禅与自然紧密联系,回到山野之中,返璞归真,涤荡胸中尘埃,这也为久在官场劳碌的士大夫们提供了心灵的休憩场所,一个理想化的人生境界。禅宗要做的是消解矛盾,从而移除内心的困苦,本来无一物,何处惹尘埃,追逐是否是可笑、虚妄的。禅宗的启示在于先从社会回到个人,最终指向取消物我的冲突,实现自我超越。

晚年张九龄对佛教义理的把握趋于深刻,与其说亲身践行,将禅变成生活方式本身,不如说禅宗思想的存在是一种提示,它与庄周思想一道为士大夫们描绘出一个精神通达、随缘任运的理想世界。李泽厚曾很好地概括历代文人士大夫们的人生感受:"中国传统既哀人生之虚无,又体人生之苦辛,两

---

① [清]王先谦:《庄子集解 庄子集解内篇补正》,北京:中华书局,1987年,第229页。
② 洪修平、孙亦平:《慧能评传》,南京:南京大学出版社,1998年,第20页。

者交织,形成了人生悲剧感的'空而有'。"①张九龄在人生末年写下"仍追巢顶禅"(《冬中至玉泉山寺,属穷阴冰闭,崖谷无色。及仲春行县复往焉,故有此作》),却没有遁入空门,根本上还是相信现世的"有"。儒门淡泊、收拾不住,不必熄灭儒家济世理想热情,因为禅宗要求的向来不是严格的依附,而是重视认取自我、实现精神超越的瞬间。

## 五、结语

综上所述,本文从用词选取、审美特色与情感表达等三个方面考察禅宗对张九龄诗歌创作产生的影响。除了直接以佛教用语入诗外,张九龄在选择词句与意象时,也有意营造澄澈静谧、远离尘嚣的氛围,这与禅宗亲近自然、清净无染的境界相契合。在情感的表达上,禅宗更是他心灵疲惫、寻求自我超越时的重要思想资源,这些都体现出张九龄对佛禅的浸润。

"穷则独善其身,达则兼济天下",张九龄的官场生涯比之唐朝诸多的文人来说,相对顺遂,但仍有诸多曲折。忠君报国、建功立业的自我期待与官场劳顿、仕途不顺的现实际遇,理想与现实的冲突也是需要他处理的人生命题。禅宗恰好提供了一个新思路,不需要就此遁入山林,却仍可以获得生命的余裕、暂时的安宁。就如钱穆所言:"禅宗的精神,完全要在现实人生之日常生活中认取,他们一片天机,自由自在,正是从宗教束缚中解放而重新回到现实人生来的第一声。"②东晋以来,山水逐渐作为独立的审美对象,进入文学艺术的描写领域,有唐一朝不断发展,臻至极佳境地。张九龄扮演的就是其中一环,其多兴寄,抒发个人怀抱,将心灵的感触与静谧山野的自然环境结合,虽然情感表达相对单一,但张九龄的创作还是从多个层面反映了当时文人群体创作转型期的时代特征。儒、道、佛三家思想激荡在诗人们的诗歌中,随年岁变化各有起落,而处理社会理性与人的自然感情间的冲突却是安置自我生命永恒不变的需要。

---

① 李泽厚:《华夏美学·美学四讲》,北京:生活·读书·新知三联书店,2008年,第426页。
② 钱穆:《中国文化史导论》(修订版),北京:商务印书馆,1994年,第166页。

张九龄身处盛唐，为一代名相、文坛领袖，与诸多文人士大夫相往来，他对禅宗的接受有极大的示范性意义。在张九龄身后，禅宗继续蓬勃发展，大批庶族士人兴起，他们游走于庙堂与山林间，对简洁、方便的禅宗产生浓厚兴趣，将习禅进一步日常化，推动禅宗大兴。而张九龄作为庶族士人的典例，无疑是建构禅宗与士大夫的历史互动网络时的重要坐标。

**个人简介**

包小菲，江苏兴化人，南京大学文学院2017级本科生。南京大学口述历史协会活动部一部部长，2020年南京大学创新计划国家级项目"昆山市张浦镇金华村四十年口述历史"负责人。

**学习感悟**

尽管一开始就决定进入文学院，但我大一阶段在人文大类学习的过程中，还是选修了很多门历史学院与哲学系开设的课程。在校的三年间，我在学业上投入的精力也多集中于文史哲相关内容，结合课堂上老师的导引，课后自主阅读书籍，尝试解决问题。在此过程中，我愈发感受到打破学科壁垒的重要性，也体会到不同学科、不同的思维方式碰撞带来的趣味。大二上学期，我选修了蔡仲老师和刘鹏老师开设的哲学系通识课"科学技术与人类社会"，也因此得知哲学系的"爱智慧"本科基金项目，老师们都非常鼓励选课的同学进行跨学科研究。我想到之前在本专业学习过程中曾以张九龄的诗歌为对象进行研究，当时由于时间与精力有限，未及细致展开，而这恰好可以从禅宗的角度进行进一步深入。此后，在反复阅读张九龄相关材料以及研读诸多学界前辈有关禅宗、佛教论述的基础上，结合个人思考，我的论文逐渐成形。写作过程中，我日益体会到自身的不足，也就更加迫切地去汲取相关知识。胡永辉老师对我悉心指导，也给予我诸多鼓励，使我能够更加坚定地跳出纯粹的文学视野，从历史与哲学的视角来思考问题。

能和各位优秀的前辈以及同学共同入选这次论文集，是我莫大的荣幸，当然我深知这篇文章仍是稚嫩的，也请各位师友批评，如蒙赐教，不胜感激。

# 从训到育：
# 上海犹太青年组织"贝塔"的扩张与演变

顾荻飞

**摘 要**：20世纪30年代，大批社会活动家来到上海，犹太复国主义运动如火如荼地展开，上海成为犹太复国主义史上不可忽视的前沿阵地。"贝塔"作为犹太复国主义运动修正派的青年组织，起到了承前启后的作用。它是一个政治组织，也超越了政治组织的内涵，以积极的姿态融入了上海犹太青年的日常生活中。同时，哈尔滨犹太人移居上海，也给上海"贝塔"带来了不一样的活力。

**关键词**：上海犹太人；贝塔；犹太复国主义

## 一、上海犹太难民概况

"上海犹太难民"并不是现代学者创造的词汇。从20世纪30年代开始，《申报》《以色列信使报》《黄报》、上海公共租界工部局等，都开始关注这一批群体。上海犹太难民以阿什肯纳兹犹太人为主体，其中，一部分中欧犹太人在希特勒上台之后开始涌入上海，在此之前，他们与中国上海几乎没有任何联系；一部分犹太难民来自哈尔滨犹太难民区，在"九一八事变"以后分批来到上海。然而开埠以来，由于上海的过度城市化和城乡畸形发展，大量游民积聚上海，很多犹太人语言不通，也缺乏自主生活能力，只得住在收容所里，难以自立。这些难民男性更多，年龄偏大。到1939年，上海公共租界工部

## 从训到育：上海犹太青年组织"贝塔"的扩张与演变

局为收容所内70%的难民提供住宿,将工部局辖治下的房屋充作难民医院。[①]

关于上海犹太难民,最重要的就是难民的人数问题。王健认为二战期间,上海接纳了至少25000名犹太难民。[②] 熊月之在《上海的外国人·序》中解释上海犹太人大概的人口流动,"从1933年到1941年,上海先后接纳了3万多名来自德国及德占地区的犹太难民,其中除了约5000人经上海去了别处以外,其余2.5万欧洲犹太人一直在上海生活,直到第二次世界大战结束……这些犹太难民有4000人住在法租界、1500人住在公共租界,其余住在日本人控制的虹口一带。"[③]然而这三个数据缺乏可靠的依据,尤其与海外学者的研究相去甚远。玛西亚·李斯泰诺在《新前沿:东亚的帝国主义新社团》一书中认为"到了30年代末,上海的阿什肯纳兹犹太人已达4000—8000人",数字4000是《以色列信使报》1937年3月12日第17页的数据,而8000,可能是将塞法迪犹太人也计算进去。[④] 约西·卡茨对上海犹太人的数量持保守看法,他援引了一份1947年的报告,报告中显示上海的犹太人总体数目很少,长期居民不超过250到300个家庭。[⑤] 美国学者大卫·克兰茨勒在《上海犹太难民社区:1938—1945》中提到,1943年2月,日本当局在上海虹口区设立隔离区之后,大约有14000—16000名犹太人被关进隔离区,但是仍有部分无国籍和苏联籍犹太人并没有被关入隔离区。

上海犹太人的数量是一个难以回答准确的问题。第一,资料的缺乏。上海犹太人的构成非常复杂,而《以色列信使报》、《申报》等记载的多为德奥犹太人,波兰犹太人、捷克斯洛伐克犹太人的相关记录很少,无国籍犹太人的统

---

① 《上海公共租界工部局年报》,1939年,第426页。
② 王健:《上海犹太人与抗日战争》,《上海纪念抗日战争胜利60周年研讨会论文集》,上海:上海市社会科学界联合会,2005年。
③ 熊月之、马学强、晏可佳选编:《上海的外国人1842—1949》,上海:上海古籍出版社,2003年,第3页。
④ 熊月之、马学强、晏可佳选编:《上海的外国人1842—1949》,上海:上海古籍出版社,2003年,第283页。
⑤ Yossi Katz, "The Jews of China and their Contribution to the Establishment of the Jewish National Home in Palestine in the First Half of the Twentieth Century", In *Middle Eastern Studies*, 2010(4), pp. 543–554.

计也模糊不清。从零星的资料中可以找到犹太难民的迁移踪迹,例如,1931年,随着日本在中国东北动作不断,哈尔滨犹太人辗转南下,或出洋或赴沪避难。根据犹太人人口统计表,30年代哈尔滨犹太人的数量持续下降,从1931年的2600人到1937年的1100人,与上海犹太人数量增加相互对应。[①] 第二,管理的限制。上海公共租界工部局的档案记录是重要史料,但是也只记录了一两处的犹太人,难以摸清全部的犹太人数量。战后,上海工部局档案在移往美国的过程中多有损漏。第三,战乱的影响。由于亚洲太平洋战场战局的扩大,部分犹太人来到上海之后并未向救济委员会登记,人口流动非常频繁,给统计制造了很大的困难。1941年到1942年上海公共租界疫病的横行,也使得一部分犹太人就此"失踪"在异乡。限于种种因素的干扰,表2的统计仅仅是1938年之后的来自欧洲的犹太难民数量。[②]

表2 1938年之后来自欧洲的犹太难民数量统计

| 年代 | 人口 | 资料来源 | 备注 |
| --- | --- | --- | --- |
| 1937.3.17 | 4000人住在法租界,1500人住在公共租界。 | 《以色列信使报》(以下简称《以》)1937年3月12日第17页,转引自熊月之等选编《上海的外国人1842—1949》第283页。 | 以上为1938年赴沪中欧犹太难民潮之前的基础人数。 |
| 1938.11.24 | 460 | 《以色列信使报》1938年12月16日,第35卷,第7页。转引自《来华犹太难民资料档案精编·第1卷》(以下简称《来华》)第197页。 | 从1938年8月15日开始计数。 |

---

[①] 李述笑、傅明静:《哈尔滨犹太人人口、国籍和职业构成问题探讨》,《学习与探索》2001年第3期。

[②] 《来沪犹太难民人数考》一文中也征引《来华犹太难民资料档案精编》做了梳理,本文的表格在此之外另行补充一些数据。《来沪犹太难民人数考》,潘光主编:《来华犹太难民研究(1933—1945)》,上海:上海交通大学出版社,2017年。

从训到育:上海犹太青年组织"贝塔"的扩张与演变

续　表

| 年代 | 人口 | 资料来源 | 备注 |
| --- | --- | --- | --- |
| 1938.12.31 | 1384 | 《以》1939年1月20日,第35卷,第10页。转引自《来华》第200—201页。 | 包括148个儿童。 |
| 1939.1.30 | 2305 | 《以》1939年2月17日,第35卷,第11页。转引自《来华》第202页。 | 其中15人从苏联转道而来。2305人中1905人需要救济,占比82.6%。 |
| 1939.2.10 | 3155 | 《以》1939年2月17日,第35卷,第11页。转引自《来华》第202页。 | 部分为预测性数据。 |
| 1939.3.17 | 4500左右 | 《以》1939年3月17日,第35卷,第12页。转引自《来华》第203页。 | 向救济委员会登记的人有3945,占比87.7%。 |
| 1939.4.27 | 8400 | 《以》1939年5月5日,第35卷,第2页。转引自《来华》第205页。 | 救助人数占比约80%。 |
| 1939.6.4 | 10506 | 《以》1939年6月9日,第36卷,第3页。转引自《来华》第207页。 | 到1939年底,公共租界收容所共收容犹太难民2332人。(《上海公共租界工部局(1939)》,第425页) |
| 1939.7.14 | 超过12000 | 《以》1939年7月14日,第36卷,第4页。转引自《来华》第207页。 | |
| 1939.8.7 | 超过16000 | 《以》1939年8月16日,第36卷,第5页。转引自《来华》第208页。 | 工部局的数据略少,为15000。《上海公共租界工部局年报(1939)》,转引自《来华》第103页。 |
| 1939.9 | 17000 | 《上海公共租界工部局(1939)》。转引自《来华》第204页。 | 到1939年年底时,收容所救助犹太难民为2332人,若仍以17000为基数,救助比例为13.7%,实际比例应更低。 |

129

续　表

| 年代 | 人口 | 资料来源 | 备注 |
| --- | --- | --- | --- |
| 1939年底 | | 《上海公共租界工部局年报》，1939年，第60页。 | 工部局限制犹太难民进入租界。 |
| 1940年底 | 18000—19000 | 《上海公共租界工部局年报(1940)》。转引自《来华》第105页。 | 向救济委员会登记的难民占比约52.5%—55.6%。收容所救助人数为2115人。 |
| 1941年底 | 20000 | 《申报（上海）》1942年1月22日，第3版。转引自《来华》第176页。 | 由于日本将日本本土的犹太人驱赶至沪，上海犹太人数量又经历一个小型增长。但是1941年至1942年上海公共租界烈性传染病流行，一些犹太人因此殒命。收容所救助2093人。《上海公共租界工部局年报(1941年)》，转引自《来华》第106页。 |
| 1942.8.3 | 沪西德国犹太人有9210人 | 《申报（上海）》1942年8月3日，第4版。转引自《来华》第191页。 | 不包括公共租界以及法租界的犹太人。 |
| 1945.12 | 虹口的外侨为28681人，12月为28691人。共有73名"犹太"国籍人出境。 | 《上海市年鉴》(民国三十五年)，《上海市各区外侨户口统计表》，G-23、G-25。 | 由于日本自太平洋战争爆发以来将"敌对国"外侨关押于虹口集中营，几乎所有中欧犹太人关押于此，但是无国籍犹太人以及持有苏联护照的犹太人不在此列。 |

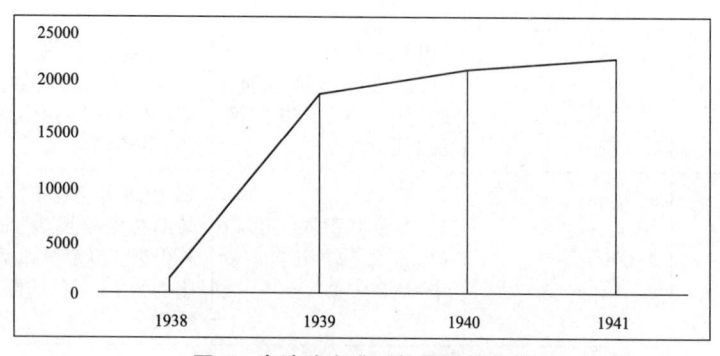

**图5　来沪犹太难民数量增长曲线**

从训到育：上海犹太青年组织"贝塔"的扩张与演变

## 二、"贝塔"问题概述

上海犹太人作为一个特殊时期的特殊群体，在20世纪90年代开始得到了中国学界的重视。对比来看，哈尔滨犹太人存在时间更长，在世界犹太复国主义运动史上产生的作用更大，研究相对更加细节化。[1] 而上海犹太人组成更为复杂，这种特殊的流散时期可以作为典型案例，研究外界战争压力对共同体形成的催化作用。中外学者对于上海外侨的研究颇有建树，对还原上海犹太人的生活状况、思想流变等方面做了很大的贡献。[2] 在很多城市史的研究中，上海的犹太人与犹太社区也是研究的一大中心，学者们力图从城市社会史的角度揭橥异质环境在犹太人身上展现出了对立与融合的奇特景象。[3] 但是国内学者对于上海"贝塔"的专门研究缺乏足够的重视，相关资料多引用希伯来语的《贝塔在中国 1929—1949，贝塔周年纪念文集（1923—1973）》、上海工部局档案以及古德施泰因的《犹太人在中国》[4]。

相比之下，国外的研究著作更为翔实，将远东犹太人的贡献纳入世界性

---

[1] 参见王志军、李薇：《20世纪上半期哈尔滨犹太人的宗教生活与政治生活》，北京：人民出版社，2013年；西奥多·特迪·考夫曼：《我心中的哈尔滨犹太人》，刘全顺译，哈尔滨：黑龙江人民出版社，2007年；石方、刘爽、高凌：《哈尔滨俄侨史》，哈尔滨：黑龙江人民出版社，2003年；刘爽《哈尔滨犹太侨民史》，北京：方志出版社，2007年；李述笑、傅明静：《哈尔滨犹太人人口、国籍和职业构成问题探讨》，《学习与探索》2001年第3期；刘爽：《哈尔滨犹太人历史活动分期——以改变历史进程的重要转折点为视角的考察》，《学习与探索》2006第3期；王志军、李薇：《论20世纪早期哈尔滨犹太人的人数问题》，《社会科学战线》2010年第2期。

[2] 参见潘光、陈心仪、虞卫东、周国建编：《来华犹太难民资料档案精编》，上海：上海交通大学出版社，2017年；潘光：《犹太人在亚洲：比较研究》，上海：上海三联书店，2007年；熊月之、马学强、晏可佳选编：《上海的外国人 1842—1949》，上海：上海古籍出版社，2003年；唐培吉：《上海犹太人》，上海：上海三联书店，1992年；戴维·克兰茨勒：《上海犹太难民社区：1938—1945》，许步曾译，上海：三联书店上海分店，1991年。

[3] 参见上海虹口区图书馆：《虹口历史文化研究资料汇编》，上海：上海科学技术文献出版社，2017年；熊月之：《异质文化交织之下的上海都市生活》，上海：上海辞书出版社，2007年；吕超：《海上异托邦——西方文化视野中的上海形象》，哈尔滨：黑龙江大学出版社，2010年。

[4] Jonathan Goldstein, *The Jews of China. Vol. One, Historical and Comparative Perspectives*, New York: M.E. Sharpe, 1999.

的犹太复国主义运动之中理解[1],考察母国身份的差异对于不同犹太难民的影响[2]。有一部分学者从外交史的角度分析当时犹太复国主义运动领导者如何在上海错综复杂的国际势力之间斡旋交涉。[3] 另外,回忆录是研究上海犹太人历史的重要参考资料,史蒂夫·霍赫施塔特[4]收集的口述史记录是唯一具有权威性的上海犹太人的口述历史档案,以色列汉学家伊莲娜·埃本以图文并茂的形式详细介绍了25位曾经的上海难民,辅以当时的报纸、地图、日记作为佐证,增强了作品的真实性[5],雅科夫·利伯曼详细地介绍了哈尔滨犹太人与上海犹太人的日常生活、社区基础设施等[6],科林·辛德勒则以全球的视角看待"贝塔"的孕育环境、发展历程和学术争辩[7],阮玛霞使用了上海工部局的档案,在上海犹太史的研究中做了一大创新,其中有不少关于"贝塔"的记录[8]。除此之外,本文还使用了另外两位犹太难民的回忆录作为有限的参

---

[1] Yossi Katz, "The Jews of China and their Contribution to the Establishment of the Jewish National Home in Palestine in the First Half of the Twentieth Century," In *Middle Eastern Studies*, 2010(4), pp. 543–554.

[2] Joseph R. Fiszman, "The Quest for Status: Polish Jewish Refugees in Shanghai 1941—1949," In *The Polish Review*, 1998(4), pp. 441–460.

[3] Meron Medzin, *Under the Shadow of the Rising Sun: Japan and the Jews during the Holocaust Era*, Boston: Academic Studies Press, 2016; Gao Bei, *Shanghai Sanctuary: Chinese and Japanese Policy toward European Jewish Refugees during World War II*, Oxford: Oxford University Press, 2013.

[4] Steve Hochstadt, *Exodus to Shanghai: Stories of Escapes from the Third Reich*, New York: Palgrave Macmillan, 2012.

[5] Irene Eber, *Voices from Shanghai: Jewish Exiles in Wartime China*, Chicago: The University of Chicago Press, 2008.

[6] Yaacov Liberman, *My China: Jewish Life in the Orient 1900–1950*, Jerusalem: Gefen Publishing House, 1998.

[7] Colin Shindler, *The Rise of the Israeli Right: From Odessa to Hebron*, New York: Cambridge University Press, 2015.

[8] Marcia Reynders Ristaino, *Port of Last Resort: The Diaspora Communities of Shanghai*, Stanford: Stanford University Press, 2002.

考。① 加之参考了从20世纪30年代到"二战"结束的《上海市年鉴》和《上海公共租界工部局年报》等档案资料，笔者试图从"贝塔"发展的角度将不同的犹太族群联系起来，为之后的学者探讨犹太复国主义视域之下的犹太青年运动提供一些帮助。

"贝塔"是不是严格意义上的青年组织？"贝塔"领导的是不是严格意义上的青年运动？关于什么是青年组织、什么是青年运动，如今已有诸多论述。相比于此，时人的看法显然更加有趣，30年代的中国正是内外矛盾尖锐并存的时代，"青年"是十分耀眼的主题词。从五四的风潮中走出的王光祈，他在旅德期间也格外注意德国的青年文化。他认为青年运动"是青年自己训育之意也，与青年培养一字不同。青年培养者，青年而由前辈加以训育也；更与青年保护一字不同。青年保护者，社会对于失败之青年，组织特种机关，而加以管理训育也"。②他对于欧洲青年运动有深入的了解，特别提到了"德意志国性青年同盟"与"德意志犹太青年协会"之间的争斗。③ 无论是自我革新，还是前辈训导，"训育"是青年运动最重要的任务，也是最紧迫的使命。借此思路，笔者发现与王光祈同时代的上海犹太"贝塔"同样也经历了从"训"到"育"的过程。

## 三、早期的上海"贝塔"：依附于万国商团犹太队的军事组织

宏观地看，上海"贝塔"的活动从20世纪30年代初到40年代末这20年可以划分为三个阶段：1931年到30年代中期为建立期，30年代中期到1945年为发展期，1945年到1948年为尾声。

"贝塔"在建立初期即以军事活动为最高目标的。20世纪20年代初，在

---

① Sigmund Tobias, *Strange Haven: A Jewish Childhood in Wartime Shanghai*, Champaign: University of Illinois Press, 2009. 山姆·莫辛斯基：《别了，上海——一个犹太少年的回忆》，余孝奇等译，上海：上海三联书店，2015年。

② 王光祈：《王光祈旅德存稿》，上海：中华书局，1936年，第531页。

③ 同上。

英国对巴勒斯坦政策及犹太复国主义运动的最终目标等问题上,世界犹太复国主义组织发生分歧,最终分裂成"一般犹太复国主义"和"修正派(Revisionist Zionist)"两大派。在严峻的军事对峙下,"贝塔"应运而生。"贝塔"(Betar)有双重的意义,在公元2世纪,贝塔要塞是犹太英雄巴尔·科赫巴抵抗的最后据点,随着贝塔要塞的陷落,罗马大军入城之后大肆屠戮,重建"贝塔"代表着犹太人的民族觉醒;同时,"贝塔"是犹太复国主义修正派青年组织,其名源于以色列民族英雄约瑟夫·特鲁佩尔。特鲁佩尔是一名战士之子,他自愿参军并且被编入一个西伯利亚团,在围攻亚瑟港时失去一条手臂,但他仍然勇敢作战,被提升为上尉。在俄国的军队中,他可能是第一个具有尉级资格的犹太人。战后他迁居巴勒斯坦,筹划建军,然而在1920年,特鲁佩尔在叙利亚边境为阿拉伯人击杀。[1]"特鲁佩尔"逐渐从一个民族英雄扩大为武装复国运动的精神,鼓舞犹太人摆脱政治怯懦、唤起民族意识。

1929年,中国犹太复国主义修正派联盟成立。1931年后,哈尔滨、天津的一些青年修正派分子在上海成立"贝塔"。"贝塔"办的刊物《犹太人的召唤》(*The Jewish Call*)和《挑战》(*Tagar*),后来成了远东犹太复国主义修正派的主要喉舌。可见,上海犹太"贝塔"的创建有着深厚的俄国传统。"贝塔"成员雅科夫·利伯曼、米利亚·伊奥尼斯(Milia Ionis)等是来自哈尔滨的青年。根据利伯曼本人的回忆录,1948年,利伯曼接受巴勒斯坦远东办公室的任命,成为"伍斯特胜利号"(Wooster Victory)难民船的组长,带领893名犹太人从上海抵达以色列。[2] 从"贝塔"建立初期开始,他始终保持高度政治活跃。

上海"贝塔"的组织形态、团体建设,零散地记录在各类文献中。唐培吉在《上海犹太人》中简要提及"L.科托维契是负责人……科托维契早在1943年

---

[1] 王志军、李薇:《20世纪上半期哈尔滨犹太人的宗教生活与政治生活》,北京:人民出版社,2013年,第195页。

[2] Yaacov Liberman, *My China*: *Jewish Life in the Orient 1900－1950*, erusalem: Gefen Publishing House, 1998, p.115.

## 从训到育：上海犹太青年组织"贝塔"的扩张与演变

就离开上海，前往巴勒斯坦参与以色列建国运动"①，然而这段文字缺少出处，笔者猜测此人或与《犹太人在中国》一书提及之雷拉·科托维契(Lela Kotovitch)为同一人，科托维契来自天津，在1931年之后成为上海"贝塔"的骨干。② 同样，根据利伯曼的回忆，科托维契是哈尔滨的复国主义左翼学生组织(Ha-shomer ha-tzair)创始人之一，该组织一年后即被古维奇解散，以"贝塔"代之，从此古维奇成为中国"贝塔"的实际领导人。③ 古维奇是拥有德俄两国革命经历的犹太复国主义者，深受亚博廷斯基器重，因此古维奇的当权意味着，"贝塔"的工作从青年本身转移到一个具有政治影响力、社会领导力和国际发言权的成熟的犹太复国主义者手中。这次权力的易手标志着中国"贝塔"运动性质的改变，从"青年运动"向着"青年培养"转型，因为"所谓青年运动者，必须不利用已成势力，不依赖过去人物，自行组织，自为训育，以良知为本，以真理为归，超然独立于一切政党之外者也"④，从而能够"青年自决"。而青年培养重已有成果，重前辈训育，正是在"贝塔"，曾经的犹太难民莫辛斯基"第一次见到了巴勒斯坦的地图，也第一次听到了犹太复国主义的主张"⑤。

从上海"贝塔"诞生的历程来看，它主要由哈尔滨犹太青年建立，而且受到了亚博廷斯基的控制，根据1930年代上海外侨的人口构成，也可以推断"贝塔"的主要成员应该是俄国犹太人。1930年1月至6月，上海注册外侨中白俄占81.7%(2751/3367)。⑥ 而到了1936年，俄罗斯犹太人成为法租界外侨的主要群体，其中，中青年占据绝对多数。

---

① 唐培吉：《上海犹太人》，上海：上海三联书店，1992年，第246页。
② Jonathan Goldstein, *The Jews of China. Vol. One, Historical and Comparative Perspectives*, New York: M.E. Sharpe, 1999, p.268.
③ Yaacov Liberman, *My China: Jewish Life in the Orient 1900–1950*, Jerusalem: Gefen Publishing House, 1998, p.32.
④ 王光祈：《王光祈旅德存稿》，上海：中华书局，1936年，第532页。
⑤ 山姆·莫辛斯基：《别了，上海——一个犹太少年的回忆》，余孝奇等译，上海：上海三联书店，2015年，第80页。
⑥ 罗志如：《统计表中之上海》，中央研究院社会科学研究所集刊第四号，民国二十一年，第27页。

表3 民国二十五年法租界人口调查表[1]

| 性别 | 年龄 | 俄罗斯 | 德意志 | 法兰西 |
| --- | --- | --- | --- | --- |
| 男性 | 5岁以下 | 184 | 24 | 79 |
|  | 5—15岁 | 619 | 47 | 112 |
|  | 15—25岁 | 692 | 24 | 381 |
|  | 25—45岁 | 3024 | 263 | 819 |
|  | 45岁以上 | 1173 | 98 | 165 |
|  | 共计 | 5692 | 456 | 1556 |
| 女性 | 5岁以下 | 161 | 32 | 69 |
|  | 5—15岁 | 651 | 37 | 132 |
|  | 15—25岁 | 1168 | 44 | 97 |
|  | 25—45岁 | 3095 | 204 | 392 |
|  | 45岁以上 | 1061 | 48 | 96 |
|  | 共计 | 6136 | 365 | 786 |
| 总计 |  | 11828 | 821 | 2342 |

上海"贝塔"成立后，积极发展成员、进行军事训练。建立伊始，上海"贝塔"只有9个人，里奥·汉宁(Leo Hanin)不断鼓励上海犹太青年参与，一年之后，成员跃升至70人。正因为上海"贝塔"早期积极扩充人员，1932年，万国商团已经出现"犹太队"的位置。[2] 这一支业余的军事组织吸纳了各国籍的公民，主力包括之前在白俄军队服役的犹太人和"贝塔"成员，塞法迪犹太人则加入了英国队。在英国人诺埃尔·S.雅各布斯上尉的指挥下，"犹太队"成为犹太军旗下作战的第一批现代化军队之一，也是当时世界上唯一具有合法地位的、完全由犹太人组成的正规军。

---

[1] 《上海市年鉴·下》(民国二十五年)，U-22。

[2] Jonathan Goldstein, *The Jews of China. Vol. One, Historical and Comparative Perspectives*, New York: M.E. Sharpe, 1999, p.268.

表4 1936年到1939年犹太队规模变化

| | 1936年 | 1937年 | 1938年 | 1939年 |
|---|---|---|---|---|
| 官佐 | 3 | 3 | 5 | 5 |
| 他级 | 61 | 93 | 91 | 119 |
| 总计 | 64 | 96 | 96 | 124 |
| 来源 | 《上海市年鉴·下》(民国二十五年),U-30。 | 《上海公共租界工部局年报》,1937年,第105页。 | 《上海公共租界工部局年报》,1939年,第172页。 | |

从1936年到1939年,犹太队一直保持发展的趋势,但是与其他商队的比赛成绩比较则表现平平。1933年到1934年的胜任团员比赛中,犹太队的成绩偏居下游,胜任者与不胜任者的比例为41∶14,美国队则为59∶24,日本队为84∶4。1936年一次来复枪比赛中,犹太队获一等奖5名,二等奖9名,三等奖18名;在轻便自动手枪比赛中,一等奖1名,二等奖2名,三等奖4名。① 珍珠港事件之后,国际政治环境恶化,犹太难民逐步退出了万国商团。

到30年代中期,上海的犹太复国主义运动已发展为一支有影响的政治力量,其中以俄国犹太人为主的修正派组织占主导地位,但持"一般犹太复国主义"观点的塞法迪犹太复国主义组织仍具有较强的经济实力。② 由于早期的上海"贝塔"主要由俄国修正派的犹太青年组成,而被奉为圭臬的亚博廷斯基常被称为犹太人的"法西斯分子",因此在这个阶段,准军事化的组织建设是早期"贝塔"的主要特点。

## 四、中欧犹太人的加入:生活共同体的建立

从30年代中期开始到"二战"结束前夕,"贝塔"规模扩大,建立子组织"贝塔之友",由同情和支持"贝塔"的中老年犹太复国主义者组成。1936年,上海

---

① 《上海市年鉴·下》(民国二十五年),U-30。
② 戴维·克兰茨勒:《上海犹太难民社区:1938—1945》,许步曾译,上海:三联书店上海分店,1991年,第35—36页。

"贝塔"正式成员约有400—500人,上海"贝塔之友"的成员近千人,在政治影响力上已经与上海犹太复国主义协会相匹敌,在人数上甚至超过协会成员。

1937年日本全面侵华到1941年太平洋战争爆发之间,欧洲战局恶化,排犹、屠犹成为德国官方程序化的暴力活动,不少犹太人把中国上海作为临时处所和中转中心,例如,格哈德·柯碧德(Gérard Kohbieter)将前往上海的旅途描述成"驰向黑洞之旅(sailing into a black hole)"[1]。1943年,《政治月刊》选译贵司康人之《上海犹太难民的政治活动》,其文用词颇厉,"在上海相当闻名的犹太人兴资·甘德尔写作了《上海犹太难民三年史》",甘德尔于书中已经断称,"上海已成为避难于世界各地的犹太人之最大中心地",然而这并不标志着上海是一个宜居城市,"上海不但被一般批评为世界最不良的国际都市……因中国事变的关系,已完全成为战争区域"[2]。

这次大规模的移民运动使得上海犹太复国主义者发展了不少新成员,从此之后,中欧犹太人成为阿什肯纳兹犹太人的新主体,他们主要来自德国、奥地利,有深厚的犹太复国主义背景和思想基础。顺应组织成员母国背景的新变化,"贝塔"随即在上海虹口华德路摩西会堂内设立德语分部,大约有300名青年参加。[3] 贵司康人一文虽然不乏种族主义和阴谋论的色彩,但是他断言,由于德国犹太人"播送毒素"、"与上海犹太财阀是同族关系",因此"对东亚并无政治影响实无可能",并且"其间一定不少是具有共产主义思想的"[4],可以推知上海犹太人的政治影响力已经得到了一部分人的关注,引起在华日本势力的敌视。

中欧犹太人在离开欧洲大陆前往遥远的中国时,个体与母体文化的撕裂感一直如影随形,难免让人感觉无所适从。在当时敏感而紧张的战争环境之

---

[1] Steve Hochstadt. *Exodus to Shanghai: Stories of Escapes from the Third Reich*, New York: Palgrave Macmillan, 2012, p.64.

[2] 贵司康人:《上海犹太难民的政治活动》,郑衍译,《政治月刊》(上海),1943年第6卷第6期。

[3] 《贝塔在中国1929—1949,贝塔50周年纪念文集(1923—1973)》,以色列,1973年,第87页,转引自戴维·克兰茨勒:《上海犹太难民社区:1938—1945》,许步曾译,上海:三联书店上海分店,1991年,第246—247页。

[4] 贵司康人:《上海犹太难民的政治活动》,郑衍译,《政治月刊》(上海),1943年第6卷第6期。

## 从训到育：上海犹太青年组织"贝塔"的扩张与演变

下,犹太青年会不会走向另一个极端,成为意大利青年和德国青年那样的好战分子?这是1932年9月16日《犹太时报》(Jewish Chronicle)发出的疑问。马萨里克在回忆录中描述捷克斯洛伐克的索科尔青年运动时,将那些训练有素的青年比作"棋子"和"机器",这种场景被亚博廷斯基收入他的未来主义(Futurism)设想之中,成为"贝塔"的典范。

并且,"贝塔"身处的上海公共租界并非真正的"最后的天堂",大量中欧犹太人的涌入恶化了当地华洋关系,也滋生了新的争端。对于很多欧洲犹太人来说,上海的生存条件相当险恶,从1939年开始,工部局已经收紧了接受犹太人的名额,工部局与日本官方从8月开始禁止难民进入公共租界地界,到年底仅仅颁发入界证300张。1939年以来,犹太难民逃亡上海数量激增,工部局认为已经超出了公共租界能够容纳的天花板,"本局经商请领事团,设法阻止欧洲难民之赓续来沪。……沪上之不景气,以及大批难民来沪实在无法谋生"①。1940年爆发自来火工潮,华人工人举行罢工,工部局发言人虞洽卿与自来火公司董事嘉道理方面谈判,事件以解雇犹太裔工人告终。②

除此之外,上海的卫生条件让很多来自西方的犹太人无法适应。莫辛斯基回忆家中的用人,"每天早晨他也会把一打瓶子里灌满开水,冷却后放入冰箱。这就是我们的饮用水,因为直接喝水龙头里的水是会生病的"③。莫辛斯基已经是在上海生活的第三代犹太人,相比于初来乍到的难民来说,他的家境已属上乘。1939年初开始,斑疹伤寒在公共租界渐成肆虐之势,患此症之外侨一共40人,其中犹太难民11人,死3人。年中又有痢疾流行,"犹太籍难民之患赤痢者颇多"④。从5月开始,犹太难民中患猩红热者有30人,随即蔓延开来,到了5月28日已经达到了129名,其后工部局设立隔离医院予其医

---

① 《上海公共租界工部局年报》,1939年,第60页。
② 《自来火工潮资方反提条件》,《申报》(上海)1940年7月31日,第7版;《自来火工潮调解接近》,《申报》(上海)1940年8月8日,第7版;《白俄及犹太难民均停雇》,《申报》(上海)1940年8月17日,第9版。转引自潘光等编:《来华犹太难民资料档案精编 第1卷》,第158—161页。
③ 山姆·莫辛斯基:《别了,上海——一个犹太少年的回忆》,余孝奇等译,上海:上海三联书店,2015年,第81页。
④ 《上海公共租界工部局年报》,1939年,第329页。

治,形势转好。"犹太难民收容所卫生情况……总体令人满意。"①1945年上海霍乱流行,亦有白喉多犯,患有霍乱653人,白喉158人,另外还有其他传染病,如天花、猩红热、伤寒、斑疹、脑脊髓膜炎等。② 当然,彼时的犹太难民已经渐渐离去了。

生计来源已成为首先面临的问题,"贝塔"功能从军事训练慢慢扩大,向青年俱乐部转型,甚至开设职业培训课程,这在当时的犹太青少年教育中尤为重要。俄籍犹太人与中欧犹太人主要居住在法租界与公共租界,到1936年,法租界一共有六所小学,分别为法国公学、中法学校、雷米学校、安南学校、萨坡赛小学、喇格纳小学。1935年到1936年,基本接受法国人的法国公学一共有418名学生,同期主要接受俄侨学生的雷米学校一共有304名学生。法国公学学费年收入为12341.83元,平均每一位学生学费为29.53元,而雷米学校学费年收入4014.5元,平均学费为13.29元,相比之下俄侨家庭的教育支出更低。③ 而公共租界,1937年工部局资助的西童学校一共十五所,其中七所为日侨学校,犹太儿童主要就读的上海犹太学校一共有233名学生受到资助,另一所犹太儿童可以就读的西童汉璧礼公学则不在资助之列。④

即便有政府扶助且学费并不高昂,犹太学生的教育问题依然严峻。恩内斯特·库尔曼(Ernest Culman)认为犹太男孩的成人礼是人生中的一个转折,"越来越多的孩子到13、14岁之后就离开学校外出工作,因为父母挣不到足够的钱"⑤。西格蒙德·托比亚斯(Sigmund Tobias)离开嘉道理学校转而去密尔经学院,也是因为经学院的学费更低,可以减轻家庭的教育开支。⑥ 对于不少犹太难民的孩子来说,接受教育是很艰难的决定,一方面家庭需要背负一

---

① 《上海公共租界工部局年报》,1939年,第426页。
② 《上海市年鉴》(民国三十五年),S-8。
③ 《上海市年鉴》(民国二十五年),V-26-30。
④ 《上海公共租界工部局年报》,1937年,第598页。
⑤ Steve Hochstadt. *Exodus to Shanghai: Stories of Escapes from the Third Reich*, New York: Palgrave Macmillan, 2012, p.107.
⑥ Sigmund Tobias, *Strange Haven: A Jewish Childhood in Wartime Shanghai*, Champaign: University of Illinois Press, 2009, Foreword.

## 从训到育:上海犹太青年组织"贝塔"的扩张与演变

笔学费的压力,另一方面,由于"犹太"的特殊宗教背景,他们基本不可以进入天主教和基督教学校接受教育,①在二战后期,大量犹太难民因为有德国和俄国、苏联的文化背景,被美国学校、英国学校等等拒之门外。作为一名犹太人,奥托·斯内普(Otto Schnepp)接受了高等教育,并且从治学严谨的圣约翰大学毕业,已属凤毛麟角。② 因此,"贝塔"的文化特征为犹太青少年的教育提供了另一扇窗户。对于莫辛斯基这样的俄罗斯犹太男孩来说,他的社交被天然地分为两个部分:与非犹太同学在学校中的交往、与贝塔小组在课余时间的交往。在撰写回忆录的时候,他依然对贝塔小组保持良好的印象。"在那儿的言行举止与在学校是不同的,很少有粗鲁的行为,大体上都是较严肃的谈话。我似乎能灵活穿梭在两个完全不同的社交圈里,这对我日后的生活帮助很大。"③

1941年太平洋战争爆发之后,以塞法迪犹太人领导的犹太复国主义运动逐渐处境艰难,他们活动的范围逐渐缩小到英国势力范围内,并且局限于文化与经济范畴。1943年日本政府将大批"无国籍"犹太难民关进隔离区,俄国会员被划归为"中立国侨民",他们与隔离区长官合屋和大仓周旋,协助中欧难民办理营业执照和就业证书,获得隔离区外出通行证。由于塞法迪犹太人的领袖遭日本人拘留,俄国犹太人接手了塞法迪犹太人经营的会堂、学校、医院,承接了大量"贝塔"的组织工作,积累了从事社区工作的成熟经验。为了避免引起日本当局的怀疑和监视,他们秘密进行军事训练,在公开场合举办体育比赛(足球、网球、游泳等)和文娱活动(周末舞会、业余音乐会、演出意第绪语戏剧等)。"贝塔"还坚持举办职业培训与文化补习,学习犹太宗教知识和希伯来文、意第绪语,从文化塑造的角度强调了犹太共同体概念,稳固了非

---

① 根据山姆·莫辛斯基的回忆,他在几次转校之后进入天主教圣芳济书院,是全校唯一的犹太男生。山姆·莫辛斯基:《别了,上海——一个犹太少年的回忆》,余孝奇等译,上海:上海三联书店,2015年,第173页。
② 《圣约翰大学历届毕业生、肄业生名录》,熊月之、周武主编:《圣约翰大学史》,上海:上海人民出版社,2007年,第538页。
③ 山姆·莫辛斯基:《别了,上海——一个犹太少年的回忆》,余孝奇等译,上海:上海三联书店,2015年,第150页。

正常时期的民族感情和凝聚力。① 虽然当时的犹太复国主义组织如雨后春笋在上海成立，但是囿于经济封锁和政治禁令，这些政治组织不能从收容所吸纳会员。

为什么"贝塔"在物资短缺、治安混乱的上海依然存续？很大程度上因为从训到育的"生活共同体"出现受到了哈尔滨"贝塔"深刻的影响。哈尔滨犹太社区从1900年以来不断扩大，成为远东犹太复国主义的重镇，而1943年之后，俄犹接过了塞法迪犹太人"救济"的主动权，获得更大的政治影响力。

第一，关于人才队伍。欧洲犹太人在流散的历史中延续了"隔都"的生活模式，在恶劣的环境中组建起完整的社会共同体。虽然"贝塔"属于犹太复国主义修正派的组织，与传统的犹太教有着本质的区别，但是在哈尔滨，犹太复国主义和传统的拉比犹太教是共存的，民族与宗教的结合给了"贝塔"生存的空间。在基谢廖夫拉比的坚持下，宗教依然是犹太社区的核心，他坚持"贝塔和马卡比不要在安息日的除夕举办青年人活动"②。在向青年人讲解教义时，基谢廖夫引入犹太复国主义的元素，将青年人吸引到宗教中来。泛政治化的气氛让"贝塔"的面相更加温和。

而上海则为"贝塔"铺垫了独特的生长环境。在大多数西方"过客"的笔下，上海"接受了西方正统文化的负面价值，容纳了西方道德、秩序、法律、宗教信仰所禁止的那些方面，它几乎被看作异教的罪恶之城，充满着可以打破禁忌、放纵欲望、回归原始的期待"③。在近代中国上海，存在很多社会寄生性的组织和半转型的机构，与陈旧的帝制还存在勾连的关系，因其自由而易陷于无序，因其无序而自成体系。时人评价："（上海）这不是一个混合体，而是

---

① 潘光、王健：《犹太人与中国：近代以来两个古老文明的交往和友谊》，北京：时事出版社，2009年，第113页。

② 西奥多·特迪·考夫曼：《我心中的哈尔滨犹太人》，刘全顺译，哈尔滨：黑龙江人民出版社，2007年，第48页。

③ 吕超：《海上异托邦——西方文化视野中的上海形象》，哈尔滨：黑龙江大学出版社，2010年，第86—87页。

## 从训到育:上海犹太青年组织"贝塔"的扩张与演变

无法融合的一个个独立的性质纠缠在一起的结果。上海是社会学意义上的唯一。"①到了二战后期,参与"贝塔"已经成为大多数上海犹太青年的选择。同样,1939年,哈尔滨"贝塔"在沉寂十年之后重新活跃起来,一共150名青年人,几乎占据哈尔滨犹太青年的一半,考夫曼评价"贝塔"是"犹太人在哈尔滨唯一的积极运动"②。

第二,关于组织能力。由于欧洲犹太人在大流散时期已经形成了宗教维系的社会共同体,尤其是犹太会堂为共同体形成提供了情感场域,考夫曼曾经多次提到哈尔滨犹太人大多从沙俄的"栅栏区"迁移而来,保存了小社群的治理经验。在犹太复国主义和德国青年运动传统的启发下,"贝塔"组织超越了军事组织的功能,越来越向一个"生活共同体"靠拢,这样的生活共同体不是由地方政府建立的,而是当地的犹太人在互动、信任的基础上形成的互相支持的团体,因此在评估犹太青年的生存机会上,群体的因素较于个人因素而言更加重要,这有赖于每一位居民的参与,有赖于组织与每一位居民发生关联。

一个典型的例子就是1932年哈尔滨水灾中哈尔滨犹太人的自救组织。哈尔滨自从1932年7月15日以来,接连大雨,"北满一带发生二十年来未有之大洪水、以哈尔滨为中心……哈尔滨完全陷于孤立之境"③,交通线几乎全面崩溃,"松花江水标比埠头区已高六七尺……埠头区内,水已越堤防侵入,截止到8日,全市三分之二已成泽国,损害甚大,没水房屋三万五千户,被水冲坏者千户,半坏者二千五百户,死伤人数二百五十,损失额八百万元"④,而犹太人贫病救济会和犹太医院位于道里东商市街,哈尔滨犹太妇女慈善救济

---

① Julius R. Kaim:《关于上海的对话》,《黄报》1939年7月1日,转引自潘光等编:《来华犹太难民资料档案精编 第1卷》,第233页。
② 西奥多·特迪·考夫曼:《我心中的哈尔滨犹太人》,刘全顺译,哈尔滨:黑龙江人民出版社,2007年,第53页。
③ 《北满洪水为灾》,《申报》(上海)1932年8月4日,第4页第8版。
④ 《松花江水灾益险恶》,《申报》(上海)1932年8月10日,第9页第1版。

会、犹太免费食堂位于埠头区炮队街①,受灾情形可想而知。"人们提起任何洪灾前后所发生的事情时,都不忘记提起这场水灾以作参考,因为没有什么比这更可怕了。"②但是,在 1932 年大洪水期间,犹太人成立了救助难民委员会,"他们发布水灾报告书,组织救援和犹太青年参加抢险救灾……水灾之后,考夫曼医生又参加了哈尔滨市组织的五人防治霍乱小组",在考夫曼的回忆中,"一个犹太人也没有为此丧生"。犹太领袖向难民提供食物和水,犹太医生坐船四处出诊,而"贝塔青年把灾区的犹太人输送到犹太会堂的二楼"③。哈尔滨"贝塔"也多次承担难民的接待任务,其组织能力受到了考夫曼的高度评价。

然而由于时局动荡,日本占据东北建立满洲国,犹太人的行动没有受到广泛的关注,《申报》在 8 月 14 日转载了《大美晚报》的一则讯息:因受灾严重,俄侨电沪乞求赈济,8 月 14 日俄移民委员会主席梅慈勒(E.Metzler)发电报回复"哈尔滨灾民救济委员会",各个白俄团体将先行垫付,以解燃眉之急。④ 大部分的哈尔滨犹太人从俄国迁移而来,在各种文书中经常被统归为"白俄",这里的"哈尔滨灾民救济委员会"很可能就是犹太人成立的救助难民委员会。

第三,关于文化活动。"贝塔"为犹太青年提供了精神的归宿,让他们摆脱了浪子与"文化杂种"⑤的两难选择,"贝塔"的最终目的是挽救年轻犹太人的灵魂,反对与非犹太人通婚。⑥ 当时"贝塔"作为年轻人云集的组织,是青年追逐的社交平台,加入"贝塔"是一种风尚和潮流,可以作为吸引异性的资本。

---

① 刘爽:《哈尔滨犹太侨民史》,北京:方志出版社,2007 年,第 62—65 页。
② 西奥多·特迪·考夫曼:《我心中的哈尔滨犹太人》,刘全顺译,哈尔滨:黑龙江人民出版社,2007 年,第 81 页。
③ 刘爽:《哈尔滨犹太侨民史》,北京:方志出版社,2007 年,第 66 页。
④ 《白俄各团体将为被灾白俄募捐》,《申报》(上海)1932 年 8 月 14 日,第 15 页第 8 版。
⑤ 吕超提出"文化杂种"的概念,认为上海特殊的文化环境也孕育出一类人群,他们来自西方但却并不完全认同西方文化,与母国文化格格不入,反而异常迷恋老上海这个文化冲突的焦点城市。见吕超:《海上异托邦——西方文化视野中的上海形象》,哈尔滨:黑龙江大学出版社,2010 年,第 87 页。
⑥ 王志军、李薇:《20 世纪上半期哈尔滨犹太人的宗教生活与政治生活》,北京:人民出版社,2013 年,第 197 页。

## 从训到育：上海犹太青年组织"贝塔"的扩张与演变

雅科夫在回忆哈尔滨"贝塔"的时候谈到，他在那里碰到了很多志同道合的朋友，当时"贝塔"的娱乐区域叫作"ploshchadka"（字面意思为"平坦的地面"），包括操场、花园、贝壳状的户外舞台等等，而"贝塔"机构设在一栋大楼里，有练习拳击和其他体育运动的地方。①

同样，相似的活动在上海重现，有聚餐讨论、共同远足和义卖会等。亚博廷斯基曾经向贝塔青年发出呼吁，希望他们能够学习德国的青年漫游传统。德国青年运动是一场广泛的思想碰撞和部分程度上的思想实践运动，青年们希望通过漫游，在尚未受到现代性侵染的民间文化中重构德意志民族的生活方式，以此构建出一种区别于"西方"社会模式的共同体，重新回到自然中寻找民族适合的生存状态。集体性的探索活动跨越了几千公里，在亚洲最东端的上海重演，山姆·莫辛斯基在他的回忆录中专门用一个章节谈到了"贝塔"，"（'贝塔'所在的俱乐部）气氛很融洽，我很喜欢去那里。我还在那里与很多人成了一辈子的朋友"②。

当然，上海"贝塔"也表现出特殊的文化属性。"贝塔"之所以能够一直活跃于上海，也因为青年看待上海带有与中年人不同的视角。当时大多数难民只是将上海看作临时落脚点，他们对待战局和未来持有悲观迷茫的态度，犹太女演员邵莎娜·卡汉（Shoshana Kahan）在日记中这样记录：（上海）一个肮脏和恶心的地方，虹口是上海最贫穷和肮脏的地方。③ 丽斯贝斯·吕文博格（Lisbeth Loewenberg）将那段上海记忆称为"心理包袱"④，工作的不稳定和生活的黯淡无光浇灭了他们对于异乡文化的期待。

但是上海作为一个异质文化交织的远东大都市，对青年人有着致命的吸

---

① Yaacov Liberman, *My China: Jewish Life in the Orient 1900-1950*, Jerusalem: Gefen Publishing House, 1998, p.37.

② 山姆·莫辛斯基：《别了，上海——一个犹太少年的回忆》，余孝奇等译，上海：上海三联书店，2015年，第77—81页。

③ Irene Eber, *Wartime Shanghai and the Jewish Refugees from Central Europe: Survival, Co-Existence, and Identity in A Multi-Ethnic City*, Berlin: De Gruyter, 2012, p.160.

④ Steve Hochstadt, *Exodus to Shanghai: Stories of Escapes from the Third Reich*, New York: Palgrave Macmillan, 2012, p.5.

引力,尤其是那些出生于上海的"新上海人"(Shanghai Lander),他们更喜欢走出隔离区,走出虹口区,来到华人世界,饶有兴趣地看中国人的婚丧仪式。在回忆上海生活时,他们用"令人兴奋"、"嬉耍玩乐"来评价那段岁月。一名犹太人在回忆录中写道:"这种相互依赖的关系,建立在这些孩子的美好友情之基础上,这种友情是我在美国难得见到的。自然,由于人或多或少都遇到这种情况,因此我怀疑,我们这些孩子是否非常意识到这一点。"①事实上,我们很难孤立地从宗教的角度,或者从政治运动的角度看待"贝塔"发挥的历史作用,而更应该着眼于以"贝塔"作为身份标志与集体认同的犹太青年,看到他们独特的身份背景与成长环境,从中最大可能地复原出"贝塔"与青年结合产生的生动而具象的图景。

## 五、"阿利亚"行动:"贝塔"的政治军事化与族群单一化

随着二战的结束,国民政府对于犹太难民的"清理"陆续开始。《上海市年鉴》(民国三十五年)记录了行政院于民国三十四年颁布的《附录一 处理德侨办法》与上海市德侨处理委员会颁发的《附录二 上海市处理德侨办法施行方案》。本文节录《附录二》相关内容如下:

> 第四条 收复地区及后方德籍人民,旧奥籍人民及德籍犹太人,未犯有本办法第二条所列＊＊事者,除非内政外交两部核准继续留居中国外,应予全部遣送回国。在未遣送前,得具殷实＊保……暂时继续居留。其不能具保者,应有该省市政府集中管理。第五条 旧奥籍人民及德籍犹太人与德籍人民,如为忠实可靠之技术人员,复由公私＊＊＊准内政外交两部,予以复用,免予遣送回国。②

---

① 戴维·克兰茨勒:《上海犹太难民社区:1938—1945》,许步曾译,上海:三联书店上海分店,1991年,第260页。
② 《上海市年鉴》(民国三十五年),A-31。

## 从训到育：上海犹太青年组织"贝塔"的扩张与演变

虽然国民政府将德籍犹太人与德籍人民、德籍教士、旧奥籍人民分开处理，但是德裔犹太人的问题只是处于"暂缓解决"的状态，国民政府拒绝德日外侨的归化请求。"有嫁与日侨之犹太人要求恢复其国籍身份者，均继市政府及主管当局一一退回，均未受理。……中德迄未恢复邦交，仍以敌国视之。"①约有四分之一的犹太人回到德奥，根据国民政府"返回原籍"政策，可以推知"贝塔"失去了一大批德奥籍成员。

对于前途茫然的青年人来说，与其说复国主义是一种政治干预和政治灌输，不如说在战时环境的挤压下，"贝塔"在"训"与"育"的结合中强化了"阿利亚（Aliyah）"的神圣性和正确性。奥托·斯内普说："我怀着信念成为一名复国主义者，当初我别无选择地逃离欧洲的人间地狱，在那里我只是一个青年人，非常无助，所以身份对我来说很重要，把我推上复国主义道路，我想去以色列。"②

为了集中力量为以色列的建国输送大量军事人才，"贝塔"为离开中国做最后的思想培训。根据莫辛斯基的回忆，1947 年开始，贝塔成为他日常的生活内容，随着联合国投票表决近在咫尺，"贝塔"的内容越来越与政治有关，"我们开始接受犹太复国主义历史的教育，特别是侧重于有感召力的领导人弗拉基米尔·亚博廷斯基和他的继任者梅纳赫姆·贝京的教义和人生观。"③

1947 年 4 月，上海犹太复国主义组织举行一系列示威活动，抗议英国当局在巴勒斯坦处死 4 名犹太复国主义分子，其中 4 月 22 日在汇山公园举行的一次集会有 8000 多人参加，这是上海犹太社区近百年规模最大、参加人数最多的一次政治性活动。到 11 月，随着巴勒斯坦的冲突白热化，上海"贝塔"建立了伊尔贡上海分部（也称中国分部或远东分部）。在毕勋路 20 号"贝塔"总

---

① 《上海市年鉴》（民国三十五年），G-10。
② Steve Hochstadt. *Exodus To Shanghai：Stories Of Escapes From The Third Reich*, New York：Palgrave Macmillan, 2012, p.223 - 224.
③ 山姆·莫辛斯基：《别了，上海——一个犹太少年的回忆》，余孝奇等译，上海：上海三联书店，2015 年，第 150 页。

图例：
- 德国、奥地利
- 美国
- 英国
- 加拿大
- 巴勒斯坦

**图6　1945年到1948年上海犹太难民出境去向**[①]

部内,该团体设有秘密武器库和军训场所。同时,上海犹太复国主义组织派代表拜访或写信给中国各界名流和政府要人,宣传犹太复国主义运动对巴勒斯坦问题的立场。1948年,上海"贝塔"和伊尔贡也想方设法用船将获得的军火及一批受训人员送往以色列,后因种种复杂原因而未能成功。[②] 5月14日以色列国宣告成立的消息传来,上海犹太复国主义组织举行了各种形式的庆祝活动。随着第一次中东战争的爆发,伊尔贡总部紧急要求上海犹太复国主义团体尽快向巴勒斯坦输送人员,上海"贝塔"和伊尔贡先后选派了两批骨干分子前往巴勒斯坦,一批由S.马勒(Samuel Muller)带领,另一批由A.马林斯基(Arye Marinsky)带领,两批武装于1948年秋先后到达巴勒斯坦,后不少战士升任以色列军官。[③]

1948年12月,在以色列政府向上海犹太人签发了7000份签证后,几乎所有犹太复国主义运动的骨干分子前往以色列,上海的犹太复国主义运动在活跃了近50年后逐渐波平浪静,不断隐退,最终成为一个历史话题。

需要指出的是,这样的划分也有简单化、片面化的缺点,不同文化背景、不同国籍的犹太人发展的历程有所不同,波兰犹太人和捷克斯洛伐克的犹太

---

[①] Steve Hochstadt. *Exodus To Shanghai: Stories Of Escapes From The Third Reich*, New York: Palgrave Macmillan, 2012, p.189.

[②] 潘光:《犹太复国主义在上海的兴衰及其活动特点》,《史林》,1994年第2期,第54—55页。

[③] 戴维·克兰茨勒:《上海犹太难民社区:1938—1945》,许步曾译,上海:三联书店上海分店,1991年,第252页。

## 从训到育：上海犹太青年组织"贝塔"的扩张与演变

人是两个相对独立的团体，在与德国犹太人和俄国犹太人总是保持着距离。而且，并不是所有犹太人都信仰犹太教，有一些人具有犹太血统或者部分犹太血统，但是已经改信基督教；还有一部分犹太人属于左翼人士，其中的前德国共产党成员与中国共产党取得联系，著名的汉斯·希伯参加了抗日战争，牺牲在中国的土地上。[1]

如果上海犹太青年是一个有机整体，那么贝塔组织仅仅是其中的基层细胞，依然有其他青年游离于政治生活之外，他们对于复国主义描绘的宏图伟景并不十分关心，在回溯历史和研读神圣文本之中，寻找已经被大屠杀打破的信仰。例如，西格蒙德·托比亚斯作为上海犹太难民中一名特殊的学生，讲述了在密尔经学院（Mir Yeshiva）经历的与"贝塔"青年完全不同的宗教性的生活。他记录了一次上课的见闻：

"弗瑞达问经学院的老师，'如果上帝真的存在，那么他为何坐视犹太社区中最博学、最虔诚的人们被如此屠杀呢？'老师说：'如果你想打一个人耳光，你会打他的脸。'"[2]

他对于寻欢作乐、四处闲逛的生活不以为然，如果不能将时间花在研读《托拉》和《塔木德》上，那就是一种"罪"。与一般的"贝塔"青年不同的是，经学院师生完全将自己隔绝在世俗的情感生活之外，这种清心寡欲的生活是经学院的学生面对逃难的一种姿态，一种赎罪的姿态。密尔经学院是另外一种集体生活的形式，在深居简出的学校生活中，学生通常以小组的形式解释《塔木德》，有时候也互相指正错误，"我们很少安静不动地学习，绝大多数时间都在唱诵吟咏，伴以手势作强调"[3]。

根据托比亚斯的回忆，在他就读的时候，密尔经学院一共有大概250—

---

[1] 潘光、周国建、周晓霞：《艰苦岁月的难忘记忆——来华犹太难民回忆录》，北京：时事出版社，2015年，第71页。

[2] Sigmund Tobias, *Strange Haven: A Jewish Childhood in Wartime Shanghai*, Champaign: University of Illinois Press, 2009, p.57.

[3] Sigmund Tobias, *Strange Haven: A Jewish Childhood in Wartime Shanghai*, Champaign: University of Illinois Press, 2009, p.62.

300名学生。在波兰时,密尔经学院的学生生活清贫,勉强能够维持温饱,但是在这里,由于战时普遍的食品缺乏,经学院的学生反而有更稳定的生活来源,他们学习时间更长,而学校内部的衣食住行受到了美国的资助。因此,为了节约家庭的开支,托比亚斯的父母让他从嘉道理学校退学,转去经学院读书。[①]。在这本回忆录中,除了讲述犹太难民的生活,西格蒙德·托比亚斯也看到了上海下层妓女和苦力的艰难生活,这是在其他回忆录中很少见的。

## 六、结语

中华民族与犹太民族有着许多相似之处,上海作为犹太人最后的安全港湾,将这两个古老民族紧紧联系在一起。上海"贝塔"的建立丰富了上海的城市历史,也拉近了中国人与犹太人之间的距离,多种多样的体育赛事、演出活动和游行提升了犹太人的国际形象,"贝塔"作为青年组织的一种尝试,将政治学习、宗教习得与社会教育结合在一起,防止青年人陷入沉沦的深渊。犹太人李莉·芬克尔斯坦在回忆录中写道:"我们发现中国邻居非常友好,他们知道我们的处境是多么艰难,但他们并没有利用我们的困境牟利。不要忘记,他们都是最穷苦的老百姓,也没有受过什么教育。"[②]

值得一提的是,虽然中国学者一直强调上海是犹太人的"诺亚方舟",但是在很多回忆录中,犹太难民对于中国人的印象是游离而隔阂的。首先,1937年之后的上海,并不是由中国人控制的上海,日本人是犹太人主要的生存威胁。在回忆录中,特别是在巴拉德那本著名的《太阳帝国》小说中,中国人的形象是"狡猾与隐忍"、"大喊大叫与沉默寡言"并存的。

其次,从欧洲逃亡上海的难民缺乏基本的生存能力,难民之中医生占据多数,而中国人很少会找犹太医生看病,这些赤贫的医生又因为身份问题难

---

① Sigmund Tobias, *Strange Haven: A Jewish Childhood in Wartime Shanghai*, Champaign: University of Illinois Press, 2009, XVIII.

② 吕超:《海上异托邦——西方文化视野中的上海形象》,哈尔滨:黑龙江大学出版社,2010年,第100页。

以融入洋人世界,如果他们转而去街头杂耍、去工厂做工,那么必然与中国人产生生存竞争,"自来火事件"即可见一斑。

对于在上海已经生活多年的白俄犹太人和"新上海人"来说,欧洲战场不过是"知识性记忆"的一部分,他们缺乏关于大屠杀的感官记忆。中国人是仆役、职工,他们是带给中国人生活来源的"老板"、"主人"。莫辛斯基在离开上海的时候,对中国共产党没收他们家的工厂多有怨言。他惋惜、回忆的是"作为童年生活空间的上海",不是"中国人接纳落难者的上海"。可以说,这些犹太人共同构成了近代中国殖民与反殖民历史,他们是构成上海混乱和伤痛记忆的一部分。

最后,日据上海也笼罩在似有若无的反犹空气之中,1943年的犹太难民并不会预知战争会在1945年结束,他们被迫从公共租界的狭窄房屋搬到日军建立的"集中营"中,如此种种确实有向欧洲靠拢的趋势。伴随着二战的结束,中外对立越来越明显地体现出来。奥托·斯内普回忆,1945年之后,有中国妇女将孩子推在他面前借此讹钱。① 阮玛霞提出,中国人的反犹情绪一直不甚明显是因为对于中国人来说,犹太人与其他西洋人并没有明显的区别。从19世纪以来,中国报刊上关于犹太人的信息只停留在现象描述的层次上,报道关于欧洲犹太人经历的种种屠杀,对于"贝塔"几乎没有记录。关于20世纪30年代到40年代的上海华人与犹太难民的关系,似乎还需要进一步的探讨。

**个人简介**

顾荻飞,江苏南京人,南京大学历史学院2017级本科生,南京大学人文社会科学高等研究院第4期驻院研修生。

---

① Steve Hochstadt, *Exodus to Shanghai: Stories of Escapes from the Third Reich*, New York: Palgrave Macmillan, 2012, p.181.

### 学习感悟

三年前,在填报志愿的时候,我毫不犹豫地选择了人文科学试验班。从大一到大三,南大的通识教育让我获益匪浅,我逐渐寻找到自己感兴趣的方向。还记得大二"世界通史(一)"课堂上,我对神秘的犹太文明发生了兴趣,课余时间经常翻看犹太史的书籍,偶然间发现犹太人与上海竟然有一段惊心动魄的故事。从大二上学期开始,我就在大脑中构思,希望能从这里迈入学术研究的大门。

之后,我报名参加了高研院的研修项目,有幸成为哲学系宋立宏老师的学生,在与宋老师的沟通中,老师对我稚嫩的学术探索之路悉心指导,我愈发萌生了对这一段历史的兴趣,大三上学期又选修了宋老师的课程"犹太文明:经典与传统",在老师的指导下,一步步完善这篇稚嫩的作品。在本科阶段,能够获得老师如此的肯定和鼓励,是我最为感激的事情。

在南大的三年,我也选修了其他课程,比如周嘉昕老师的"恩格斯的故事"、蓝江老师的"'二战'之后的法国哲学"。很巧的是,这些课程都安排在周四的晚上,那一段时间成为我每周最期盼的日子,期盼能够把这一周新的收获和同学们分享,期盼能够从这次汇报中接触更多的哲学知识。还记得在大一的菜单课上,王恒老师语重心长地告诉我们:"无论以后要从事什么职业,在学校就要做学生应该做的事情。"纵使我对未来还有些迷茫,回望三年的学生生活,在哲学系"修炼"的日子,是我尚且浅薄的学术之途最初的光亮之一。

看到自己的粗陋之作入选《文集》,我欣喜之余,不免有些紧张,拙作不足之处,敬请老师们批评指正!

# 主体与解放：
# 从批判视角看启蒙与现代性的双重面相
## ——对康德与福柯关于启蒙问题论述的再反思

李彦辰

**摘　要**：康德认为"启蒙"是人破除自己加诸自己的不成熟状态而敢于自由运用自己的理性，从先验理性的角度出发将启蒙作为人类的使命和最高的自由状态来看待。200年后，福柯也对"启蒙"这一问题做出了自己的解答，在康德的基础上解构作为启蒙主体的"人"和"知识"，从考古学方法的角度将启蒙作为具体的历史事件来看待，提出批判是启蒙的真正精神，并最终在主体解放的意义上讨论了启蒙的当代使命。

**关键词**：启蒙；康德；福柯；主体；解放

## 一、康德的先验理性与作为自由使命的启蒙

康德将启蒙描述为"人类摆脱自己加之于自己的不成熟状态"，最终能够有勇气并自由地运用自己的理性。正如我们所知，康德的理性是"为认识立法"和"为道德立法"的超验理性，不同于表现为功利性和计算性的知性，理性是超越了必然性束缚实现个人完全的自由、为自己立法的纯粹道德。可以说自由与理性是康德哲学中不可分割的两个概念，甚至可以说，理性的先验性正是为作为主体的人的完全自由而被引入的，因此从根本上说，康德将自由视为现代性和启蒙的首要目标。

在对"什么是启蒙"的回答中，康德用具体的例子描述了他所认为的所谓"不成熟状态"——"当一本书代替了我们的知性，当一位牧师代替了我们的良心，当一位医生替我们规定了膳食，此时的我们就处于不成熟状态之中"①，用康德的话来说，就是我们像一只幼兽一般被"保护人"半溺爱半监禁地看护着，因而我们的思考和选择并不依赖我们自身而全部依赖一个掌握着权威的他者。康德认为只有当人敢于并能够自由地运用自己原有的理性时，人类才是完成了启蒙，这一观点事实上是将启蒙等同于作为主体的人拥有思考、选择和争辩之自由的状态。之所以不是完全的自由，是因为康德的构想并非建立在乌托邦之中，而是建立在真实的社会基础上，因此康德划定了"理性的私下运用"和"理性的公开运用"，并将前者的不自由作为社会分工和共同体正常运转的前提来加以肯定，而将后者的自由作为人类启蒙的应有状态来确定。由此一来，我们可以在"自由"这一维度上更好的理解康德眼中的启蒙意义，即人类从一种听从天命、听从神命的"身不由己"的状态中解放出来，将"自我"作为运用理性的主体放到自身生命和人生轨迹的决定位置上来，可以说，"康德提出启蒙的深层动机在于依据某一既非自然给出又非上帝创造的普遍原理，重建具有总体性的关于人的理念。在康德的思想中，人是多维度的，多维度的总体性的人所根植的原理就是被康德反复论述的自由。在康德那里，自由意味着既不受制于自然属性，又不囿于上帝的规范，自由是人自我创造、自我选择、自我实现的主体能力，体现为源自意志力的理性"②。因此，理性作为与传统价值权威——神性、自然——分庭抗礼的概念，其先验性便成为必然，而启蒙运动也必然由一段具体的历史时期上升为人类通往自身自由状态的一种使命。

正如福柯对康德所使用的"人类"这一概念质疑的那样，我们有充足的理由对康德的解答中作为自由使命的前提条件而存在的先验理性，保持审慎和批判的态度。

---

① ［法］米歇尔·福柯：《什么是启蒙?》，李康译，《国外社会学》1997年第6期，第1—11页。
② 张政文：《康德与福柯：启蒙与现代性之争》，《哲学动态》2005年第12期，第3页。

主体与解放：从批判视角看启蒙与现代性的双重面相

## 二、福柯的考古学批判与作为历史事件的启蒙

福柯首先肯定了康德对启蒙问题的解答在现代哲学中的重要地位，但同时福柯却并未遵循康德的思路，从先验道德法则的角度阐述启蒙，而是从方法论层面解构了康德的先验理性，并运用自己考古学的方法将启蒙作为历史事件来分析："考古学方法的特征在于：其一，它是历史的，设法得出的是使我们的所思、所说、所做都作为'历史事件'来得到陈述的那些话语"；其二，"它旨在探究知识得以可能的条件，即支配我们思想和话语实践的各种生产法则和转换法则是什么"[1]。吊诡的是，康德与启蒙运动运用理性的登台将超验的神性祛魅，而福柯又运用自己的历史批判将先验的理性和启蒙再次祛魅和解构，曾作为先验的绝对性的抽象的道德律令，在福柯这里必须接受来自具体的历史语境和现实语境——例如规训与惩罚、疯癫与监禁、性经验等——的拷问，这也是福柯毕生所投身的工作。

福柯认为，在康德那里，"规定了启蒙的，正是将意志、权威和对理性的运用这三者联系起来的既存关系的某种转变"。[2] 由此福柯透过对权力与知识的考古学和谱系学考察，直接质疑了康德提出的最高道德律令——理性的合法性，并进而反思康德哲学与那个被"误识"为自由使命的启蒙运动背后的真理-权力关系。福柯认为，康德哲学作为抽象的知识和真理寓言，在无意识之中为作为具体的权力关系中的资产阶级标识了现代性话语的核心本质，即权力、真理和主体性。也就是说，在福柯对理性的解构和批判之下，康德在谋求人类全体的自由与启蒙状态时所引入的先验理性反而成为取代超验神性权威的新的枷锁，将现代人的自由以一种更为隐蔽的方式圈进理性的标准化牢笼中。"资产阶级发明的治理术（governement）不是外部的强制，而是依从

---

[1] 陈嘉明：《启蒙的意义与现代性的合理性——福柯的"现代性的态度"》，《求是学刊》2006 年第 3 期，第 3 页。

[2] 张一兵：《批判与启蒙的辩证法：从不被统治到奴役的同谋——福柯〈什么是批判？〉和〈何为启蒙？〉解读》，《哲学研究》2015 年第 7 期，第 3 页。

155

真理(过去是上帝真言,今天则是资产阶级的认知理性)使生活中的个体屈从于权力。"①也正是在这一意义上,福柯提出了反对"启蒙的挟持"和反对将启蒙与人道主义相混淆②,即反对将理性作为唯一的真理判别标准从而进行"黑白"的区分,反对将理性与绝对的善和正确锁定而丧失批判的能力。

事实上,福柯针对批判的根基在于启蒙中的"进步"话语,理性将传统祛魅的同时将自身的绝对权威提升到专制的程度,将非理性隔绝到"落后"的标签中并施以不亚于理性受到的宗教迫害般的压迫。通过这种区隔和标识,理性以绝对的道德准则之名获得了作为主体的人的自主服从,即真理—理性—权力之网的构建。在他看来:"启蒙话语的背后就是资本主义工业现代性对全部存在的塑形,也是资产阶级有用的价值世界的建构,其中资产阶级用以征服和支配自然存在的工具就是现代科学和技术,就是认知与真理话语;在社会生活的控制上,其则生成了新型的无人统治的政治治理术,这种治理方式本质上是更加合理的对人的治理和使人积极地自主屈从理性化规训权力的方式。"③

因此,虽然福柯在本质上同康德一样,都将自由视作启蒙的根本目标,但福柯在反思了20世纪理性话语诸多反人性的失败之后,从康德哲学中发现了隐藏的危险,即赋予理性以先验的道德权威会导致的现代性思想专制。从康德的本意出发,运用自己的理性本来是一项人作为独立个体、作为自主的主体的自由权利,但当启蒙与人类这一整体概念相勾连,并使其成为一种必然的使命时——"径行放弃它那就无论是对他本人,而更其是对于后代,都可以说是违反而且践踏人类的神圣权利了"④——理性就成了一种外在于个体而自足的权力,这种权力在福柯对资本主义现代性治理实践的考察中体现的淋

---

① 张一兵:《批判与启蒙的辩证法:从不被统治到奴役的同谋——福柯〈什么是批判?〉和〈何为启蒙?〉解读》,《哲学研究》2015年第7期,第3页。
② 米歇尔·福柯:《什么是启蒙?》,李康译,《国外社会学》1997年第6期,第7—8页。
③ 张一兵:《批判与启蒙的辩证法:从不被统治到奴役的同谋——福柯〈什么是批判?〉和〈何为启蒙?〉解读》,《哲学研究》2015年第7期,第6页。
④ [德]康德:《历史理性批判文集》,何兆武译,北京:商务印书馆,1996年,第27—28页。

漓尽致。

福柯之所以能够发现启蒙话语背后的真理——权力关系网络,有两点原因。第一,他毕生以考察主体的被建构和主体的自由之可能为己任,因而能够敏锐地洞察到被他称之为西方社会历史中永恒的要素——"获取能力与争夺自由",亦即"能力与权力之间关系的悖论",也因此能在各种以经济为目标的生产、社会调控的制度、便于沟通的技术中,发现各式各样的技术与多种多样的权力关系之网,"比如集体性或个体性的纪律,以国家的权力、社会或聚居区域的需求为名行使的规范化程序"[①]。第二,福柯与康德所代表的资产阶级的启蒙与批判逻辑不同,他的考古学和谱系学研究不再从任何抽象的普世价值预设出发,不再讨论某种先天性认识和道德律令中的"应然",而是要真正面对我们所做、所说而出现的历史事件本身。[②] 也因此,福柯最终反对将启蒙作为一种真理传达和进步的过程,而是将启蒙看作一种哲学气质或态度,一种始终保持着对自由的向往、对权力的警惕的哲学气质,一种始终坚持将批判作为使命的哲学态度。

## 三、自由、伦理与启蒙:福柯的主体性辩证法

福柯从反思性和独创性的方法论入手,考察了权力对主体的关系,为以解放为旨趣的批判性理论奠定了基础。在这一点上,福柯对于解放旨归的书写更多,他在与康德的对话中反思了批判和启蒙的关系,试图在启蒙和批判中寻找使自由主体得以解放的可能性,正如福柯对批判所下的定义:"批判是主体对权力的质疑,是主体的反抗和反思,是对主体的屈从状态的解除……批判是不被统治的艺术。"[③]

---

① [法]米歇尔·福柯:《什么是启蒙?》,李康译,《国外社会学》1997年第6期,第1—11页。
② 张一兵:《批判与启蒙的辩证法:从不被统治到奴役的同谋——福柯〈什么是批判?〉和〈何为启蒙?〉解读》,《哲学研究》2015年第7期,第7页。
③ [法]米歇尔·福柯:《福柯文选Ⅱ:什么是批判》,汪民安编,北京:北京大学出版社,2016年,第170页。

1984年1月20日,在一次访谈中,福柯深入阐释和总结了自己对于主体性自由、权力和道德伦理的看法。福柯强调需要区分"自由"与"解放"两种状态,解放是对压抑和宰制的反抗,而自由意味着对自己欲望的自由,是一种自我选择和自我塑造。"解放为新的权力关系铺平了道路,这种关系必须受到自由实践的控制"①,即解放是一种破坏、挣脱、解构,而自由是一种建构、约束、建设。这一点从福柯对"权力－自由"共存共生的辩证关系的论述中也可以看出,即自由与权力的指导、约束、控制并不冲突,而是互为前提并在一系列游戏规则和策略展开中互动。

　　福柯认为,自由是伦理的本体论状态,伦理是有意识的自由实践、是自由所采取的深思熟虑的形式。古希腊人通过认识和关注自我来扮演自己的社会角色,在对自我塑造的自由基础上实践着面向他人的伦理道德,向内和向外的两种伦理在自由实践的基础上紧密勾连在一起。而在基督教时期,上帝作为超越性道德权威的引入把自我和他人相分离,把伦理和道德从具体的情境抽离出来成为先验的抽象的教条和律令。西方文化中因此出现了自我的弃绝和压抑,而启蒙运动以来对自我的强调存在欲望解放的取向,也存在另一种取向,即自由的自我作为道德主体的回归。也就是在这一意义上,康德提出"Aude sapere":"敢于认识","要有去知的勇气和决心","将自己从不成熟的状态中解放出来",以摆脱对外在权威的迷信和依赖,用主体自己的自律理性指导自身的道德伦理实践,这可以说就是一种福柯在自我技术的谱系学考察中发现的、古希腊式自我关注之伦理实践的复归努力。

　　这样一来,当我们再次回到《什么是启蒙》这篇文字中时,我们就可以发现福柯不仅是在与两百年前的康德对话,也是在与当下的自己对话。福柯认为启蒙的核心在于批判,即对以下问题的思考:"我们如何被建构为自身知识的主体?我们如何被建构为行使权力关系或是屈从于权力关系的主体?我

---

① H. Becker、R. Fornet-Betancourt、A. Gomez-Muller 对福柯的一次访谈,发表于 *Concordia*:*Revista internacional de filosophia 6*（July-December 1984）,转引自米歇尔·福柯:《福柯文选Ⅲ:自我技术》,汪民安编,北京:北京大学出版社,2015年,第252—253页。

## 主体与解放：从批判视角看启蒙与现代性的双重面相

们又是如何被建构为自身行动的道德主体？"①因此，福柯对理性的批判看似与康德所代表的启蒙理性针锋相对，但如果从福柯的考古学角度上理解他的方法，"之所以说这种批判是考古学而不是先验超越的，是因为它所致力的并不在于确定所有知识（connaissance）或所有可能的道德行动的普遍结构，而是在于将表达我们所思、所言及所为的话语实例作为如此繁多的历史事件来探讨"②。因此，启蒙也好，理性也好，并非被作为抽象的超越的自由象征或道德法则来理解，而是被当作具体的历史事件来考察，在这一意义上福柯发现了启蒙理性在后续流变中发生的异化，因此福柯的批判对象并非启蒙理性，而是在西方现代具体的历史语境中、在"权力－主体"之宰制关系中脱离了自由而被异化了的、体制化了的理性。

福柯的确旨在通过谱系学的方法"把以必然性界限形式展开的批判，转化为以某种可能性逾越（franchissement）形式出现的实践批判"，也的确是把启蒙的核心批判"理解为一种态度，一种精神气质，一种哲学生活。在这种态度、精神气质或哲学生活之中，对我们所是之内涵的批判，同时也成为对强加给我们的界限的历史考察，成为逾越这些界限的可能性（de leur franchissement possible）的实验"，但这丝毫不意味着福柯完全摒弃了康德的"伦理自我"而转向了所谓的"审美自我"，正如前面所解释的，在福柯晚年对古希腊自我技术的考察中，自由与伦理紧密相关，认识自我、超越自我也与道德责任、伦理实践密不可分，因此，福柯强调对自我界限的探索和超越是反抗异化和体制化了的理性对主体的塑造和宰制，反对建立在不对称权力关系上的真理游戏，呼唤人们从自由的主体性出发，通过自我来认识自我、塑造自我，并在此基础上发展面向他人的、社会的伦理实践。正如福柯所说的"气质"（ethos）在他对古希腊自我技术考察的语境中必须被理解为一整套与伦理相关的行为和思考方式，而非某种后现代意义上的绝对的审美取向。

也就是说，福柯在回应康德的问题时，既批判了康德的启蒙理性在异化

---

① ［法］米歇尔·福柯：《什么是启蒙？》，李康译，《国外社会学》1997 年第 6 期，第 1—11 页。
② ［法］米歇尔·福柯：《什么是启蒙？》，李康译，《国外社会学》1997 年第 6 期，第 1—11 页。

后对主体性的遮蔽和宰制,又认同了:是自我而不是抽象的道德律令,应当作为伦理思考和实践的主体,这种主体正是福柯将人们从异化为绝对权威的理性下解放出来,回归到康德在"认识自我"、"摆脱加之于自己的不成熟状态"[①]意义上提出的、建立在自由基础上的、真正的伦理主体的努力。

当我们重读了这些福柯晚年的文字之后我们就可以发现:第一,福柯的权力与自由并不冲突,甚至二者相互依存;第二,福柯认为伦理自我建立在认识自我的自由实践基础之上,自我技术不同于权力技术,是一种自由的伦理主体进行自我塑造、自我约束、自我超越的努力。在此,福柯与社会批判理论的不同之处显示了出来,虽然二者都是对"启蒙以来建基于自我保存原则之上的统治"的批判,但是法兰克福学派强调资本主义社会中异化的工具理性与人性的对立,正如马克思强调阶级对立与斗争一样,主张通过打破现有的关系结构寻求解放,而福柯通过对权力-自由的双重性进行辩证反思揭示了主体于权力关系内部反抗和批判的可能性,并通过对解放-自由两种概念的界定为批判取向的解放旨趣和规范性旨趣相结合奠定了基础。

## 四、理性与权力:对现代性双重面相的再反思

从康德哲学中为道德立法的理性,到福柯理论中作为资本主义现代性建构主体的专断权力之理性,现代性的双重面相始终围绕着自由的命题展开吊诡的搏斗。在诸神陨落的时代,理性作为人之主体性的重要标识而出现,到异化时代,理性作为钳制人之主体性的外在权威,实际上是发生在现代性内部的自反性过程,也是韦伯、齐美尔等人所寓言的现代性悲剧。如果说福柯是所谓后现代哲学的代表之一,那么我们可以肯定地说,后现代并非完全将现代性作为敌人打倒,而是继承了现代性之初的启蒙任务,继承了争取人之为人的自由这一根本目标,而将现代性中裂生的另一面——理性的体制化、异化、绝对权威化,进而是将福柯意义上的"权力"关系和话语霸权作为反对

---

① [德]康德:《历史批判理论文集》,何兆武译,北京:商务印书馆,1996年,第22页。

主体与解放：从批判视角看启蒙与现代性的双重面相

的目标。这样一来，福柯在康德《什么是启蒙》两百年之后对启蒙的重新解读，乃是继承了康德的根本志愿——为争取人的自由而努力。

福柯着力于在本体论和存在论的维度上发现康德意义上的自由主体并揭露限制这一主体性自由的治理情境，虽然在福柯的每一本著作中，权力都有其具体而历史化的形态，但其批判却指向抽象化的权力之网，因此其意图解放的也是概化的人类主体。正如福柯所揭示的，在达致真正的启蒙和自由境况前，我们必须始终保持批判的气质。

**个人简介**

李彦辰，山东烟台人，南京大学社会学院社会学系2017级本科生。

**学习感悟**

王恒老师的"走进后现代哲学"是我选修的第一门哲学系通识课程，抱着对福柯的热情走进课堂，却阴差阳错错过了王老师讲福柯的那一节课。那是在大二上学期，与这门课同时修习的是我本院系的西方社会学理论专业课经典理论部分，这种魔幻而神奇的组合让我在韦伯、涂尔干甚至帕森斯和尼采、利奥塔、福柯之间，在实证经验主义和形而上学之间，在两次世界大战和五月风暴的漩涡之间来回跌撞，现在回想起来也是一段神奇的学术经历。

这堂课也是我第一次感受到哲学的魅力，王老师说哲学的精神在于反思，在于追问问题为什么成之为问题，问题背后的问题是什么，话语背后的预设是什么。我相信这就是哲学的力量，也就是福柯和康德相距百年仍在追寻的启蒙的力量——通过反思和追问而努力获致自由的力量。

# 韦伯"新教伦理"与马克思"商品拜物教"理论的共同点探讨

吕欣烨

**摘　要**：作为著名的社会理论家,韦伯与马克思都对资本主义精神的生成过程及内在特点进行了广泛、深入的探讨。韦伯以"新教伦理"为线索,探讨了对上帝的崇拜如何演变为一种具备"合理性"的资本主义生活方式;马克思则借"商品拜物教"概念,说明了商品交换的普及与商品社会的发展如何造成了对商品背后的人类社会关系的掩蔽。韦伯与马克思的理论进路虽差异显著,但都指出了在资本主义社会中,某个抽象的、神秘的非人力量对人类的社会生活与生命价值的统摄作用,都点明了资本主义精神中某种宗教性与"异化"的逻辑。

**关键词**：韦伯;马克思;新教伦理;商品拜物教;资本主义精神;异化

韦伯的《新教伦理与资本主义精神》(以下简称《新》)首次发表于1904年,在同年,韦伯发表了一篇重要的社会学研究方法论论文《社会科学与社会政策中的客观性》,在文中旗帜鲜明地反对了经济决定论的历史唯物主义史观。由于《新》面世的方法论背景,也由于其对新教伦理观影响资本主义经济发展的强调,《新》通常被认为是一部与马克思学说完全对立的著作。然而,近年来已有不少学者就马克思与韦伯理论中的内在关联进行探讨,并指出尤其是在韦伯学术生涯的后期,其关于资本主义社会合理性的批判虽与马克思立场不同,却有着鲜明的理论同质性。实际上,韦伯在《新》中就已经显示出与马克思殊途同归的资本主义理解的端倪。本文将从《新》的文本及马克思的商品观念入手,简述"新教伦理"及其导致的经济行为与马克思"商品拜物教"理论的同构性,从而进一步指出在韦伯与马克思的语境中资本主义精神共同的"异化"性质。

## 一、韦伯对资本主义精神的理解

**1. 何为资本主义精神**

在《新》中,韦伯首先对资本主义精神驱动下的经济活动与其他营利活动做出了明确区分。他首先区别了资本主义经济活动与"无止境地聚敛钱财"的经济活动:"无止境的营利欲并不等同于资本主义,更加不是其精神所在。"[①]它可以见于"任何时代、任何国家"[②],包括"中国满大人,古罗马贵族与近代农业主"[③]。韦伯用一种贬义的口吻描述了这种在非资本主义世界中占支配地位的经济活动的特点——贪婪而缺乏自觉、不受任何规范约束、借着赚钱以充实自我利益[④],这些特点是与资本主义精神完全对立的。同时,传统主义性质的经济活动与资本主义精神驱动下的经济活动也是对立的,前者致力于满足个人需求,而后者则跨越了需求的门槛、致力于追求利得与获利的可能性[⑤]。随后,韦伯对"资本主义精神"及"资本主义经济活动"的含义做出了明确的规定。

从内在驱动力的角度,"资本主义经济活动"主要是一种以利得本身而非个人欲求为目的的经济活动,由此人需要把工作当成一种天职与义务,遵循一种带有伦理色彩的生活准则——如信用、守时、勤奋、节俭等[⑥],将"有用"当成支配行为的一贯标准,回避一切不必要的享乐。从富兰克林的语录中可以

---

① 马克斯·韦伯:《新教伦理与资本主义精神》,上海:上海三联书店,2019年,第4—5页。
② 马克斯·韦伯:《新教伦理与资本主义精神》,上海:上海三联书店,2019年,第5页。
③ 马克斯·韦伯:《新教伦理与资本主义精神》,上海:上海三联书店,2019年,第31页。
④ 马克斯·韦伯:《新教伦理与资本主义精神》,上海:上海三联书店,2019年,第32页。
⑤ 马克斯·韦伯:《新教伦理与资本主义精神》,上海:上海三联书店,2019年,第38页。
⑥ 马克斯·韦伯:《新教伦理与资本主义精神》,上海:上海三联书店,2019年,第27页。

清晰地看出这种倾向:"记住,时间就是金钱;一个能靠自己的劳动赚取十先令的人,如果有半天是在闲逛或赖在家里……他实际上还多支出了或毋宁说浪掷了五先令。"①"注意,别把手头所拥有的都当成是自己的财产……要对自己的支出与收入精确地计算清楚。"②同时,在外在形式上,符合资本主义精神的经济活动需要满足以下几个条件:一是家计与经营的分离,即将生意场所与个人住所在空间上完全分离,且营业财产与个人财产要在簿记与法律上完全分离;二是理性的簿记制度,即建立在精确的计算基础上的"损益平衡表",将营业成果的货币计价与营业本金的货币价格做出比较③;三是交易活动须建立在自由劳动的基础上,交易活动的参与者须对暴力等非理性冲动加以抑制,遵守交易规则,至少遵循"形式上的和平"。以上种种准则可以用"合理性"一词加以概括,即韦伯认为的资本主义精神是遵循"合理性"的。

**2. 资本主义精神在新教伦理中的演变**

韦伯将资本主义精神的"合理性"特征溯源于一种与之具有内在亲和性的"新教伦理"。宗教改革使得现世职业劳动的地位大为提升,而强调现世事功的加尔文宗则进一步将职业劳动变成一种与上帝的恩典联系起来的"天职"。在加尔文宗的教义中,上帝的旨意是不被任何逻辑法则所束缚、也不以任何个人的价值为转移的支配性力量。上帝只是由于恩宠和慈爱而在创立世界以前就预定了一批人作为"被拣选者",而非预见了他们的信心和善行④,因此个人是否得到上帝的恩典具有极端的不确定性,同时也无法通过圣礼、忏悔等仪式来获取上帝的恩典。个人只能独自地、无助地去面对自己那既定的又始终对他隐藏起来的命运,无法依靠任何外在力量使自己获得救赎。怀着这种巨大的孤独感与焦虑感,个人只能通过在现世遵循神的戒律,尽可能增加社会事功的方式以确证并表征自己脱离了"自然状态",是被上帝的恩典

---

① 马克斯·韦伯:《新教伦理与资本主义精神》,上海:上海三联书店,2019年,第23页。
② 马克斯·韦伯:《新教伦理与资本主义精神》,上海:上海三联书店,2019年,第24页。
③ 马克斯·韦伯:《新教伦理与资本主义精神》,上海:上海三联书店,2019年,第7页。
④ 马克斯·韦伯:《新教伦理与资本主义精神》,上海:上海三联书店,2019年,第76页。

韦伯"新教伦理"与马克思"商品拜物教"理论的共同点探讨

所选定的对象。由此,加尔文宗对上帝的绝对超越性的发扬,转化成了一种对社会事功的结果的要求。这种转化便构成了"新教伦理"向"资本主义精神"的转化过程。

在这种转化过程中,一种对于"增耀神的荣光"的狂热以及对于"自己乃神之选民"的信仰[①],使得禁欲节制的生活态度越来越具体化为一种有规制的生活方式。新教徒神学家巴克斯特认为,劳动根本上是神所规定的生活目的本身[②],人要刻苦地持续肉体劳动和精神劳动以此表征自己的恩宠状态,且这里的劳动特指理性的职业劳动,指上帝为每个人安排的"天职";对财富的追求是可以被接受的,只要这个财富是因为职业义务的履行而得的,是"为神的劳动",而不是为了个人背离神圣生活的怠惰与肉欲[③]。英国的卫斯理宗甚至将积累财富纳入了信徒的行为准则中:"我们必须勉励基督徒赚取一切他们所能赚取的,节省一切他们所能节省的,也就是说,事实上变得富有。"[④]这种生活方式反对人们无拘无束地享受生命的乐趣,反对那些不为增耀神而为增耀人的行为,反对那些对现世事功的增长没有直接价值的无目标的举动;在抵制不当运用财富的同时,这种生活方式也将财货的取得从传统主义的伦理屏障中解放了出来,将利得的追求直接合法化为神的旨意——"人不过是因神的恩宠而被托付以财货的管事"[⑤]。因此,在对这个至高无上的神的信仰的重压下,人愈发成了一架无休止运行的营利机器,其全部现世生活都是围绕财富积累的目标而运转。

因此,新教伦理对资本主义精神的孕育过程从对上帝的信仰而起源,逐渐演变为一种对禁欲节制的生活方式及其副产品——财富积累本身的重视。韦伯并非单纯从资本主义企业家的层面对此精神高唱赞歌,也站在劳动者的角度对此做出了批判式的解读:"生活上并无其他机会的人,即使工资低也依

---

① 马克斯·韦伯:《新教伦理与资本主义精神》,上海:上海三联书店,2019年,第103页。
② 马克斯·韦伯:《新教伦理与资本主义精神》,上海:上海三联书店,2019年,第148页。
③ 马克斯·韦伯:《新教伦理与资本主义精神》,上海:上海三联书店,2019年,第145页。
④ 马克斯·韦伯:《新教伦理与资本主义精神》,上海:上海三联书店,2019年,第172页。
⑤ 马克斯·韦伯:《新教伦理与资本主义精神》,上海:上海三联书店,2019年,第163—164页。

旧忠实地劳动,这是最为神所喜的……基督新教的禁欲又视企业家的营利为'天职',从而正当化了这种特殊劳动意欲的剥削利用。"①通过将劳动者的劳作与企业家的营利行为解释为"天职",赋予其一种脱离于人的掌控而人却必须遵守的神灵的旨意,雇主与劳动者之间的关系也因此独立于现世层面的社会关系,获得了一种天然且固有的合法性与稳固性。事实上,在马克思对"商品拜物教"的界定与论述中,也有着与韦伯的资本主义批判相似的逻辑。通过对"商品拜物教"概念的梳理,我们可以更好地了解资本主义精神的宗教性质是如何在更具体的生产与交换层面发生作用的。

## 二、马克思"商品拜物教"的内在逻辑

在对"商品拜物教"这个概念进行探讨之前,应该先厘清"拜物教"在马克思那里的意义。马克思认为,在宗教世界的幻境中,"人脑的产物表现为赋有生命的,彼此发生关系并同人发生关系的独立存在的东西"②,类比到商品世界中,人手的产物却脱离了人而表现出一种貌似可以独立存在的性质,从而使人与人之间的社会关系抽象为物与物之间的虚幻关系,这就使得商品生产者的社会表现出了一种拜物教的属性。毋庸置疑,商品是具备使用价值的人类劳动的产物,这是商品的可感觉的属性,但本来出自人的劳动的物品一旦作为商品参与到交换过程中,就"转化为一个可感觉又超感觉的物"③,它作为人类劳动产品的性质完全被它神秘的"商品形式"所掩蔽,似乎它超感觉的、被社会生活过程所塑造的商品属性反而成了它固有的天然属性,而本应处于根源地位的人及其社会关系则从其中悄然退位了。

为了祛除笼罩在人类劳动产品之上的神秘的"商品形式"之蔽,从而使商品关系表现为"人与人之间极明白而合理的关系"④,马克思论述了"商品形

---

① 马克斯·韦伯:《新教伦理与资本主义精神》,上海:上海三联书店,2019年,第179页。
② 卡尔·马克思:《资本论》(第一卷),北京:人民出版社,2018年,第90页。
③ 卡尔·马克思:《资本论》(第一卷),北京:人民出版社,2018年,第89页。
④ 卡尔·马克思:《资本论》(第一卷),北京:人民出版社,2018年,第97页。

式"的内在构成及其形成方式。首先,"人类劳动的等同性,取得了劳动产品的等同的价值对象性这种物的形式"①。人类劳动产品的交换过程要求不同的物品亦即不同的使用价值必须被放到一个等式中衡量,因此必须要将两个不同种类的"质"转化为同一种可以相互通约的形式。而这种形式不可能是具体的使用价值和有差别的人类劳动过程,只能是抛去了一切具体性的、平均且可以用数量计的纯粹抽象的概念,即"价值",也就是"无差别的人类劳动的单纯凝结"②。在这里所有的生产活动都被抽去了劳动的具体形式,抽象为同一的、均质的"一般人类劳动",被当作"每个没有任何专长的普通人的有机体平均具有的简单劳动力的耗费"③,这就是劳动产品的价值对象化。

其次,"用劳动的持续时间来计量的人类劳动力的耗费,取得了劳动产品的价值量的形式"④。劳动的均质性和无差别性使其可以用单位劳动时间来计量,生产单位物品所需要的"社会必要劳动时间"构成了商品价值的量的规定,即"价值量"。劳动产品自身所具备的价值量是决定其在交换关系中所表现出的"交换价值"的依据。

最后,"生产者的劳动的那些社会规定借以实现的生产者关系,取得了劳动产品的社会关系形式"⑤。"价值量"是一个抽象概念,也是一个依托于人类劳动的社会概念,因此它无法在物品本身的属性中被感知,而只能通过与其他物品的等价关系——即让其他物品作为表现它价值的"等价形式"而存在。而这种等价关系正是在商品与商品的交换中被构造出来的,从根本上来说是持有这些商品的生产者之间的社会关系。同时,劳动产品作为商品进入交换过程的必要条件,是生产者通过社会分工而产出"独立的互不依赖的私人劳动的产品"⑥,只有在存在社会分工及劳动产品私有制的社会中才有可能出现

---

① 卡尔·马克思:《资本论》(第一卷),北京:人民出版社,2018年,第89页。
② 卡尔·马克思:《资本论》(第一卷),北京:人民出版社,2018年,第51页。
③ 卡尔·马克思:《资本论》(第一卷),北京:人民出版社,2018年,第58页。
④ 卡尔·马克思:《资本论》(第一卷),北京:人民出版社,2018年,第89页。
⑤ 卡尔·马克思:《资本论》(第一卷),北京:人民出版社,2018年,第89页。
⑥ 卡尔·马克思:《资本论》(第一卷),北京:人民出版社,2018年,第55页。

商品的交换。因此商品关系也是生产者与社会的劳动关系。

上述解释足以表明,"商品形式"从它的诞生开始就紧紧地依附于人类社会,它本质上是参与社会分工的劳动者为满足物品交换的需求而生成的一种对物的规定性。然而,当人们进行商品交换时,人们是在用自己劳动产品的"交换价值"去换取他人劳动产品的使用价值,因此随着商品交换规模的扩大,人们愈发将自己的劳动产品当作价值看待,价值而非使用价值愈发成为生产者生产的目的。同时,这种本来存在于人与人之间的商品交换关系也愈发被当作商品与商品之间的价值关系。到最后,似乎"价值"这个抽象的、人造的概念倒成了商品与生俱来的属性,成了可以独立发生相互关系的实体。因此,马克思认为,"商品形式"的奥秘不过在于:"把人们本身劳动的社会性质反映成劳动产品本身的物的性质……从而把生产者同总劳动的社会关系反映成存在于生产者之外的物与物之间的社会关系。"[1]这种只是从属地、间歇性地存在于以人身依附为主要特征的古代社会中的商品交换关系,在资本主义世界中却获得了其统摄性的地位,于是"商品拜物教"的泛滥也就不足为奇了。

## 三、韦伯与马克思:一种共同的异化观

在韦伯与马克思关于资本主义精神的评述中,尽管他们的立论基础有所不同,但他们对资本主义精神加以定义的内在逻辑却有鲜明的共同点:首先,都将资本主义精神看作一个兼具神秘性和抽象性的非人存在;其次,这个非人存在凌驾于人之上并统摄人的社会生活,让人成了它的奴隶。这与宗教的形式与实质相类似,马克思和韦伯关于资本主义的理论都有"宗教"的身影。马克思的"商品拜物教"形象地将商品形式和商品关系比作一种宗教,这已经点明了资本主义精神对人类社会的统治性质;而韦伯将资本主义精神的起源追溯至一种"新教伦理",指出人们对利得的追求不过是他们对上帝的膜拜的

---

[1] 卡尔·马克思:《资本论》(第一卷),北京:人民出版社,2018年,第89页。

## 韦伯"新教伦理"与马克思"商品拜物教"理论的共同点探讨

表征或替代,这更是给资本主义精神的宗教性质增添了更为直接、鲜明的文化意涵。

资本主义精神的宗教性质体现了一种"异化"的逻辑。"异化"的概念即发端于宗教领域,其特征是原本归属于人的事物与人相分离并实现对人的统治。马克思继承了费尔巴哈的宗教观,认为宗教是人自我意识的异化,对神的存在的证明就是对人的本质的自我意识存在的证明。[①] 原本作为人精神世界一部分的自我意识却以一种抽象性和普遍性与人相分离,被当作一个不以人的意志为转移的实体性存在,这就是"异化"的逻辑在宗教上的体现。而资本主义精神体现的则是一种经济的异化。在马克思那里,商品社会的"异化"表现为人们的劳动产品在成为商品的过程中与自身的生产与需求相分离,在作为商品形式进入交换关系的过程中与人的社会关系相分离,使人们误认为商品社会的逻辑出自商品自身,而非造成价值变化的社会关系——即劳动者与社会总劳动的关系的产物,因此商品达成了对人的支配。而在韦伯那里,资本主义的"异化"自新教的"异化"而萌芽,人们将自身的生命价值寄托于上帝的恩宠和对上帝的信仰,于是原本作为赢得上帝恩典的手段的经济利益摇身一变,变为了人与上帝关系,乃至人类自身生存境况的实际统治者。通过将经济利益与神的利益"奇妙地混同起来"[②],资本主义的经营活动被捧上了神坛,获得了其非人的力量。"追逐利得"的行为既体现了人在精神生活中的自我异化,又体现了精神层面的异化秩序的现实下放。当超越世俗的神人关系随着人们对利得的不断追求和资本的逐渐累积而脱离其宗教属性时,它本身就在不断的异化过程中构造起了自己的秩序,获得了其运转力量的自足性,成为一个足以吞没人类个体意志的庞然巨兽——"禁欲已从僧院步入职业生活,并开始支配世俗道德,从而助长近代经济秩序的那个巨大宇宙的诞生;而这宇宙秩序如今以压倒性的强制力决定着出生在这一机制当中的每一

---

[①] 转引自李桂花、张敏:《马克思的宗教异化思想》,《西南民族大学学报》(人文社科版)2008年第11期。

[②] 马克斯·韦伯:《新教伦理与资本主义精神》,上海:上海三联书店,2019年,第174页。

个人。"①"此种生活样式再也没有必要援引任何宗教势力的赞同与支持……商业与社会决策上的利害关系通常有决定'世界观'之势。"②也可以说,这种来自异化对象的外在统治力量最终被内化进人类的价值尺度中,成了一种浑然不觉的"自我统治"。

  由此可见,韦伯所定义的"资本主义精神"的"合理性"并非完全合乎理性,它与人们对"异化"的毫无觉察以及对异化对象的宗教式崇拜是分不开的。韦伯认为,资本主义的经济生活包含着一种非理性的要素:"从个人幸福的观点看来,此种生活样式是如此地非理性。在其中,人是为事业而活,而不是反过来(事业为了人而存在)。"③后期韦伯将理性划分为"工具理性"与"价值理性",而资本主义精神体现的正是工具理性的汹汹来袭所导致的价值理性的缺失。在工具理性的支配之下,人们将功利性的得失作为行动目标,将"效果最大化"当作最高的行为准则,由此人的情感、自由、尊严、幸福等生命价值(即价值理性的目标)则在资本主义现代性的牢笼中逐渐失落。本该满足人的需要、增益人的生存质量和生命价值的事业在资本主义精神中与人相对立,成为人所不能掌控的却又时时刻刻规定着人的目的的外在力量,人成了自身的异己者。这看似是对宗教世界观的"除魅",实则是在去除神魅之后却又在世俗生活中重新"增魅";上帝被赶下了神坛,而新的神却在人类自身的意识和社会活动中矗立起来。这与马克思的资本主义批判进路是异曲同工的。二者对资本主义精神"异化"性质的揭示,体现出了他们共有的人文关怀——他们都是在资本主义经济体系扫荡下的无人荒野中,对人类被放逐的价值的叩问者。

### 个人简介

  吕欣烨,辽宁营口人,南京大学社会学院应用心理学系2017级本科生。

---

① 马克斯·韦伯:《新教伦理与资本主义精神》,上海:上海三联书店,2019年,第179页。
② 马克斯·韦伯:《新教伦理与资本主义精神》,上海:上海三联书店,2019年,第45页。
③ 马克斯·韦伯:《新教伦理与资本主义精神》,上海:上海三联书店,2019年,第44页。

韦伯"新教伦理"与马克思"商品拜物教"理论的共同点探讨

**学习感悟**

非常荣幸拙作能够入选。对我而言,这是一次略有些稚嫩、生硬而又饱含热情的尝试。在撰写论文的过程中,我每每感受到自己知识的匮乏与结构驾驭能力的欠缺,在直面自身局限性的同时,也深深体认到了在"缺乏"中蕴含的无穷可能性。

进入南京大学三年来,我一直在不同的专业领域间逡巡,试图探寻自己热爱的那片栖居之地。所幸南京大学为我提供了一个资源足够丰富又无比开放的平台,让我可以自由地将思维与感受的触角延伸至种种陌生的疆域。大一上学期,我有幸参与的第一门"DIY"课程"辩证逻辑"带我初入哲学的殿堂,让我第一次感受到思辨的无穷魅力。此后选修的各种哲学通识课程与哲学系专业课程则进一步为我的"爱智"生涯敲开了门径。哲学系开设的很多通识课程都令我印象深刻:徐小跃老师的"中国古代人生哲学"破除了我一直以来对中国哲学的些许流于表面的误读,张亮老师的"当代社会科学视域中的马克思主义哲学"为我澄清了马克思哲学中的某些重要概念,也促使我将哲学活用于对当下社会境况的反思。在哲学学习之路上走得愈深愈远,我便愈发感受到,"爱智慧"只是哲学的起点,而更为关键的是通达"智慧"的路径——对问题的敏锐发掘、广泛的思想涉猎、严谨的定义与论证、清晰明了的表达。这些追求不仅是我学业求索旅途中的风向标,也是滋养我个人思维方式的宝贵养料。

最后,请允许我对"南雍杯"哲学通识课程论文大赛组委会及各位评审老师表示衷心的感谢!

# 从马克思主义视阈看民粹主义政党对欧洲社民党的影响

## ——以英国工党、德国社民党为例

潘 颖

**摘 要**:全球性金融危机爆发以来,面对利益多元化和经济低迷,欧洲范围内出现民粹主义大爆炸,社会民主主义政党遭到选民基础和纲领主张的双重挑战而长期陷入选举失利的境地。英国工党和德国社会民主党作为欧洲社会民主主义的老牌政党,近年来受到民粹主义政党对其立场和代表人群的稀释,在选举中陷入持续低迷。而民粹主义政党,例如领导脱欧的英国独立党和德国选择党却势头大好。本文试图从马克思主义视角辩证地看待民粹主义政党对欧洲社会民主主义政党的影响,笔者认为民粹主义既不是洪水猛兽,也不是最佳方案。

**关键词**:马克思主义阶级观;辩证法;民粹主义;社会民主主义政党

## 一、民粹主义与欧洲社会民主主义政党的选举危机

随着民粹主义在欧洲蔓延,民粹主义政党在一系列政治选举中也取得很大突破。民粹主义政党在欧洲兴起,是欧洲社会环境、经济环境急剧变化在政治上的体现。而民粹主义特有的话语和行为方式对大众心理的迎合,及中间派政党和选民之间的张力为民粹主义政党的生存提供了空间。目前,民粹主义政党的发展直接冲击到了欧洲现有的政党结构,民粹主义作为一种社

思潮更是渗透到了主流社会之中。

**1. 文献综述和理论框架**

政党理论研究浩如烟海,在这其中政党的变革与转型是一个重要分支。理查德·卡茨(Richard Katz)和彼得·梅尔(Peter Mair)[①]在关于卡特尔政党出现等新型政党转型方面做出了重要贡献,罗伯特·哈莫尔(Robert Harmel)、肯尼斯·琼达(Kenneth Janda)[②]等学者深入研究了政党变化的内在途径。

罗伯特·哈莫尔集大成地把政党组织变革分为三种分析路径,分别为"生命周期"分析路径、"系统层面"分析路径、"突变"分析路径。

(1)"生命周期"分析路径

这种路径将政党变革解释为政党功能的成长和成熟的过程。著名学者米歇尔斯(Michels)提出"寡头铁律",即任何一个成立时没有高度集权的政党最终都会形成一个越来越极权的结构,这种"铁律"被称作政党演变的生命周期。

(2)"系统层面"分析路径

这种路径认为政党变革是对环境变化的适应性反应。根据这条分析思路哈默尔梳理出政党变革转型的路线图[③],即权贵型政党→大众型政党→全方位型政党→卡特尔型政党→新政治型政党。

(3)"突变"分析路径(政党适应性理论)

突变分析路径即政党的适应性理论,是政党变革的主要分析路径。

---

[①] Peter Mair, "The Problem of Party System Change", In *Journal of Theoretical Politics*, 1989(1), p.254.

[②] Robert Haemel and Kenneth Janda, "An Integrated Theory of Party Goals and Party Change", In *Journal of Theoretical Politics*, 1994(3), p.259.

[③] Robert Haemel and Kenneth Janda, "An Integrated Theory of Party Goals and Party Change", In *Journal of Theoretical Politics*, 1994(3), p.259.

帕里比安科①认为政党能够对外部环境和内部环境的变化进行适应性变革,组织变化在大多数情况下是外部环境和内部因素共同作用的结果。卡茨和梅尔(Katz,Mair)也认为政党变革"根本原因经常来自政党所处的环境。这种动态的过程表明政党是根据环境的变化来调整自己的"。维尔(Ware)认为,推动政党转型的外在因素包括:a. 政党制度的改变:主要发生在政权瓦解或重建时游戏规则的改变;b. 选民结构的改变;c. 社会分歧和议题的改变;d. 政党体系的改变:受到社会分歧改变或选举结果所影响,会对既有的政党体系造成冲击,甚至可能引发政党的解体或重组,或改变既有政党间势力分布,所以政党也必须就新的政党体系做出回应。亨廷顿在《变化社会中的政治秩序》②一书中也提到了政党制度具有适应能力。

哈莫尔和琼达(Harmel,Janda)在此基础上,建构了一个相对简明的政党变革模型,试图以三个变量来解释,它们分别是政党领袖的更替、党内支配性派别的变换和外部因素的冲击。其中,政党领袖的更替是三个变量中最显著的影响变量,另一个因素党内支配性派别的变换需要考察政党组织成员的结构,以及党内精英的构成情况与发展变化;外部因素作为第三个影响变量,其作用力大小则取决于政党首要目标的改变。接下来,我们来看影响外部因素作用力大小的政党"首要目标"的相关文献梳理。

(4) 政党目标与绩效衡量

每个政党都有"首要目标",不同的外部刺激会对政党的目标产生不同影响,这影响了政党的适应性变革。政党适应性理论应该建立在政党的理性人假设基础上。

a. 理论前提

安东尼唐斯③在《民主的经济学理论》中将政党设定为一个理性行为体,提出"获取选票"模型。认为既然政党只有在当选后才能获得职位的附带权

---

① Paneibianco Angelo. Political Parties, *Organization and Power*, Cambridge: Cambridge University Press, 1988, pp. 243-245.
② 塞缪尔·亨廷顿:《变化社会中的政治秩序》,李盛平等译,北京:华夏出版社,1988年。
③ Anthony Downs, *An Economic Theory of Democracy*, New York: Harper, 1957, pp.34-35.

174

利,那么任何政党的主要目标就是赢得选举。

b. 政党目标

斯特罗姆区分了三种竞争性政党行为,每一种都与一种主要目标(选票、职位、政策)相关,而且提供了一个模型来解释和预测对于特定政党来说哪种行为占上风。哈莫尔和琼达把斯特罗姆等学者的观点结合起来,区分了政党的四种首要目标,分别是:选票最大化、职位最大化、政策/问题/意识形态辩护、党内民主最大化。

所有政党都有多种目标,但总有一个最重要,最重要目标被称为"首要目标"。衡量政党绩效的标准是首要目标的完成程度。对于首要目标是赢的选举的政党来说,绩效标准就是选票和议会席位;如果首要目标是获得行政职位,那么绩效标准就是参与政府;如果首要目标是为利益或问题辩护,那么绩效标准就是满足政策委托者;如果首要目标是提高党内民主,那么绩效标准就是满足党内的积极分子。

因此,政党实现自己目标的绩效越差,政党变革的压力越大。[①] 当政党无法完成目标的时候,就面临着巨大的变革压力。因此,目标实现的失败激励着政党变革。对于那些把赢得选举作为首要目标的政党来说,它们在选举中的失败越明显,变革的可能性就越大。对于以谋求职位为首要目标的政党来说,越无法获得职位、无法进入内阁或者有这方面的趋势,就越可能实行变革。对谋求社会政策的政党来说,它们越无法满足政策委托者的要求,变革的可能性越大。对于从社会集团或社会政策中取得支持的政党来说,它们可以通过实现本集团对某些政策的期望来衡量其成功与否。对于谋求党内民主的政党来说,它们对党内程序越不满,就越有可能实行变革。

---

[①] Robert Harmel, "Party Organization Change: Competing Explanations?", In Kurt Richard Luther and Ferdinand Muller-Rommel (eds.), *Political Parties in the New Europe*, Oxford University Press, 2002, p.120.

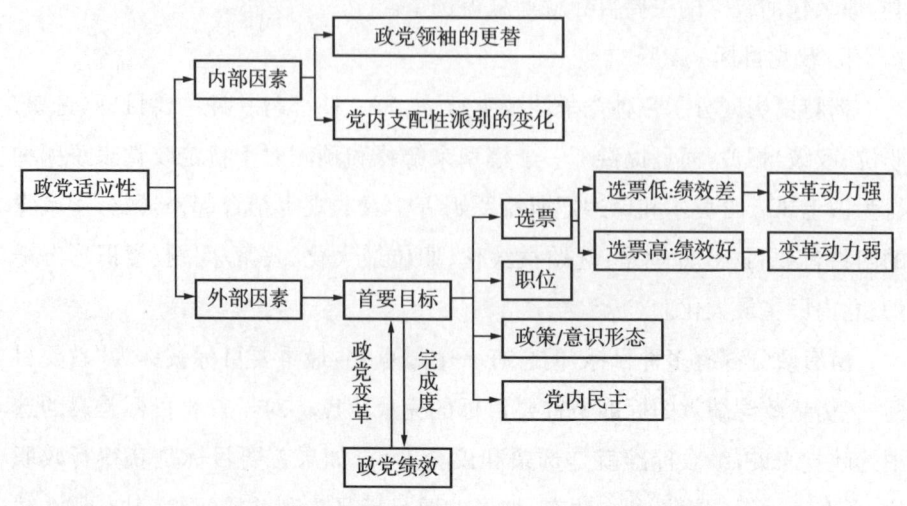

图7　政党适应性理论与政党变革:动因和机制

**2. 因果机制和研究假设**

本文在政党适应性理论的启发下,从政党的"首要目标"和影响政党"首要目标"的外部环境出发,分析民粹主义政党的崛起对执政党移民政策的影响。

(1) 因果机制

a. 政党的"首要目标"

在安东尼唐斯的理性政党假设下,西方代议制民主政党的首要目标是选票、议席和执政地位。在这种首要目标的指导下,衡量一个政党绩效好坏的标准是该政党在选举中的选票、议席的多少和执政地位的稳定与否。民粹主义政党的首要目标可能是席位、进入内阁、参与政治,或者是党派的政策和主张能够被主要执政党采纳。而执政党的目标毫无疑问是选票、席位和稳定的执政地位。

b. 外部环境:民粹政党

近年来,随着欧洲民粹主义大爆炸,民粹主义政党在大选中表现优异,老牌政党节节败退,遭遇重大挫折。有着"新纳粹"之称的极右翼民粹党德国另类选择党在2017年德国大选中表现优异,得票率高达13.3%,一跃成为德国第三大党。民粹主义政党的崛起对执政党选举地位的动摇大大破坏了执政党的绩效。这种大规模、极端性的外部环境的改变,对执政党的"首要目标"造成了巨大影响,在政党适应性理论下,这会导致政党的变革。

民粹主义政党都有一个共性,它们以经济保守主义、政治保守主义为宗旨,大力倡导脱离欧盟,减少接纳外来移民。笔者将以社会福利中的移民政策为切入口,分析2010年难民潮和2015年难民危机以来,在民粹主义政党压力下,执政党难民政策的变化情况。

根据以上关于政党主要目标和外部环境的论述,我们可以得出本文的因果机制:当以反对接纳难民为主旨的民粹主义政党崛起,并对执政党的选举绩效构成威胁的时候,执政党通常会收紧其难民政策。

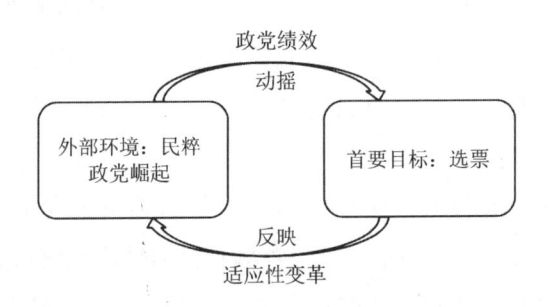

**图8 研究设计与因果机制**

(2) 研究假设

根据以上的理论建构,可以推导出本文的研究假设:

在民粹主义席卷欧洲的背景下,民粹主义政党倡导社会福利,保护工人阶级的利益,使得传统的社会民主党所代表的人群和立场被稀释,动摇了社会民主党的选票来源,使得老牌政党节节败退,遭遇重大挫折,进而政党竞争形态改变。在这种情况下,民粹主义政党的崛起作为外部因素影响到了政党追求选票的首要目标,在政党适应性理论下,老牌政党会做出适应外部环境变更的举措,从而进一步加强其立场和代表人群,使得在过去几十年中逐步转向中立的社会民主党不断左转。因此,现在欧洲实际上正在同时发生"民粹政党主流化"和"主流政党民粹化"的进程,欧洲的社会民主主义政党受到了较大影响,这将推动欧洲政党格局发生重要的变化。

对于欧洲社会民主主义政党而言,"二战"以来,工人阶层和新中间阶层是其两大核心选民群体。纵观社会民主主义政党的发展历史,如果能获得这两部分群体的支持,就能获得较好的选举成绩,从而获得执政或参政的机会,反之则会遭遇选举失利。

21世纪,尤其是全球性金融危机爆发以来,面对利益多元化和经济低迷,欧洲范围内的民粹主义大爆炸,社会民主主义政党很难既顾全产业工人的福利,又回应新中间阶层的诉求,而长期陷入选举失利的境地。民粹主义政党如领导脱欧的英国独立党和最近势头大好的德国选择党,因其民粹主义性质,以迎合选民需求和增加选票为主要目的,提出大量的增加社会福利保护工人利益的立场,让社会民主主义政党的传统选民大量流失。

为了回应民粹主义政党的挑战,社会民主主义政党都开始左转,希望用更为坚定的立场来挽留工人阶级的选票。"二战"后几十年来,主流的社会民主党在政治光谱上都逐渐中立,近年来由于民粹主义的冲击,英国工党和德国社民党都在重新寻找自身的定位。英国工党内部出现"科尔宾狂热"现象,希望回归工党的传统立场。德国社会民主党在与基民盟联合执政时不断右转,但因为民粹主义政党抢夺了大量的选民又出现了左转倾向。所以社会民主主义政党在民粹主义的冲击下,执政基础动摇,选举成绩不断下降,从而一步一步继续左转,走向极化。

其实,近年来社会民主党本身也出现了很多问题,才给了民粹主义政党可乘之机。比如党内分化冲突降低了选民对政党的信任度,执政纲领片面,选民基础被消融,对议题的单独代表性降低,全球性的金融危机造成的保守主义、民族主义等,都使得倡导社会公正的社民党遭遇莫大的挑战,在此大环境下爆发的民粹主义狂流更是给了这些政党重击,可谓"雪上加霜"。

本文试图以政党的选举理论为基础,从民粹主义的角度,分析民粹主义政党的崛起对社会民主主义政党的影响。

### 3. 欧洲社会民主主义政党发展历程

要分析民粹主义对社会民主主义政党的影响,就要看民粹主义政党造成影响的原因,及民粹主义政党如何动摇社会民主主义政党的执政基础。首先,我将对社会民主主义政党的指导思想和选民基础的历史变化进行梳理。

(1) 指导思想的转变

欧洲社会民主主义政党是诞生于议会外的群众党,意识形态的感召力和深厚的群众基础是党力量的基础和来源。在成立之初,社会民主党坚持"革命党"身份,坚持马克思主义为指导思想,主要凭借意识形态号召力和较强的组织动员能力获得工人阶级的支持。[①]

后来社会民主主义政党从群众党成为议会党,开始在资本主义的民主政治框架内进行活动,开始走通过议会选举来获得执政机会的道路,从此,提升选举的得票率成为社会民主党一切活动的重心和导向。

a. 二战后的"黄金时期":从"二战"结束到20世纪70年代

纵观社会民主党在"二战"后的发展,其指导思想最大的特点就是不断淡化意识形态色彩,淡化工人阶级政党的身份,大力推行的福利国家计划更多是一种财富再分配的手段。"二战"后,随着产业的升级和调整,产业工人的数量不断下降,中间阶层的人数不断增加,新中间阶层日益成为资本主义社会中人数最多的群体。新中间阶层成为社会民主党希望争取的目标阶级之一,于是社民党开始不断淡化自身的意识形态偏向,开始从左向中转。

经历调整后,社民党得到了新中间阶层的支持,同时,因为社民党推行的凯恩斯主义和福利国家计划有助于维护工人阶级的利益,所以他们也没有失去工人阶级的支持,于是在20世纪70年代,拥有新中间阶层和工人阶层双重支持的社会民主党的得票率大幅上升,在很多国家都获得了执政机会。因此,实现了转型后的社会民主党突破了阶级政党身份的限制,赢得了新中间

---

① 伍慧萍:《欧洲社会民主政党的生存现状与发展前景:从整体低迷到初现起色》,《当代世界》2019第7期。

阶层选民的支持。同时,凭借凯恩斯经济政策和福利国家主张,社会民主党仍然留住了产业工人的支持。工人阶级和新中间阶级使得社会民主主义政党在20世纪70年代的选举中大获全胜。

b. 20世纪70年代至90年代

但70年代的繁荣是短暂的,英国工党于1979年、德国社会民主党于1982年相继失去执政地位,社民党的处境再次陷入低迷。一定程度上,工党和社民党的选举走势往往预示着整个社民党国际的选举走向。

首先,由于工业化发展使得生态问题日益严重,以保护生态环境主张著称的绿党的崛起导致新中间阶层选民的流逝。同时1973年底席卷整个西方的石油危机以及随之而来的经济滞胀危机,导致经济增长减缓、失业问题严重,福利国家和凯恩斯主义逐渐失势。从20世纪70年代中期开始,社会民主党在工人阶级和新中间阶层的得票率均呈下降趋势,其在80年代的所有选举中均遭到严重挫折。

c. "第三条道路"

经历了20世纪80年代惨痛的选举失利和党员人数急剧下降后,社会民主党发起"第三条道路"改革。"第三条道路"[①]意在开辟一条不同于新自由主义,又不同于战后黄金时期的民主社会主义的道路,其表现出来的强烈的改革意愿为社民党赢得关注。但是好景不长,2008年全球性的金融危机爆发后,大部门执政的社会民主党纷纷在选举中落败。

"第三条道路"最根本的问题在于以牺牲社会民主主义传统的核心价值和承认资本主义是唯一选择,这导致社会民主党和右翼政党趋同。这使得其选民基础遭到动摇,以产业工人为代表的传统选民对社民党失望,新中间阶层也怀疑社民党的改革和执政能力。

社民党放弃了社会主义的目标,承认资本主义是唯一的选择,但是在经济政策上又没有任何的突破,采取了与传统右翼政党趋同的新自由主义政

---

① 夏庆宇:《欧洲社会民主党的困境及前景——德国〈国际政治与社会〉杂志2010年末专刊述评》,《当代世界社会主义问题》2011第3期。

策,但是在经济方面的应对能力往往又不如传统右翼。既忽略选民基础,又无法出台能兼顾多方利益的政策,使得其执政能力遭到质疑,社民党再次走向低迷。

d. 民粹主义对社民党的影响

近年来,随着欧债危机、难民危机的爆发,民粹主义成了影响欧洲政党政治的最新因素,对本就步履维艰的社会民主党来说更是"雪上加霜"。在民粹主义政党的冲击下,欧洲社会民主主义政党开始回应民粹主义的政策诉求,在政策理念上开始有了民粹主义色彩。因此,现在欧洲实际上正在发生"民粹政党主流化"和"主流政党民粹化"的进程。

明确了社民党的选民基础、发展历程后,接下来笔者将以英国工党和德国社会民主党这两个老牌社民党为例,分析当前民粹主义兴起后,民粹主义政党对欧洲社会民主主义政党选民基础和政策政纲的影响。笔者认为民粹主义政党的兴起使得社会民主主义政党的选民基础被动摇,政策纲领趋于左转和回归工党的传统价值,社会民主主义政党在政治光谱上再次走向左转和极化。

## 二、民粹主义与英国工党

**1. 工党的选举现状**

近年来,英国工党在大选中流失大量选民,表现不佳。

2015年的英国大选是民粹主义的高光时刻,也是社会民主主义政党的至暗时刻。英国独立党在这次选举中得票高达总选票数的12.6%,在英国议会中获得1个议席。英国工党在这次选举中虽然仍然保持了第二大党的地位,从绝对数量来看,总计获得232个议席。但是比较历年工党的议席数,2015年是自1987年以来最少的一次。比上一次选举减少了26个议席,与英国保守党的差距翻倍,从上一次选举的48席扩大到2015年的98席之差,这使得保守党拥有了绝对的优势,工党惨败。

**2. 工党的竞选路线**

多年来,争取新中间阶层的选票和同时保有工人阶级的支持是工党政策纲领的目标和本质。20世纪70年代,工党80%的选票来自工人阶级,不到20%的选票来自新中产阶级。但是现在英国新中产阶级占到60%,而工人阶级数量只有40%。英国工党的主要选民——工人阶级的选票不断流失。

基于上文所述的欧洲社会民主主义政党的指导思想和路线背景,英国工党为了争取新中间阶层的选票,在20世纪90年代开始了"第三条道路"改革①。在改革中,工党开始疏远与工会的关系,淡化"工人党"属性,塑造"人民党"形象,拉拢中间阶层,扩大选民基础,希望"跨越民族、跨越阶级、跨越政治界限、工党再次代表所有英国人民"②。在此次改革下,工党成功在在野18年后,赢得了1997年大选。③

但是一场金融危机将虚假的繁荣打回原形。后金融危机时代,布莱尔领导的"第三条道路"遭遇惨败,支持"蓝色工党"的米利班德上任,标志着"第三条道路"时代已经过去,他提出与保守党雷同的"全民国家",政策仍然与右翼趋同,未能提出有影响又有新意的理念,所以在2015年大选失败后提出辞职。

随后在2016年的工党选举中,出现了科尔宾狂热现象,强硬左翼担任了工党领袖。2015年以来,科尔宾大力重塑工党的政党形象,逐渐形成左翼特色鲜明的纲领,但是因为受到左翼民粹裹挟,又丧失了很多中间阶层选民。工党内部出现的科尔宾狂热现象与近年来民粹主义政党的兴起有很大关联。首先我们来看工党目前的选举困境。

---

① 李华锋:《劳工主义而非社会主义:英国工党早期主导思想探析》,《当代世界与社会主义》2019年第1期。

② 李华锋:《劳工主义而非社会主义:英国工党早期主导思想探析》,《当代世界与社会主义》2019年第1期。

③ Parveen Akhtar, Timothy Peace, "Ethnic Minorities in British Politics: Candidate Selection and Clan Politics in the Labour Party", in *Journal of Ethnic and Migration Studies*, 2019(11).

**3. 工党的选举困境**

（1）对选民的侵蚀：选民基础动摇

a. 保守党对工党的冲击

通过比较工党和保守党的历年竞选演讲、党派宣言和相关新闻，笔者认为工党在具有传统优势的领域面临其他政党的强势竞争，其中影响最大的是保守党的借鉴和吸收。

首先，在工党的传统优势公平正义和福利问题上，保守党大量借鉴吸收工党的社会公平和福利议题，也提出建设公正的社会，缩小贫富差距，建设福利国家的宣言。

在过去，工党向其选民传递的信息是"我们坚信福利和公共服务能够为您和您的家庭提供保障"；而现今，保守党向选民表达的信息是"我们不仅为您和您的家庭提供保障，还会节省开支、提高公共服务效率，为您留下更多可供自己支配的资金"。显然，在工党还执念于提高税收建设福利国家的时候，保守党的理念和做法既强调社会福利又维护中上层民众的利益，迎合了大多数中上层民众在经济缓慢复苏境况中希望通过削减开支而不是增加税收来维持公共服务和社会福利的诉求，更具有吸引力。

b. 英国独立党对工党的冲击

在受到老牌政党的压制下，新兴崛起的民粹主义政党也对工党影响巨大。通过比较阅读英国独立党2018年宣言和英国工党2017年宣言，笔者发现2017年，由于科尔宾的上台和左翼民粹主义在工党内部的兴起，工党的宣言重点放在建立对所有人有益的经济、协商性的脱欧、提高教育水平、更公平的工作、更好的社会安全和保障、更好的医疗保障、更安全的社会，最后达到公平的社会。这逐渐回归到工党的传统价值，希望更好的照顾工人阶级的利益，即"For the many, not the few"。

但是通过阅读2018年英国独立党的宣言，笔者发现其吸收了很多工党的策略和方法，一个单纯的脱欧党致力于将自己打造成一个全民党。首先是移民政策方面，坚决反对移民，强调要保护人民，实则是要实行更有效的边境控制和防止侵入性移民。脱欧方面坚定地反欧盟,这是他们的传统诉求,即一定要脱欧,反对欧洲一体化,同时更进一步地提出反对英国参与非政府间国家组织,要求经济和政治上的高度自由和民主,不受任何组织的钳制和束缚,可见他们在反对欧洲一体化和反全球化上更为激进了。选举方面,强调要实现普选,但是值得注意的是,独立党在这里重点强调:普选可以让工人阶层与保守党政府更好的交流,从而更好地照顾到工人的诉求。这体现出独立党对工人阶级的争取。

另外,独立党还重点提出:利益应当是全体英国人的,而不是被少数投资资本家瓜分。这与工党"For the many, not the few"的竞选方针雷同。同时独立党大篇幅强调医疗、福利、社会保障、教育公平,还关心青少年的心理健康等,要促进英国社会变得更公正平等。由此可见,英国独立党虽然是右翼民粹主义政党,但是在其宣言和纲领中,有意以有利于工人的政策来拉拢工人基层的选票。

通过以上对其党章和宣言的对比,我们可以看到英国独立党有意动摇工党的选民基础,这对工党造成了巨大的冲击。具体分析如下:

在移民方面,工党要求实施更人性化、更有效的移民规则,要防止对移民工人的剥削。而英国独立党提出了更为坚定和符合中下层民意的主张,反对移民,反对欧洲一体化,进一步稀释了工党政策的影响力。

在代表人群方面,工党虽然左转,想要坚定的代表工人阶级的利益;但是英国独立党有意提出维护工人利益的政策和纲领,结合其更为极端的保守主义立场,吸引了一大批工党的选民。

在脱欧方面,工党强调更为理性和协商脱欧;而英国独立党强调坚定的脱欧,同时反对所有非政府间国际组织,倡导英国退出 WTO 等一切钳制和束缚英国的国际组织。英国独立党的立场更为坚定和激进,更容易吸引选民。相比之下,英国工党反而显得软弱无力,并未提出任何实质性的立场和看法。

在促进公正和社会福利方面,工党推出了很多有利于工人的政策,逐渐回到工党的传统价值;但是英国独立党同样提出了很多关于促进社会公平、社会福利、医疗等政策。虽然科尔宾提出工党应该代表绝大多数人,而不是一小部分人,但是独立党同样有这个想法,觉得福利和利益应该更为均匀的分配,而不是集中在少数投机者和金融家中。

综上,英国独立党作为一个右翼民粹主义政党,从刚开始简单的推行脱欧,到现在支持率不断上升后,在保持原立场不变的前提下,积极吸引左派人群,最重要的是工人阶层的支持。这大大损害了工党的利益,使得工党的选民基础大量流失。在着重挽回工人阶级选民的同时,工党因为近年来的不断左转,又疏离了大量中间选民,中间阶层和工人阶层作为工党赖以存在的两大选民基础都遭到动摇。

由此可见,保守党和英国独立党相对于工党都有更为坚定和激进的主张,工党相比之下显得中庸且左右摇摆,不能下定决心。传统的优势不再是优势,又因为民粹主义的兴起,其不能与时俱进地迎合选民诉求,所以陷入困境。同时英国独立党等民粹主义政党出于争夺选票、全球输出的考虑,也提出了很多和工党类似的政策纲领,甚至在其基础上更为激进,更容易引起共鸣,这大大动摇了工党的选民基础,工党可谓元气大伤。

(2) 对纲领政策的影响:"工党的反击"——民粹化

在英国独立党和保守党的夹击下,工党逐步走向了民粹化。

a. 左翼民粹兴起:"科尔宾狂热"

因为工党在2015年的大选中遭到惨败,工党内部出现了"科尔宾狂热"[1]现象。科尔宾通过其极力倡导社会民主党工人政党和社会主义性质的特点,希望回归工党传统价值的主场在党内获得了大量支持。他的支持者将其当作工党灵魂的守护者,但英国主流媒体却将其视为"有史以来最左的领导者",是"一条活在20世纪80年代的政坛恐龙"[2]。

科尔宾的路线虽然能吸引部分工人阶级的选票,但是也是对新中产阶级选票的放弃,再加之主张激进容易激起普通民众的恐慌,所以即使左转也不

---

[1] Isabel Airas. Hotspots, "The Affective Politics of Hope and the "Corbyn Phenomenon", in *Area*, 2019(3).

[2] Kevin Maguire, "Corbyn's Eviction Notices", in *New Statesman*, 2019.

一定能够带领工党走出困局。① 社会民主主义政党怎样避免被民粹主义政党稀释立场和选民基础,是工党在民粹时代面临的一大挑战。

b. 科尔宾致脱欧的一封信

2019年7月2日,英国工党党魁科尔宾发表了一封关于工党脱欧立场的信。他在信中表示,工人大多数是反对无协议脱欧的,因为他们认为保守党党魁候选人鲍里斯的无协议脱欧计划是危险的。他大力指责保守党的无协议脱欧计划是对工人利益的忽视,他强调无协议脱欧会威胁工人的切身利益,包括生活水平、工作机会、薪酬水平等。

针对保守党无协议脱欧计划的缺点,他大致提出两点呼吁。首先,他呼吁工人们团结起来,坚决反对无协议脱欧或者鲍里斯的脱欧计划,因为这些计划都不会保护我们的经济和工人的利益。同时,他提出普选的诉求,希望具体的脱欧政策由选民通过普选决定。并在最后强调,在无协议脱欧的危险之下,工人们需要工人政府来保全他们的利益。

从科尔宾这份最新的关于工党脱欧立场的信中,我们可以看出工党的立场变得强硬和清晰起来。首先,在上文关于独立党2018年的宣言的分析中,笔者提到独立党在"选举方面,强调要实现普选,但是值得注意的是,独立党在这里重点强调:普选可以让工人与保守党政府更好的交流,从而更好照顾到工人的诉求"。2019年科尔宾也把通过普选解决无协议脱欧问题,更好地反映工人诉求,保障工人利益加以添加和强调,态度愈发强硬。同时关于脱欧的立场清晰起来,即坚决反对鲍里斯的无协议脱欧计划,这符合英国现在中下层群众的诉求。所以,不难看出,工党目前的政策和立场,吸收了很多民粹主义政党的主张,加入了很多民粹主义色彩的条目,其目的只有一个,那就是吸引选民注意,夺回执政权力。

c. 工党:主流政党民粹化

综上,通过分析工党选举现状和选举困境,对比2017年工党宣言和2018年独立党宣言,分析工党内部的"科尔宾狂热"现象和工党最新脱欧立场,我初步

---

① 梁言:《英国政党政治中的民粹主义倾向研究》,《外交学院》2018年。

认为目前工党正在受到民粹主义政党的影响,在逐步吸收民粹主义相关的政策和纲领,不断左转,即正在经历"主流政党民粹化"的过程。

## 三、民粹主义与德国社会民主党

近年来,在德国逐渐站稳脚跟的极端右翼民粹主义政党另类选择党发展势头好,逐渐获得选民信任并在德国政坛站稳脚跟。民粹主义政党在德国的兴起对德国社会民主党的选民基础和政策纲领都有一定程度的影响,对本就处境艰难的社民党来说是一次雪上加霜和矛盾的激化。

**1. 选票的流失**

2017年的德国联邦议会大选,德国另类选择党获得94个议席,占总议席数的13%,一举成为德国联邦议会的第一大党。相比之下,德国社会民主党不仅在联邦总选中没有起色,在地方还出现失利和丢选区的现象,同时民调支持率也遭到巨大冲击。首先是地方选举成绩上,2018年秋季的州议会选举中,德国社会民主党在巴伐利亚州和黑森林州都出现选票降低的失利情况。同时在2018年9月的全国政党的民调支持率上,德国另类选择党超过了德国社会民主党,这对一个老牌政党来说是致命性的打击和警告。

**2. 德国选择党的冲击:选民基础和纲领变更**

通过分析德国选择党和工党近年来的党派宣言、重要讲话和相关新闻文献,我发现造成德国主流政党得票率持续低迷的,除了其自身政党政纲无法适应选民日益变化的需求外,其一味"政治正确"的接纳难民举措也引发了民众的不满,社民党和基民盟对于难民问题的欢迎态度不能很好满足选民的趋向化需求,选民和政府之间的张力为民粹主义政党找到了立足点。

选择党的出现已经迫使立场十分接近的基民盟和社民党不得不回归原先各自偏右或偏左的政治立场。例如,基民盟意识到选择党的挑战,为了先发制人,基社盟积极推行更加保守的政策,试图留住自己的保守派选民。又比如，选择党的右翼保守派表面上越来越关注社会公正之类的传统左派议题，社民党也不得不加强这些领域，提出类似谁受争议、减少贫困等主张，希望以此挽回把票投给选择党的选民。

社会的发展和变化会塑造选民的偏好，德国选择党就是一味迎合选民的偏好，哗众取宠，选民想要什么，他们的纲领就是什么，实则缺少实质上的执政能力和执政水平。另类选择党并不存在政治光谱上左与右的分野，他们就是为了选票而一味迎合选民需求。但就是在这个国际环境风云变化，席卷全球的金融危机、欧债危机、英国脱欧、难民问题、反对欧洲一体化、反全球化、保守主义、民族主义不断兴起，民粹主义大行其道的背景下，社民党想要继续走中间路线，以社会公平公正来争取选民信任，不再可行了。目前社民党在和基民盟联合执政的背景下，对欧洲一体化的进程也存在放缓倾向，对传统左派议题开始愈来愈强调。由此可见，民粹主义对社会民主主义政党的冲击之大。

社民党初衷是走中间道路争取选民，但是原本的选民基础却遭到左派党和绿党的双重拦截，现在又有了民粹主义雪上加霜，这迫使其不得不改变其主要路线，德国社民党的处境着实堪忧。

## 四、在马克思主义视阈下对民粹主义的认知和反思

**1. 现状**

近年来，随着民粹主义的抬头，民粹主义政党的影响力越来越大，渐渐已经影响了欧洲的政党政治格局。通过以上对英国工党和英国独立党、德国社民党和德国选择党的分析，笔者发现民粹主义政党对欧洲社会民主主义政党的选民基础和执政纲领都产生了很大的影响。

在选民基础上，民粹主义吸取了社会民主主义政党一直以来所提倡的社会公平正义、建设福利国家等主张，使得社民党在传统优势领域变得不再独特和具有单独代表性。民粹主义政党在移民政策、欧洲一体化、经济全球化等方面同时采取更为保守的主张，充分迎合了中下层选民的心理和诉求，而

中下层选民又正好是社会民主主义政党一直以来坚实的选民基础和立足底气。所以民粹主义政党的出现,对社民党来说是对其单独优势代表性的稀释和对其选民基础的动摇。

经过"第三条道路"改革都已经趋向中间化的社民党,在面对民粹主义政党的冲击,开始逐渐左转,走向极化,回归社民党的传统价值,希望挽留工人阶级选民。英国工党的"科尔宾狂热"现象就是社民党内左翼民粹兴起的最典型体现。这是社民党从中间走向极化的过程。

但是被民粹主义裹挟的社民党的处境并不乐观,一味左转,使得中间阶层选民进一步流失,所以工党在科尔宾上台后,其选举表现也没有太大起色。未来社民党究竟应该如何定位自身,才能打破僵局,找到自己新的坚实立足点,这是需要其思考的。未来究竟会如何,笔者不能做出预测,但是笔者相信历经百年而不衰,懂得找寻自身定位与时俱进的社会民主主义政党,一定能在此次民粹主义大爆炸中突出重围,顽强地生存下去。

### 2. 反思

历史上,民粹主义一直是一个备受争议的存在,学者们对民粹主义的观点褒贬不一,它既背负过罪恶的历史声名,也受到过推崇和赞美。但各家有着不同的看法,它直到现在一直也是争论的焦点。而从马克思主义的观点出发,我们应该辩证地看待这种思潮,既不能将民粹主义看作洪水猛兽,认为其是混乱不堪的代名词,也不能盲目推崇,将其视为政党实现私欲的工具。

首先,民粹主义确实能反映出社会存在贫富分化加剧、阶级矛盾加重的问题,民粹主义的兴起往往是社会自身运转的警示器,民粹主义并不是一个新的现象,在历史上的各个时期都有不同程度的出现,它的每次出现都能反映一定的社会矛盾和问题,所以我们应该正视民粹主义的警示作用,从民粹主义现象看到背后的问题本质,从而进行调整和改进。

但同时我们要对民粹主义保持戒心。民粹主义是极端和偏激的,且具有严重的功利主义倾向。民粹主义者大多认为"目的可以为手段辩护",认为争取人民的利益、反对现存统治阶级的目的是高尚的。同时其中存在过分鼓吹人民的力量抬高人民的地位,会导致民众的不理性和偏激。

同时,在欧洲政党政治下的民粹主义实践是具有严重功利主义色彩的,笔者在上文分析道,英国独立党和德国选择党的兴起都是以争取选民、在政党政治中增大话语权的体现。这些政党密切关注社会矛盾和焦点,执政纲领是高度迎合中下层民众怨愤和需求的,使得主流政党的选民流失,遭遇巨大的选举困境。这些政党的出发点和行为,确实是民粹主义的,但是他们只是在利用民粹主义为自己赢得政治资本,其内心却不是真正向社会底层靠拢或者内心崇拜人民的,颇有笼络人心之嫌。

### 3. 结论

民粹主义大多滋生在社会转型期,即人民生活危机意识增强的时期,只要存在相当数量的公民对现实政治不信任和对政府失望,民粹主义便获得了生长的条件。在全球化背景下,反全球化运动的兴起表明,民粹主义在全球化社会转型的大背景下,具备了复兴的条件和机会。在当今中国,民粹主义在网络等社交平台上也有越来越严重的趋势,所以对民粹主义的相关分析就显得更为重要。

从对民粹主义的现象到本质的认知,到对民粹主义对欧洲现代政党政治的影响分析,再到对民粹主义在马克思主义视角下的辩证认知,我们应该更加明确,民粹主义本身并不可怕,它存在局限也存在优点。但我们也不能忽视,在全球化进程中,民粹主义逐渐成为政客为赢得政治资本的手段,成为其他各种思潮存在和传播的工具和载体。我们应该在正视民粹主义的积极作用的同时,明确和警惕民粹主义本身具有的局限和其在实践中的极端激进和功利化特征,保持清晰的认知能力和判断标准。

### 个人简介

潘颖,湖北宜昌人,南京大学政府管理学院2017级本科生,曾荣获江苏省优秀学生干部、南京大学优秀学生干部等荣誉。

从马克思主义视阈看民粹主义政党对欧洲社民党的影响

**学习感悟**

我是南京大学政府管理学院政治学系的一名本科生,在政治学的学习中会接触到很多政治哲学的内容,翻阅《理想国》、《社会契约论》等哲学著作,我感受到了哲学的魅力,从而对哲学产生了浓厚的兴趣。得益于南京大学开放包容的选课体系,我有幸选过哲学系张亮老师的"马克思早期经典著作研读"和胡大平老师的"马克思主义与中国"。

在张亮老师的课上,他将马克思一生的故事讲得深入浅出,让遥不可及的思想家的形象逐渐立体和丰满起来,也让我对马克思理论的由来和意义有了更加深刻的理解。在胡大平老师的课上,他将马克思主义与中国的关系串联起来,让我明白了马克思主义对中国革命的启发和引领作用,同时也让我认识到马克思主义者的使命与担当,大大树立了我的理论自信与道路自信。

在哲学通识课的学习中,我更加了解马克思,更加深刻地理解马克思主义,并且开始将马克思主义理论与学术探索结合起来。2019年暑假,一个偶然的机会,我参加了马克思主义学院组织的"沿着马克思的足迹继续前行"国际科考,在这次科考中,我将马克思主义理论与本专业的政党政治理论结合起来,尝试从马克思主义视角看待民粹主义对欧洲社民党的影响。带着研究问题,我还走上德国街头,采访德国民众对社会民主党、左派党的看法,了解德国人对民粹主义的理解,与著名马克思主义专家肖恩·赛耶思探讨马克思主义的当代意义,以及民粹主义的表现形式,获益匪浅。

感谢南京大学哲学系和马克思主义学院为我们带来高品质的哲学通识课,同时开展"南雍杯"学术论文竞赛,对我们的作品进行表彰和鼓励,很荣幸能入选此次论文集,这是我第一次尝试哲学论文的写作,还存在很多不足,欢迎各位师友批评指正。

# 评"*cogito ergo sum*"的演绎与非演绎重构[①]

## 余美华

**摘　要**：《第一哲学沉思集》中"我思故我在"该如何理解的争议，集中在如何理解"我在"，及"我思"和"我在"间的关系是否是演绎论证这两个问题上。本文讨论了加里·哈特菲尔德(Gary Hatfield)的演绎论证式解读，考虑到这个解读可能面临形式无效的问题，又结合文本做了一个修正。本文也讨论了雅各·辛提卡(Jaakko Hintikka)的非演绎论证解读，并澄清了这个解读的一些问题。进一步，本文将说明：哈特菲尔德修正后的解读不如辛提卡的非演绎解读贴合文本、具有说服力，因而辛提卡的非演绎论证的重构更好；但辛提卡的非演绎论证解读对笛卡尔结论的理解仍有局限性。

**关键词**：我思故我在；笛卡尔；论证重构

## 一、如何理解我思"故"我在？

基于对阿基米德点的需求，经过普遍怀疑，笛卡尔在第二沉思"论人的精

---

[①] 文章的灵感源于赖国伟在《分析哲学的日常》中的文章《对"我思故我在"的反驳》，在此感谢。本文的(1)—(9)是命题的编号，对一个命题编号后加'表示改动，如(7')是对(7)的改动。本文用的译本是 René Descartes, *The Philosophical Writings of Descartes*：Volume 1, Cambridge：Cambridge University Press, 1985 和 René Descartes, *The Philosophical Writings of Descartes*：Volume 2, Cambridge：Cambridge University Press, 1984. 这两卷的缩写是 CSM，如 CSM 2:17 代表第二卷第 17 页。

## 评"cogito ergo sum"的演绎与非演绎重构

神的本性及精神比物体更容易认识"中提出了"我思故我在":"所以,在非常彻底地思考了一切之后,我最终得出这个命题——我是,我存在,每当它被我提出或被构思在我的心灵里时,这个命题必然为真。①"(CSM 2:25)这部分文本被拉丁文重述为"*cogito ergo sum*",其牵涉了许多诠释上的讨论,本文主要集中思考其中的两方面。

一方面,关于"我在"该如何理解,涉及许多讨论。在给出"我思故我在"后,笛卡尔承认自己对"我"究竟是什么缺乏足够的理解(CSM 2:17)。关于"我在"该如何理解,最基本的讨论关注笛卡尔实际上是否证明出实体的存在。基于此,如果实际证明了实体存在,这里的实体具有怎样的特征——思考是它的本质属性吗?这个实体是独立于身体的吗?而如果证明的东西不是实体,那他又证明了什么?

另一方面,这个证明如何成立,即"我思"和"我在"之间的关系是什么,也牵涉许多争议。笛卡尔在一些文本中反对对这个关系的三段论解读(CSM 2:100)。这似乎也意味着,他会反对其他类型的演绎论证解读。然而,作者对文本的解读并非重构的决定性证据,而"*cogito ergo sum*"(我思故我在)中的"故"(*ergo*)似乎暗示着演绎论证。在一个好的演绎论证中,前提逻辑蕴涵它的结论,这意味着不可能前提为真同时结论为假。而在一个好的非演绎论证中,前提并不蕴涵它的结论,但前提可以作为证据在一定程度上支撑它的结论。依此,"我思"和"我在"之间的演绎和非演绎解读的分界,就在于"我思"究竟是必然地蕴涵"我在",或者和其他一些命题的合取必然地蕴涵"我在";还是说"我思"只是给了"我在"一种支撑的证据,或和其他一些命题提供证据。

上述的两方面问题可以被简要表述如下:第一,"我在"该被如何理解?第二,"我思"和"我在"的关系是什么?这两个诠释问题紧密相关,并有助于理解"我思故我在"在笛卡尔思想体系中的位置。在第二节,本文将给出 Gary

---

① So after considering everything very thoroughly, I must finally conclude that this proposition, I am, I exist, is necessarily true whenever it is put forward by me or conceived in my mind.

Hatfield 在《劳特里奇哲学指南：笛卡尔与沉思集》（*Routledge Philosophy Guidebook to Descartes and the Meditations*）一书中提到的一种重构，这种重构认为"我在"是"我作为思考的实体存在"，并且认为我思和我在之间是一种演绎论证。在第三节，本文将给出雅各·辛提卡在《我思故我在：推理或述行》（*Cogito，Ergo Sum：Inference Or Performance*）和《我思，故何在？》（*Cogito，ergo quis est？*）中的重构，这种重构认为"我在"是"我作为一种个性化视角下的实体（perspectively individuated entity）存在"，并且给出了一种"述行性"的非演绎的重构。在每一节给出这些重构的同时，本文将评估这些重构，指出它们的缺点，并进行一些可能的修正。

　　如何评估文本重构？文本重构有三个重要标准：是否尊重作者，是否有多余前提，是否是有效的演绎论证或强的非演绎论证。① 尊重作者的基础在于：没有违反作者的文本内容、没有添加无文本依据的命题。如果两个重构与文本的上述关系相同，在这基础上，一个重构比另一个更具说服力，那么前者比后者更尊重作者。我将根据这些标准，在每一节评估论证，并通过避免这些问题来改进重构。

## 二、演绎论证

　　对如何理解"我在"的问题，最简单的理解是"我"指称笛卡尔本人，因而"我思故我在"是通过笛卡尔思考证明笛卡尔存在。但这种解读存在问题，因为笛卡尔作为确定的人有许多性质，例如"法国人"、"现代哲学之父"等，而这些性质无法通过单纯的"我思"证明出来。

　　笛卡尔可被看作一种具有特定性质的、在思考的实体，如果选择对"我在"退一步解释，那么，"我在"中的"我"指的仅是在思考的实体，并不包含那些特殊的关于笛卡尔的事实和性质。这也符合笛卡尔用"我"而非笛卡尔作

---

① 这个标准来自胡星铭，并做了一些修改（他的标准中的第二点是"有效的演绎论证"，本文认为强的非演绎论证也可以）。

为主语的写作方式,因为"我"同样也可以指向正在思考的读者。但这个解释还需要一些澄清:笛卡尔在之后对身体和心灵进行了二分,这里所证明的"在思考的实体"涉及这样的界定,进而独立于身体吗?答案是否定的,因为沉思者此时未获得关于身体的知识。基于这两点,"我在"指的是在思考的实体存在,既没有说这种思考的实体与身体等同,也没有说这种思考的实体与身体不等同。

基于这个对"我在"的理解,哈特菲尔德对"我思"和"我在"的关系给出如下的演绎论证重构:①

(1) 我在思考;
(2) 任何思考的都存在(whatever thinks exists);
(3) 任何行为或事件(act or accident)的存在都要依附于一个实体(substance);
(4) 思考是一种行为或事件;
(5) 因此,我作为一个在思考的东西,或思考的实体而存在。

"我思"对应着(1),"我在"对应着(5)。这个论证重构并不是说笛卡尔从"我思"到"我在"的过程中直接做了这样的推理,而是说,笛卡尔先直觉意识到"我思"和"我在"有这样的关系,再通过反思发现其中的逻辑结构和隐含前提。②

重构的每个前提都需要解释和相应的文本依据。(1)中的"我在思考"并不是"这里有一个实体,这个实体是我,我在思考",这样(1)和(5)就是逻辑等

---

① Gary Carl Hatfield, *Routledge philosophy guidebook to Descartes and the Meditations*, Psychology Press, 2003, p.111.
② Newman 也支持这个观点。"There's no inconsistency in claiming a self-evident grasp of a proposition that has inferential structure. It is indeed widely held among philosophers that modus ponens is self-evident, yet it contains an inference." 见 Lex Newman, "Descartes' Epistemology", in *The Stanford Encyclopedia of Philosophy*, Edward N. Zalta (ed.), https://plato.stanford.edu/archives/spr2019/entries/descartes-epistemology/, 2019.

价的,涉及循环论证。"我在思考"的意思更接近一种经验的描述,是"我体会到我在思考",无需对实体等概念的预设。有些对经验的描述,无须确实体存在就可以判断真伪,比如说"孙悟空认识唐僧"并没有断定孙悟空和唐僧在现实世界的存在,但这句话仍是真的。类似地,"我在思考"可以悬隔关于"我是不是一个实体"的判断,并同时为真。

有人会质疑,如果说"我在思考"是一种对经验的描述,那这里引人误解的"我"为什么不去掉,更换为"这里有思考"呢? 一种回应是,笛卡尔在这里强调了一种主体性、第一人称视角的思考经验,而"我"则是对主体性的界定。因此,"我在思考"不能被更换为"这里有思考"①。

(2)是隐含前提,它对于演绎的重构是必要的。这里"任何思考的都存在",并不是说"思考者"存在,因为(2)、(3)、(4)共同才能说明思考依附于一个实体,这个实体是思考者。(2)的意思是如果思考被经验到,那么思考本身存在。笛卡尔认为这个命题是自明的,无需进一步的证明。根据哈特菲尔德,笛卡尔的意思是,当理解了"思考"和"存在"的意思时,直觉上就认为这句话是对的。它不是一种普遍归纳出的结论,而是两个词之间唯一可能的关系。② 可以这样类比理解:1+1=2这样的数学真理不是从一个苹果和一个苹果加上等于两个苹果,及相关事实中归纳出来的结论,而是表示了数本身之间的关系,对于理解数的意义的人而言,这些内容是自明的。笛卡尔受到欧几里几何学的影响,他或许认为这种自明性就像公理的自明性一样——既然公理除了自明性之外不需要证明,那么,"任何思考的都存在"也不需要额外的证明。

(3)和(4)中涉及了三个本体论的概念:行为、偶然事件和实体。第二沉

---

① "One effort at reply has it that introspection reveals more than what Russell allows — it reveals the subjective character of experience." 见 Newman, Lex, "Descartes' Epistemology", in *The Stanford Encyclopedia of Philosophy*, Edward N. Zalta (ed.), https://plato.stanford.edu/archives/spr2019/entries/descartes-epistemology/, 2019.

② Gary Carl Hatfield, *Routledge philosophy guidebook to Descartes and the Meditations*, Psychology Press, 2003, p.114.

思没有这一前提的直接文本依据,但第三组回应中有提及这个命题(CSM 2：135)。在《哲学原理》中,笛卡尔进行了实体和属性(attribute)的区分。实体在应用于上帝和应用于其他实体的意义是不同的——应用于上帝时,一个东西是实体当且仅当它的存在不依靠其他东西;而应用于其他实体时,一个东西是实体当且仅当它的存在不依靠上帝以外的其他东西。属性是在一般意义上归于实体的东西,每个实体都有本质属性(principal attribute)(CSM 1：210)。行为和事件是基于实体和属性的区分的。行为指的是关于思考的行为,偶然事件指的是一个属性偶然地归于某物,这个事件可以不发生,如"在某个特定时间思考特定内容"就是一个偶然事件,某人也可以在这个时间思考其他的特定内容。根据对行为和事件的界定,没有行为和事件可以在它不依附于某个任意的情况下存在,(3)是显然成立的。同样,根据界定,(4)中的思考是一种行为或事件是显然成立的。

根据文本重构的三个标准来衡量这个论证。这个论证重构前提都为真,也都能找到文本依据,但它是形式有效的演绎论证吗?见如下推理过程：(1)表示这里有一种主体性的思考;(2)表示任何思考都存在,根据(1)(2),这里有一种主体性的思考存在。(4)表示思考是行为或者事件,根据(1)、(2)和(4),这里有一种主题性的思考作为行为或者事件存在。(3)表示这样的存在依附于一个实体,因此,一定存在一个实体,是主体性的思考作为行为或事件的依附对象。但结论(5)不仅声明了上一段的结论,它整体可以被转述如下：一定存在一个实体,是主体性的思考作为行为或事件的依附对象,并且这个实体是"我"。但是,这个实体是"我"却是上述证明中没有前提支撑的。因此,这个论证形式上是无效的。

一种可能的回应是,既然是主体性的思考,那么这个思考的依附对象就肯定是"我"的实体。而添加这个前提后,论证就将变成有效论证。然而,这个回应中添加的前提在普遍怀疑的背景下并不成立。考虑第一沉思中的"梦境假设"：我并不是在现实世界中,没有获得关于外部世界的知识,而仅是在一个非常逼真的梦境中。此时,"我思"虽然是主体性的,但不依附于"我",而是基于一个使得梦境成为可能的实体。这时,"我"可能不是作为实体存在,而仅仅作为一种知觉的集合体依附于某个创造梦境的实体（如上帝或恶魔实体）。

一种进一步的回应是，既然笛卡尔的"实体"是多义的，那么"我"作为仅依附于上帝实体的低一级的实体存在，也是可以证明出的结论。这个回应也并不成立，因为事实上，上述前提下这两种可能性都是存在的：(1) 存在一个主体性的实体，这个实体是上帝，并且我作为实体依赖上帝；(2) 存在一个主体性的实体，这个实体是上帝，并且我作为事件依赖上帝。这个论证是无效的，在于它无法排除我不是实体而是事件的可能性，不能推出"我是在思考的实体"必然为真，因而不是有效的演绎论证。

根据第一节的论证，如果两种重构等同地尊重作者，并且都没有多余的前提，一种重构形式上有效，另一种形式上无效，那么前一个重构就比后一个重构更好。那么，是否存在一种修正这个论证的可能呢？也许最经典的三段论解读更贴合文本，可对哈特菲尔德的论证做如下的修正：笛卡尔"我思故我在"的结论"我在"仅实际上证出了更弱意义下的结论——"主体性的思考存在"，在第二沉思的后半部分，他引入了其他的内容，才得以证明"我作为思考的实体存在"。在下面的论证中，"我思"仍对应(1)，而"我在"则对应(6)：

(1) 我在思考；
(2) 任何思考的都存在；
……
(6) 因此，"我"的思考存在。

衡量重构的三个标准在于尊重作者、形式有效、没有多余前提。这个论证和上一个论证同样没有多余前提。上一个论证形式无效，这个论证形式有效。但这个解读是不是足够尊重作者了呢？尊重作者的三个标准在于没有反对作者、没有生成作者未建议的命题、具有说服力。这个解读比起实体的解读，结论更弱，似乎更具说服力。笛卡尔也提到，不思考的时候，很可能沉思者就不存在(CSM 2:18)。这样的文本印证了"我在"是依赖于行为或者事件的，但难以想象实体的存在为什么会依赖于行为或事件，因而这里仅证明

## 评"cogito ergo sum"的演绎与非演绎重构

了主体性的思考,而非实体存在。

但这个解读并不完善,它涉及两个问题。第一,这一结论在全文中的位置是什么?如果没有证明一个思考的实体存在,为什么这个结论可以作为其他论证的基础呢?这个解读的结论会不会无法成为知识的阿基米德点,因此与其他文本矛盾?第二,"我在思考"和"思考存在"是不是一种同义反复?因而是循环论证?循环论证虽然形式上有效,却是一种逻辑谬误,因为前提之一与结论逻辑等价的论证不具有说服力。

第一个问题可以被回应。笛卡尔认为"我思故我在"是阿基米德点,阿基米德点可以不被理解为其他知识的论证前提,而被理解成一种方法论的基础。因为所有论证都需要"我在"作为前提之一是难以理解的,而在"我思故我在"中,笛卡尔先使用了普遍怀疑的方法,然后找到最不可怀疑、最自明的知识,根据这个最不可怀疑、最自明的标准寻找其他知识,这种方法也可以推广到其他知识的寻求中。[1]

第二个问题我认为难以被回应。如果要避免循环论证,我们应该进一步理解"我在思考"究竟指的是什么。但如果"我在思考"指的是一个经验证据,"思考存在"指的是一个命题的话,这里所出现的就不是演绎论证。可以用类比来说明这一点:假设一个视觉正常的人在一个正常环境下看到了苹果,然后说"自己看到一个苹果"。她看到苹果的视觉经验到"她看到苹果"的命题之间,不是演绎论证的关系,因为可以有这样的情况:一个人可能视觉正常,在正常环境下拥有看到苹果的视觉经验,但实际上"她看到苹果"为假,因为她只看到了一个全息投影。同样地,"我思"和"我在"之间的关系可能并不是两个命题间必然的有效演绎关系,而是非演绎的关系。如果要坚持(1)与(6)所代表的意义不等同,就有必要考虑"我思"与"我在"的非演绎关系解读。

综上,我们看到,哈特菲尔德对"我思"和"我在"关系之间的演绎解读面临一个难题:他重构出的论证形式上是无效的。本节考虑了经典解读,试图

---

[1] Gary Carl Hatfield, *Routledge Philosophy Guidebook to Descartes and the Meditations*, Psychology Press, 2003, p.117.

规避这个问题,但它又面临循环论证的问题。虽然两种解读都有缺陷,但对循环论证的避免也许可以从非演绎论证来入手,下一节将考虑一种"我思"和"我在"之间的非演绎关系的重要重构。

## 三、非演绎的述行式解读

对"我思故我在"的非演绎解读有许多种:"我在"是一种非演绎的基于直觉的知识[①];"我在"通过先天证明而得到;"我在"是一种述行(performance)的结果;等等。

第三种非演绎的解读是辛提卡提出的。[②] 他认为所有演绎的重构都有局限性——演绎重构难以显示出"我思故我在"和"我走故我在"的区别,又可能面临存在预设的问题,从内容上违背文本。基于此,他给出一种非演绎的解读:笛卡尔通过陈述的述行性特征,指出"cogito"的存在不一致性,通过这个性质从"我思"确立"我在"。

第一节提到,如果要理解"我思故我在",关键是如何理解"我在",及如何理解"我思"和"我在"之间的关系。辛提卡并没有明确分析"我在",并认为明确分析对理解"我思"和"我在"之间的关系而言并不关键。他只是说了这个论证的结论是一种第一人称视角的、瞬间的感觉。他只能在他积极地思考的时候,才能确定自己的存在。并且,这种感觉是实体的本质属性,所以他才能从"我存在"推到"我作为思维的实体存在"(CSM 2:17)。但"我在"仅是思想还是一种实体,有无涉及身-心二分和其他的属性,辛提卡都没有讨论。

那么,他如何理解"我思"和"我在"之间的关系呢?他基于这两个概念进行说明:

---

① Gary Carl Hatfield, *Routledge Philosophy Guidebook to Descartes and the Meditations*, Psychology Press, 2003, pp.107-108.

② Jaakko Hintikka, "Cogito, Ergo Sum: Inference or Performance?", in *The Philosophical Review*, 1962(1), pp.3-32.

评"cogito ergo sum"的演绎与非演绎重构

陈述(statement)：某人在某时刻以一种标准的使用文字的方式断言某句话，这句话不是一个更长的句子的部分。它和论证中考虑的命题不同，命题不包括它的说话者、说话时间。①

述行性特征(performative character)：这种特征不是句子的字面意义，而是行为所包含的信息。

这两个概念都需要进一步解释。对陈述而言，"标准的使用文字的方式"和"不是一个更长的句子的部分"是为了保证听到这个断言的人可以准确地理解这句话。如果用自造的表述或者比喻，或者带有语境，听到这个断言的人对此的理解就都未必准确。此外，陈述不仅包括了句子的意义（即命题），还包括了发言者和发言的时间，它是某人在某刻做某事，是一种行为。《第一哲学沉思录》全文都用的是第一人称，第一人称作为索引词指向发话的行为者。如"我存在"，意味着有一个人，说自身存在。因此，第一人称的语句同时可以作为句子或陈述理解。

陈述是一个行为，进而有述行性特征。"我存在"作为一个命题只包含命题的意义；而"我说：'我存在'"作为陈述便多了"我"希望他人承认这一命题为真的述行性特征。类似地，"我说：'我不存在'"作为陈述也多了这一述行性特征。同样地，我们也可以理解疑问、感叹、祈使等言语行为，也都具有不同于陈述的述行性特征。

笛卡尔在第二沉思中涉及三种沉思者关于"我思"的内容："如果我曾说服我自己相信什么东西，或者仅仅是我想到过什么东西，那么毫无疑问我是存在的。……只要我想到我是一个什么东西，他就总不会使我成为什么都不是。"(CSM 2：17)在这里，说服自己不存在、思考自己也许不存在、怀疑自己是否存在是"我思"的三种内容。

---

① 参考了 Feldman 对辛提卡观点的诠释。见 Fred Feldman, "On the Performatory Interpretation of the Cogito", in *The Philosophical Review*, 1973(3), p.350.

辛提卡认为:"我思"的陈述具有存在不一致性(existentially inconsistent)。① 陈述有存在不一致性时,当且仅当这个陈述是这样的:a 在时刻 t 表达不一致的直陈句 p。不一致是指 p 蕴含"a 不存在"这个命题。例如,"数学是一个有趣的学科"这个句子,无论其发话者是谁,作为陈述都不可能带有存在不一致性,因为它不直接涉及存在。"戴高乐说:'笛卡尔不存在'"不具有存在不一致性;"而笛卡尔说:'笛卡尔不存在'"则具有存在不一致性。

"我思"如何通过存在不一致性确定"我在"? 辛提卡用一个比喻来说明这一点,"我思"和"我在"之间的关系不是演绎论证,不是前提和结论的关系,而更像是音乐和声音的关系,光源和光的关系。② 如果撤掉光源,那么我们就无法看见光;类似地如果停止"我思",那我们就无法知道"我在"。

虽然辛提卡没有说清楚,但我认为他的观点可以被这么理解:仅想到自己不存在、怀疑自己是否存在、尝试说服自己不存在的三种语言行为的述行性特征存在差别,仅有"尝试说服"的"我思"是真正的陈述,具有存在不一致性,而能够确立"我在"。想到自己不存在只是思维活动中涉及了一种可能性;怀疑自己是否存在意味着悬搁"我不存在"这一命题的真值状况,并基于此开始思考。而尝试说服自己不存在这一陈述中,第一人称的"我"表现为三个角色:说话者,命题中"我"的指称,及说话对象。"我不存在"这一命题作为中介,体现说话者与对象之间行为与语言内容的冲突——说话者持有"我不存在"的信念,并基于此试图说服对象;然而,说服行为的意义必须以被说服的存在为前提,对不存在的对象进行说服是荒谬的。基于上文,"我"具有三重位置的陈述下,显示出了存在不一致性。

基于上文,根据辛提卡"我思"本身不是作为命题推出"我在",而是作为陈述确定"我在",而这种确定的核心是存在不一致性。这时候,"我思"和"我在"之间的关系不是演绎论证,但可以间接地把它以演绎论证的形式表述

---

① 辛提卡也讨论了存在一致性,思路和存在不一致性相似。篇幅所限,本文暂不讨论存在不一致性。

② Jaakko Hintikka, "Cogito, Ergo Sum: Inference or Performance?", in *The Philosophical Review*, 1962(1), p.16.

评"cogito ergo sum"的演绎与非演绎重构

出来：

(7) 如果一个成功的陈述具有存在不一致性，那么它能够确证(justify)发言者的存在；①

(8) 说服自己不存在是成功的陈述，并具有存在不一致性；

(9) 因此，说服自己不存在可以确证发言者的存在。

在这一论证中，(8)包含了"我思"，但不等同于"我思"；(9)包含了"我在"，但不等同于我在，仍根据是否尊重作者、是否有多余前提、是否是有效的演绎论证或强的非演绎论证三个标准评价重构。难以判断它是否比演绎的论证更好的地方就在于：这个论证中"我思"和"我在"的关系是强的非演绎论证吗？(7)中认为成功的陈述的存在不一致性能够确证发言者的存在(换言之，为其提供好的理由)，但存在不一致性是不是发言者存在的好的证据？

只有理解了"存在不一致性"具体指的是什么，才能真正地判断辛提卡的重构是否符合笛卡尔的文本，但关于这个概念，学界有许多不同的理解。《我思故我在：推理或述行》(Cogito, Ergo Sum: Inference Or Performance)写于1962年，它引发了许多批评与讨论。Fred Feldman 在他的文章中认为，辛提卡对"我思故我在"分析是不充分的，如果清晰地分析他的理解，就会发现其述行性的解读其实需要被质疑。② 我认为，这类批评与讨论之所以这么多，是因为辛提卡未对"我在"做一个清晰的界定。在不能理解"我"以何种方式存在的情况下，存在不一致性为什么能够确证我在、存在不一致性是什么都难以被理解，因而"我思"与"我在"之间究竟是不是强的非演绎关系，也值得怀疑。

---

① 见 Hintikka 自己的转述。"A successful speech—act does not suffice to justify my belief in the existence of the speaker."见 Jaakko Hintikka, "Cogito, ergo quis est?", in *Revue internationale de philosophie*, 1996, p.6.

② Fred Feldman, "On the Performatory Interpretation of the Cogito", in *The Philosophical Review*, 1973(3), p.346.

在1996年,辛提卡在《我思,故何在?》(*Cogito, Ergo Quis Est*?)中表明,自己的述行性解读的确没有说清楚"我在"究竟是什么。他举了一个例子:当一个扮演哈姆雷特的演员向台下做出关于"我思故我在"中包含存在不一致性的陈述的时候,这些陈述并不能够证明哈姆雷特在现实世界中存在。而如果把这些陈述理解为在莎士比亚的虚构的可能世界中发生,也只能说明哈姆雷特在那个可能世界中存在。同理,沉思者陈述中的存在不一致性为什么能确证"我"在现实世界中存在? 也许存在不一致性还无法脱离"梦境假设"的威胁,而只能确证"我"在某个梦境或者可能世界中存在。

依此,辛提卡认为:"我在"是一种较弱的意义下被确立的——"我"以一种个性化视角下的实体(perspectivally individuated entity)存在,而不是一种公共认定的(publicly identified)实体。因为沉思者基于普遍怀疑对这个实体的经验都是主体性的,都是只有自身能获得的,所以他人并不能获得这些经验。也因为这个原因,"我思故我在"这个证明也仅在一种第一人称的诠释下具有说服力,如果把其中的"我"替换成"某人"这样第三人称的概念,我们便会怀疑前提在普遍怀疑下的客观性,这个论证就失去了它的说服力。[①]

基于这个对"我在"和"我思"与"我在"关系的重新界定,可以把(7)—(9)重新修正如下:

(7') 如果一个成功的陈述具有存在不一致性,那么它能够以第一人称的角度确证发言者的存在。

(8) 说服自己不存在是成功的陈述,并具有存在不一致性;

(9') 因此,说服自己不存在可以以第一人称的角度确证发言者的存在。

这种对第一人称视角的强调解决了哈姆雷特的反例吗? 这有待商榷。因为在这种意义下,哈姆雷特也可以从第一人称的角度确立自己的存在,这

---

[①] Jaakko Hintikka, "Cogito, ergo quis est?", in *Revue internationale de philosophie*, 1996, p.13.

种解释仍无法把"我在"和"哈姆雷特存在"区分开来,进而无法把现实世界和可能世界区分开来。但这种局限性并不能说明这个解读没有演绎式的解读好,因为上一节中的(2)"任何思考的都存在"也无法区分开思考的哈姆雷特和思考的"我"。

除此之外,辛提卡修正后的非演绎解读比第二节的两个演绎解读都更好地还原了笛卡尔的意思。从三个标准出发。第一,这个重构比第二节后半段的重构更加尊重作者:一方面,这个重构避免了循环论证的问题;另一方面,对怀疑、说服的强调是第二节的重构中不包含的,但对这两种特殊的思考的强调却是重要的文本根据(CSM 2:16)。第二,它没有多余的前提。第三,由于结论是在更弱的意义下说明的,结论和前提的关系更加紧密,"我思"和"我在"之间的关系并不是一种弱的非演绎关系。这并不能说明辛提卡的解释没有缺点,但基于辛提卡和哈特菲尔德的论证的修正和比较,也许非演绎的理解方式会比演绎关系的理解方式更贴近笛卡尔"我思故我在"的文本。

## 四、结语

辛提卡这样评价笛卡尔的文本:"这里所发现的,是一个对哲学史的复杂和微妙做出的好的说明。"①《第一哲学沉思集》虽然阅读难度不大,但在理解和阐释中体现出了极大的复杂性。在和文本的交互中,研究者可以发现更多的文本细节,更融贯地理解文本,发现更多有价值的哲学问题。

在不断地思考笛卡尔这段文本的过程中,我们发现笛卡尔所证出的结论"我在"所包含的内容以及其确定性是在一步步缩小的。一开始,哈特菲尔德的重构认为通过演绎证明可推出实体存在,而第二节后半部分对这个理解做了一个修正,认为通过演绎证明只是推出主体性的思想存在。在第三节开

---

① What has been found here is a nice illustration of the complexities and subtleties of the history of philosophy. Jaakko Hintikka, "Cogito, ergo quis est?", in *Revue internationale de philosophie*, 1996, p.19.

始,辛提卡认为非演绎证明确证了主体性的"我在",而最后的解读又退了一步——这种确证后的结论不是普遍的,而是第一人称的、具有局限性的。本文认为辛提卡的解读比哈特菲尔德的更好,但并不是没有缺陷。

这个结论逐渐缩小的过程也许暗示了这一问题:是否应该以严格知识的标准要求笛卡尔的证明?也许笛卡尔所证明出来的并不是一种"完美的知识",而是所能达到范围内最确定的知识。同样地,这个证明也许应该被认为是一个知识论的、方法论上的证明——它不是通过证明某个命题是真的,推出我们知道这个命题,而是通过我们知道这个命题推出这个命题是真的。本文虽然没有深入讨论这些问题,但显示了这些问题的重要性,希望在以后的研究中笔者能更加深入地理解这些问题。

### 个人简介

余美华,北京人,南京大学哲学系2017级本科生,大三从大气科学学院转入。目前学术兴趣为分析哲学传统下的知识论和伦理学。

### 学习感悟

我大一觉得自己不适合学习数理科学,就在通识课程中寻找方向。我在"经典阅读"课程中写的关于理解《道德经》中"无"与"道"关系的文章得到了助教的赞赏,在成像技术课程中也了解到柏拉图的洞穴喻,由此对哲学产生兴趣。

由于转专业要求修读一定课程,大二我没有进入哲学系,而是在大气科学学院学习,但这时我已经决定想要在大三转到哲学专业。我旁听了马迎辉老师和张荣老师的"欧洲哲学史(上)"和胡星铭老师的"伦理学"课程,通过听课、写论文和交流,我对西方哲学产生了浓厚的兴趣。大二上时,我有幸得到胡星铭老师指导,在创新创业大赛中进行了葛梯尔问题的研究,对分析哲学的方法有了一定掌握。在大二下的时候,我跨专业修读了"欧洲哲学史(下)",期中论文以分析哲学的角度写了如何理解"我思故我在"的论文。

现在我已经在哲学系学习了。无论是在发现自己兴趣的过程中,还是在把兴趣转变为学术的学习和研究过程中，我都从南京大学开放、包容的通识教育中受益良多。尽管大二的时候我还在大气科学学院，但无论是上述提到的老师，还是我修读课程的其他老师，都非常乐意指导我，和我在课上课下进行交流，这养成了我对哲学浓厚的兴趣和热情。

我认为，通识教育是让人发现真正的学术兴趣的基础。只有广泛地了解，才能发现属于自己的问题意识；只有深入研究、和老师同学交流，才能写出符合学术规范的文章。幸运的是，南京大学的通识教育为这两者都提供了机会。我写作这篇文章也是基于这样一个过程：大二上在马迎辉老师的课上听到关于"我思故我在"还是"上帝存在"哪个才是第一原则的质疑，接着用分析哲学的方法重构文本，大三上在刘鑫老师的课上又了解了亚里士多德对"实体"和"属性"的界定，进而思考笛卡尔是如何界定这些概念的。

这篇文章的原创性有限，因为对辛提卡重构的批判性思考并不足够深入。但如果这篇文章能让读者对笛卡尔的论证产生一些思考，我就心满意足了。期待与大家后续的交流。

# 犹太传统如何理解摩西出世？
## ——以犹太解经思维解读《出埃及记》片段

陈晓薇

**摘　要**：笔者结合多种阐发经文的古代与当代材料，尝试从犹太人的角度解读《出埃及记》中摩西出世的记载，比对不同解经家对文句的理解，并分析了不同理解背后的含义及其与时代特征、思想背景的联系，从中透视了犹太文明的多样性与连贯性。

**关键词**：出埃及记；解经；犹太教

犹太民族历来被称为"圣书之民"，而"圣书"所指的就是承载其选民身份、民族历史、祖先智慧与律法礼俗的犹太经典，其中《塔纳赫》(*Tanakh*，相当于基督教中的《圣经·旧约》)占据着重要地位，而对经书的解读与运用融会于犹太民族的文化传统之中。相较于由基督教文明主导的圣经研究方法，犹太的解经传统历史悠久，富有民族特色，体现了犹太人特有的思维方式。值得注意的是，经文与解经著作自古至今都在犹太人的生活中占据着重要地位，对犹太经文的深入解读有助于我们理解犹太人传承至今的生活方式与思想观念。

《塔纳赫》各卷对犹太人来说都具有特殊的意义，而《托拉》(*Torah*，又称"摩西五经")即《塔纳赫》的前五卷，相传为摩西本人根据神意而作，这一部分在犹太传统中最为重要，不断出现于犹太人的文化演绎与日常生活当中。笔者选定《托拉》中的《出埃及记》(*Exodus*)为分析对象。《出埃及记》是《托拉》的第二卷，记载了摩西带领犹太人反抗埃及并出走，在西奈山与上帝立约的过程，其情节丰富曲折，具有较强的故事性与传奇性，文辞却相对简略，给后人以较大的发挥空间。同时，《出埃及记》在宗教语境中代表了犹太人被上帝选中并得到拯救的根本保障，在犹太人的文化传统中地位重要，因而恰可作为深入犹太文明的切入口。

历史上犹太民族经历了长达数千年的流散，其文化在不同环境下发生了嬗变，却仍然由共同的经书与信仰联结，因而不同时代、不同社会中的犹太人会对经书中同样的文本做出不尽相同的解读，而这正是笔者分析的切入点。在分析中，除经文本身之外，笔者使用了五种来自不同时代、不同文化传统的古代材料与一则由当代犹太人撰写的现代材料，将它们进行对比，关注其异同，并由此进行阐发。

## 一、材料

笔者没有能力阅读希伯来文或犹太人使用的其他语言文字，而中文世界与犹太传统距离较远，因而本文使用的分析材料均为原始文献的英译本。

犹太人习用的英文圣经版本是 JPS(Jewish Publication Society，犹太人出版学会)的译本，不同于基督徒使用的诸多译本。本文在引用经文时使用和合本，并参考 JPS 译本，标注其文义分歧之处。

以下是笔者使用的解经或阐发材料。

米德拉什(Midrash，字面义为"解释"、"阐述")是一部主要于 3 世纪至 11 世纪之间在以色列地成书的解经合集，形式上为将对经书各卷的评论分别集结成卷，以经卷的名称后加 Rabbah(字面义为"大")为名，如对《出埃及记》的注解称为《大出埃及记》(*Exodus Rabbah*，或依希伯来文转写称 *Shemot Rabbah*)。米德拉什囊括了若干古代拉比对经文的解说，在犹太传统中具有权威地位。[①]

拉希(Rashi，Rabbi Solomen ben Isaac，1040—1105)是最著名的犹太圣

---

① 对材料的介绍引自课程参考资料，下同。

经与塔木德注释家。他的解经兼顾字面含义、伦理说教与传奇情节，简明易懂，因而在犹太世界中广为流传，常常附在犹太圣经中印刷发行。

拉姆班(Ramban,Moses ben Nahman,也称 Nahmanides,1194—1270)是西班牙的犹太解经家，他对摩西五经的评注也是犹太解经传统中重要的部分。他最早将卡巴拉思想引入解经当中，对经文的解释多与拉希不同。他认为托拉的文本在字面之下含有深层的神秘含义，其解经具有一定的神秘主义色彩。

以上三种材料是犹太传统中居主导地位的解经材料，而下列两种材料则是犹太传统与希腊文化相遇时产生的变体。

约瑟夫斯(Titus Flavius Josephus,约 37—约 100)是一位希腊化的犹太历史学家。他早年受到了良好的宗教教育，接触了当时的各种犹太思想，后来创作了以叙事体裁重述摩西五经的《犹太古代史》(*Antiquities of the Jews*)。他的创作目的是在希腊读者面前捍卫犹太教，但出于适应读者的需要，他使用了高度希腊化的语言与叙述习惯。

斐洛(Philo of Alexandria,约公元前 20—约 40 或 50)是现存作品最早的犹太哲学家。他继承了埃及亚历山德里亚地区隐喻式的解经传统，认为圣经不只是对史事的记录，更具有哲学含义。他使用当时的希腊哲学观念解读经文，力图使希腊化的犹太人与非犹太的哲学家将圣经视作可与希腊著作相匹敌的哲学著作。他的解经在犹太传统中影响不大，却对基督教思想有一定影响。他基于圣经中摩西的事迹创作了《论摩西的生平》(*On the Life of Moses*)。

笔者用以对比的现代材料是一篇由当代犹太人撰写的题为《摩西还是法老：你是哪种思维方式？》[①]的文章。这一文章发表在一颇具现代感的宗教网站上，其作者汉娜·佩尔贝格(Hanna Perlberger)的主业是律师，在业余时间

---

① Hanna Perlberger,"Moses or Pharaoh: Which Mindset Are You?", Jan. 13, 2020, https://www.chabad.org/parshah/article_cdo/aid/4592056/jewish/Moses-or-Pharaoh-Which-Mindset-Are-You.htm.

为宗教网站撰写文章。结合网站的风格来判断，此文虽然远非宗教人士的权威解读，却可以视为当代犹太人对经文的一种理解与重新阐释。笔者将在文末用单独的一节分析这篇短文，但也会在其他部分中提及。

## 二、新的法老？

按照《出埃及记》中的记载，希伯来人在埃及渐渐强盛起来，这招致了埃及人对希伯来人的迫害，而摩西是拯救希伯来人的英雄。从摩西出生之前的情节开始，不同的解经家就做了不同的解释。

有不认识约瑟的新王起来，治理埃及。①

《大出埃及记》中的说法是，这并不是一位刚刚上任的法老，而与约瑟的故事中的法老是同一个人，只不过在他反对埃及人奴役希伯来人以后就被不满的埃及人赶下了王位，三个月后才重新上任，这一次他只好假装自己不知道约瑟曾在大饥荒中拯救了埃及，并施行全新的政策。②

拉希记载了两种不同的解经方式：一种认为"新王"是真正的新王，刚刚当上法老；而另一种认为"新"只是指新的政策，即《大出埃及记》的说法。③ 拉希赞同后者，理由是经文中没有提到"老国王死了，新国王上任"，因此应当认为原先的国王还活着，只是改变了统治方针。④ 这种理解在我们看来是匪夷所思的，却体现了犹太人对经文字面的重视，他们相信经文中的每一个词都是上帝的旨意，任何表述都有深意，因而在大加阐发的同时总会遵守经文的表述。

至于为什么需要这种解释，或许那篇当代人撰写的短文能给我们一些启

---

① 《出埃及记》1:22。引自《圣经》，上海：中国基督教两会，2005年。下同。
② Exodus Rabbah 1, https://sacred-texts.com/jud/tmm/tmm08.htm.
③ Rashi on Exodus 1:8, Nov. 8, 2020, https://www.sefaria.org/Rashi_on_Exodus.
④ Rashi on Sotah 11a, 原文无英译本，转引自 Exodus 1:8 中 Rashi's commentary 栏。

发。文中说：

> 显然，任何一位埃及统治者都不可能不知道约瑟的传奇以及犹太人来到埃及的经过。起初，埃及人将犹太人作为贵宾邀请到埃及来定居，以感谢约瑟不仅使埃及免于饥荒，还让整个文明世界都来向仓廪空前充实的埃及乞求粮食。[1]

这么重大的事情，法老显然是不应该不知情的，况且约瑟的时代距离此时并不远。或许古代的犹太人也意识到了故事中这一不合逻辑的地方，所以重新解释了"新"的含义。

值得注意的是，拉姆班虽然没有对这句话做注释，却在对《出埃及记》1:10 的注释中说，法老之所以不用暴力消灭希伯来人，而是让他们交税、服劳役，就是因为他认为埃及人仍然感念希伯来人的恩德，不会允许他使用过于残酷的手段。这与《大出埃及记》中法老因为坚持希伯来人有恩而被埃及人赶下王位显然不符。[2] 从中可见犹太人对经文的所有解释并没有发展为一个完善、统一的体系，而是呈现出多元化、多种解释并存的状态，这或许与其长期处于流散状态，没有形成独立的政治实体与集权的宗教体系有关，而这也是解读犹太民族特质的重点。

约瑟夫斯和斐洛的故事中都略过了"新王"这一点，因为这对于他们的读者来说并不重要："新王"只在经文中有所提及，对故事的情节发展无甚影响，而不信仰犹太教的希腊读者显然并不关心经文本身。

## 三、法老的政策

按照我们所熟悉的故事，法老下达的命令是将所有希伯来男性新生儿投

---

[1] Hanna Perlberger, "Moses or Pharaoh: Which Mindset Are You?".
[2] Ramban on Exodus, https://www.sefaria.org/Ramban_on_Exodus.

进尼罗河。基督徒的圣经中的确如此：

> 法老吩咐他的众民说："以色列人所生的男孩，你们都要丢在河里；一切的女孩，你们要存留她的性命。"①

这也符合约瑟夫斯和斐洛的重述。然而，JPS译本的经文其实是这样说的：

> 法老吩咐他的众民说："一切出生的男孩，你们都要投进尼罗河；一切的女孩，你们要存留她的性命。"②

也就是说，法老的法令中并没有提到希伯来人。一般的读者或许不会注意到这一细微的差异，但这恰恰是与拉希的注解相符的。拉希认为，这条法令本来就不是只针对希伯来人的，而是对全体臣民的命令，包括埃及人。与此相应的是，这不是旷日持久的法令，只持续了一天，原因是在这天法老的占星师告诉他，今天出生的孩子会拯救希伯来人，但并不知道他是埃及人还是希伯来人，只知道他最后会为水所伤。因此法老要求臣民把这一天出生的婴儿投入尼罗河，这样他们就会死在水中，却并不知道这一预言其实是指摩西带领族人出逃途中寻找水时，因为没有遵守上帝的要求，用手杖击打了岩石，而最终未能进入应许之地。③

用手杖击打岩石的故事发生在《出埃及记》17:5—6，与此处相隔甚远。这一解释既符合本段经文的细节，又巧妙地连接了后面的经文，体现了犹太解经传统的另一特点：犹太人认为塔纳赫是连贯一体的作品，一切都是上帝的旨意，因而相隔遥远的文字之间也存在着必然的关联。在他们的解读中，

---

① 《出埃及记》1:22。
② Exodus 1:22, Nov. 8, 2020, https://www.chabad.org/library/bible_cdo/aid/9862/showrashi/true.
③ Rashi on Exodus 1:22, https://www.sefaria.org/Rashi_on_Exodus。

经文可谓是"草蛇灰线,伏脉千里"。

## 四、摩西的出生

作为犹太人最重要的先祖之一,摩西的出生当然需要浓墨重彩的刻画。

那女人怀孕,生一个儿子,见他俊美(good),就藏了他三个月。①

对这个语焉不详的"good",解经家们又有了不同的解释。

拉希认为,这是指摩西出生时的异象:室内充满了光。② 光在犹太传统中具有宗教含义,光明的充盈彰显了摩西出生的神圣性,这与中国的一些帝王将相的出生神话有相通之处。

拉姆班则认为,母亲看到这个孩子具有非凡的美德,并且感到奇迹会发生,这使她想要救下这个孩子,并且摩西的姐姐米利暗也梦到母亲将会生下拯救希伯来人的孩子。拉姆班认为这也印证了摩西出生时室有异象的解读。③

而根据约瑟夫斯的叙述,是摩西的父亲暗兰担心自己的种族灭亡,向上帝祈祷,被告知自己的孩子将会拯救希伯来人,而上帝将会照拂这个孩子。作为上帝庇佑的佐证,他的妻子生产时的痛苦很小。④

以上都是具有鲜明的犹太特征的解释,而斐洛的思路完全不同。在他笔下,摩西的"good"体现在外表上,他异常美丽、健壮,这甚至成了他父母违反

---

① 《出埃及记》2:2. 英文据 JPS 译本。Exodus 2:2, https://www.chabad.org/library/bible_cdo/aid/9862/showrashi/true.

② Rashi on Exodus 2:2, https://www.sefaria.org/Rashi_on_Exodus.

③ Ramban on Exodus 2:2, https://www.sefaria.org/Ramban_on_Exodus.

④ Josephus, *Antiquities of the Jews*, 2.9.3 – 4. Nov.8, 2020, https://www.biblestudytools.com/history/flavius-josephus/antiquities-jews/book-2/chapter-9.html.

命令抚养他长达三个月与他被公主收养的唯一理由。① 经文中并没有对摩西异于常人的美貌的描写，犹太人的诸多先祖中也少有因美貌而著称的，这里明显是引入了希腊人的观念。在希腊神话与传说中，神拥有完美的外表，而英雄总是俊美的，外表的缺陷一般都代表了品德的缺陷。斐洛融合犹太与希腊文化的尝试可见一斑。

关于摩西出生后为何会被抚养三个月，多数解经认为暗兰相信上帝会保佑这个孩子，斐洛笔下则只是出于怜爱和不忍②。拉希提供了一种更复杂的解释。暗兰和妻子约基别在埃及的法令下被迫离婚，后来他又娶回了她。埃及人从他娶回她的那一天开始计算她怀孕的时间，在九个月之后就要去检查，但摩西在六个月零一天之后就出生了，因此才在父母身边藏了三个月。③ 拉希的注解常常注重对经文令人不解的细节提供既简明易懂又有原典佐证的解释，或许这就是其受到普通读者欢迎的原因。

## 五、公主的收养

三个月过后，暗兰夫妇无法继续在家中藏匿摩西了，便将他放到尼罗河边。在埃及公主的收养下，摩西得以幸存。

> 法老的女儿来到河边洗澡，她的使女们（maidens）在河边行走。她看见箱子在芦荻中，就打发一个婢女（maidservant）拿来。④

---

① ［古希腊］斐洛：《论摩西的生平》，石敏敏译，北京：中国社会科学出版社，2007年，第102页。亦参考英译本。
② ［古希腊］斐洛：《论摩西的生平》，石敏敏译，北京：中国社会科学出版社，2007年，第102页。亦参考英译本。
③ Rashi on Exodus 2:3，转引自 Rashi's commentary 栏，Exodus 2:3, https://www.chabad.org/library/bible_cdo/aid/9862/showrashi/true.
④ 《出埃及记》2:5。英文据JPS译本，同上。

这里引起解经家注意的问题是，为何前面出现的"maidens"还是复数，到了后面就成了单数呢？

在这里，*Exodus Rabbah* 解释为天使加百列发现众女仆反对，就将她们击倒，只留一个服侍公主。[①] 这显示了上帝的神力以及上帝对摩西的庇佑，具有宗教色彩。通常来说，人们很少会在解读文本时为了一处小小的单复数差异而添加大段在原文中毫无暗示的情节，但犹太解经家的思维却恰恰相反。在信徒的观念中，经文是上帝所授，决不会出错，所以任何一处细节都是有意义的，都值得被阐发。理解了这种思维，我们才能理解犹太解经家的解读方式。

拉希则认为，此处"maidservant"在希伯来语原文中的意思不是"女仆"而是"手"，即公主自己伸手从河中捞出了篮子。[②] 这种对多义词的不同解读也是解经的常见手法。同时，拉希还从"maidens"一句的希伯来语原文中解读出了隐藏的含义：女仆们试图阻止公主捞篮子，她们将要因此而死。[③] 这同样是对上帝神力的彰显。

在约瑟夫斯的重述中，女仆们根本没有出场，但他强调公主捞起摩西是因为他生得大而俊美。[④] 如同笔者在上一节中的分析那样，这是一个具有希腊特色的桥段，可以使人想起许多希腊英雄的传说故事，这体现了犹太文明在希腊化时期的独特表现。

斐洛的叙述则更为精彩。在斐洛的故事中，公主同样是被摩西的外表吸引了[⑤]，但她出门的动机则大不相同。经文中明确指出，公主来到尼罗河边是为了洗澡。但在斐洛的叙述中，公主是法老唯一的孩子，她婚后多年无子，所

---

[①] Exodus Rabbah 2, Nov. 8, 2020, https://sacred-texts.com/jud/tmm/tmm08.htm.

[②] Rashi on Exodus 2:5，转引自 Rashi's commentary 栏。Exodus 2:5, https://www.chabad.org/library/bible_cdo/aid/9862/showrashi/true.

[③] Rashi on Exodus 2:5，转引自 Rashi's commentary 栏。Exodus 2:5, https://www.chabad.org/library/bible_cdo/aid/9862/showrashi/true.

[④] Josephus, *Antiquities of the Jews*, 2.9.5. https://www.biblestudytools.com/history/flavius-josephus/antiquities-jews/book-2/chapter-9.html.

[⑤] ［古希腊］斐洛：《论摩西的生平》，第 104 页。

以迫切地想要养育一个继承人;她总是处在痛苦之中,这一日因为过于焦虑,才出门散心,而平时她是从来不会迈过门槛的。① 这显然与经文不符,但斐洛的重述常常并不忠于原文,而是倾向于调和犹太经文与希腊观念。希腊罗马有身份的妇女并不会像故事中的埃及公主一样随便出门,因此斐洛选择适应时人的观念,对故事加以改编。

在这段经文之下,仍有很多值得阐发的情节,如米利暗与公主的对话、摩西成长的经历等,这些情节在不同的材料中同样呈现出显著的差异,在此不再展开,读者可以自行比对思考。

## 六、当代人之笔

对经文与古代解经的分析至此告一段落,下面转向对开篇提及的当代短文的简单分析。

从"摩西还是法老:你是哪种思维方式?"这一标题就可以看出,这篇文章虽然出现在宗教网站上,又以宗教故事为主题,却不是一篇以阐发教义为主旨的深奥文章,而是旨在阐释人生之道。这体现了犹太传统的特点之一,即阐释不是历史性的,而是永远向当代开放,后世的犹太人可以通过阐释经文宣扬新的观念。以此文为例,其主旨是要保持开放的心态应对变化的现实,不要固执己见强迫他人——这与《出埃及记》看似毫不相关,但作者巧妙地利用了经文中的情节,以类似寓言故事的方式处理并重新阐释,最后竟然完成了她的论述。由此可见,犹太经文的确具有无穷无尽的生命力。

然而,令我们惊讶的是,这位作者不仅没有改编情节,甚至还保持了注重文本细节的传统。

在托拉的第二卷《出埃及记》中,我们看到两个截然相反的人物形象——摩西和法老——一个投身于或许是托拉中记载的最具属灵色彩

---

① [古希腊]斐洛:《论摩西的生平》,第103页。

的行为,另一个则是最罪恶的。

一个是带来救赎与光明的上帝的仆人,另一个是自行其是、带来毁灭与黑暗的自命的"神"。然而二者有一个共同点:"看哪"(behold)一词。

……

"看哪!这以色列民比我们还多,又比我们强盛。来吧,我们不如用巧计待他们,恐怕他们多起来,日后若遇什么争战的事,就连合我们的仇敌攻击我们,离开这地去了。"①

……

在照料岳父的羊群时,摩西发现有一只走失的绵羊。担忧其安危而紧追不舍的摩西遇见了异象:"看哪!荆棘被火烧着,却没有烧毁。"②

……

看哪!生活中的琐事吸引着我们的注意。这便是挑战所在。负面消息每天都冲击着我们的精神,我们很难保持开放,避免日渐麻木。然而,我们若看不见他人的痛苦,便要为之付出代价。③

《出埃及记》中的法老与摩西看起来并没有什么共同点,但作者为了比较两者而创造联系,其关联点竟然是经文中重复出现的"behold"一词。作者认为,法老和摩西在遇到问题时采取了截然相反的策略,而两者所面对的境况

---

① 《出埃及记》1:9-10。
② 作者所指应为《出埃及记》3:3,原文如下:"摩西说:'我要过去看这大异象,这荆棘为何没有烧坏呢?'"通用的英文本圣经与 JPS 本均无 behold 一词,作者或据其他宗教文本的叙述。
③ Hanna Perlberger, "Moses or Pharaoh: Which Mindset Are You?".

的共同点却体现于重复出现的"behold"一词。犹太解经家的确重视重复出现的表达，并认为这代表着暗含的联系，为它们赋予特殊意义，这一传统似乎也延续到了今日。

总的来说，这篇短文代表了当代犹太人利用祖先的智慧遗产的一种方式。

## 七、结语

以上的分析展现了从早期到中世纪一脉相承却又彼此相异的解经传统，并展示了犹太传统与希腊罗马文化以及与当代传统的相容性。由此可见，犹太人的传统是多元的，并且时至今日仍然生生不息。对犹太解经方法的研究有助于我们理解犹太人的思维模式，培养跨文化交际能力。

由于笔者时间与能力所限，选取的经文与解经片断都比较浅显，几乎没有涉及希伯来语原文的微妙多义性（而这在解经中是常见的），也没有涉及经文的其他各卷（解经往往将各卷关联在一起），并且对更多样化的解经传统有所忽略。此外，经文和解经虽然都是古籍，却有多种不同的英译本，而笔者所使用的都是宗教网站上提供的网络版本，虽然翻译较为可靠，但不仅难以查证具体版本，而且也非完整的译本，难免在解读中挂一漏万，更全面、更丰富的分析尚有待来者。

**个人简介**

陈晓薇，天津人，南京大学社会学院2018级本科生。

**学习感悟**

在2019—2020学年第一学期，我选修了宋立宏老师的DIY研读课"犹太文明：经典与传统"。在这门课程中，我们研读了诸多犹太经典选段以及与之相关的犹太解经著作与受其影响的犹太文学作品，在这一过程中尝试理解并运用犹太人的解经思维，深度理解犹太文明。这门课对我们的英文阅读量要求较高，但我们并没有感觉到负担，而是乐在其中。每个周四的晚上，回想着犹太人的传说，我们踏着星光从哲学系楼走回宿舍，我永远不会忘记那时的感受。课程结束后，我决定尝试使用课上学习的方法继续解读经文，这一想法得到了宋老师的支持。在他的指点与鼓励下，我完成了这篇论文。

我一直以为哲学与宗教学是非常深奥的学问，成长在宗教世界之外的我们很难理解信仰的逻辑。然而，修读这门课之后，我却发现异文明与我们之间并不存在难以跨越的鸿沟，只要踏下心来耐心研读、细心理解，思维的船便可以将我们带到彼岸。

# 1969—1985 年英国矿工的阶级意识和工业行动

杨亦彬

**摘　要**:20 世纪 60 至 80 年代,英国矿工组织了多次罢工行动,掀起了战后英国的首次工潮。英国矿工因为面对雇主的共同利益联合起来,通过工会组织的发展和与工党的联合建立了工人的政治影响,这一联合最终破产,揭示了传统行业的工人已经与政府和雇主代表的资本主义秩序产生利益的分裂,但面对这种分裂和对抗,大量工人却未能真正意识到共同利益的存在,而始终将工业行动视作劳资纠纷的斗争,最终分散的工人未能实现罢工的目标,重新出现的阶级意识未能成型,而矿工的工业行动也在 1985 年撒切尔政府的镇压下彻底失败。

**关键词**:阶级意识;英国工人阶级;1969 年矿工罢工;1972 年矿工罢工;1974 年矿工罢工;1984 年矿工罢工;工业行动

## 一、阶级意识:对工人阶级共同利益的认识

马克思主义理论中的"阶级意识"通常指一个阶级对其在现有经济秩序和社会制度结构中的地位和利益的认识;与此相对的则有"虚假的阶级意识",指作为个体的人对其与社会经济制度间关系的一种认识,这种"虚假意识"未能上升到作为具有特殊利益的阶级与现存经济秩序和社会制度的关系。马克思并未系统阐述阶级意识概念,但是认为这些概念是与阶级斗争实

践不可分割地结合的:"经济条件把大批的居民变成工人,资本统治为这批人创造了同等的地位和共同的利害关系。所以这批人对资本来说已经形成了一个阶级",而当工人在为了经济利益的斗争中团结起来时,"他们所维护的利益变成阶级的利益。而阶级同阶级的斗争就是政治斗争"①。

卢卡奇(Georg Lukacs)继承了马克思的传统,更为详细地阐述了阶级意识的理论。他将阶级意识定义为"变为意识的对阶级历史地位的感觉"且"要在眼前的局部利益中变具体"②。对阶级利益的意识被分为局部利益——工人短期的经济利益——和最终目标——"雇佣劳动制度的废除"③。而工人阶级的局部利益是否会走向或掩盖最终目标"完全取决于阶级意识"④。英国本土马克思主义历史学家E.P.汤普森(E. P. Thompson)在具体研究英国工人阶级的形成时,将这种意识的出现视作作为历史现象的阶级的产生条件,也更强调一个群体鲜明的共同利益作为阶级意识的对象的重要性:"当一批人从共同经历中得出结论,感到并明确说出他们之间有共同利益,他们的利益与其他人的不同(而且常常对立)时,阶级就产生了。"⑤

尽管不同的理论家对"阶级意识"有着不同的定义,但都强调了这种意识是一个集体,即工人阶级,对自身的现实处境和共同利益的发现和认识,这种认识,即对工人阶级历史地位和历史任务的认识,既是长期的也是现实的——通过经历发现工人作为群体的共同且现实的利益。正是基于这样的发现,工人才真正作为一个阶级而形成,也只有正确的发现和认识,才能使工人阶级实现对自身利益的维护与在阶级冲突中的胜利。

---

① K. 马克思:《哲学的贫困》,北京:人民出版社,1962年,第184页。
② G. 卢卡奇:《历史与阶级意识》,北京:商务印书馆,1996年,第133页。
③ G. 卢卡奇:《历史与阶级意识》,北京:商务印书馆,1996年,第133页。
④ G. 卢卡奇:《历史与阶级意识》,北京:商务印书馆,1996年,第133页。
⑤ E. P. 汤姆森:《英国工人阶级的形成》(上),钱乘旦译,南京:译林出版社,2013年,第2页。

## 二、矿工罢工简史(1969—1985)

英国的工人阶级意识有着悠久而曲折的历史。恩格斯认为在宪章运动之后的一个世纪里,工人们形成了具有独立意识的"独立阶级"①。汤普森则从英国工人在生活和政治活动中的历史"经历"出发,认为英国不同工人由于共同继承的"人民传统"、在工业发展中相同的亲身经历与在激进运动中形成的传统和政治理论而产生了共同意识,即"阶级觉悟"②,也正是这种"觉悟"的出现,真正使得英国工人能够作为一个"阶级"得以形成。

第二次世界大战后,在英国的福利国家政策影响下,工人阶级与其他社会群体的冲突得到缓解,阶级意识,即对普遍的工人群体的共同利益的关切,也因为冲突的缓解而渐趋消解,阶级冲突通常只是以个别的、独立的劳资冲突的形式出现,鲜有普遍的阶级对立现象。然而1968年后,由于经济滞胀的出现,失业率开始增长,传统行业工人待遇普遍降低,而在利益驱动下,资方和政府决定通过牺牲工人利益的方式,放弃传统行业以走出经济危机。包括矿业工人在内的传统工人再次面临相同的危险,逐渐意识到超越个人利益、与资方和政府利益相对立的传统工人的共同利益,因而出现了一系列的工人运动。20世纪70年代出现的罢工浪潮,标志着第一次世界大战后英国工人运动的顶峰③,工人阶级意识也在首次在战后的英国再次出现并发展。

1969年10月,约克郡爆发了自发的矿工罢工,矿工要求缩短工时并提高工资。经过两周的运动,英国国家煤炭局(the National Coal Board)最终接受了增加工资的要求,平息了这次运动。1972年,同样因为工资纠纷,全国矿工工会(the National Union of Mineworkers)官方组织了又一次罢工,这是1926年大罢工后英国出现的首次官方罢工行动。这场运动蔓延至全国多个行业,

---

① 恩格斯对此的讨论可参见 F. 恩格斯:《英国工人阶级状况》,《马克思恩格斯全集》(第二卷),北京:人民出版社,1974年,第269—587页。
② "阶级觉悟"是钱乘旦对"Class consciousness"的译法,与本文的"阶级意识"相同。
③ 钱乘旦:《英国通史》,南京:江苏人民出版社,2016年,第229页。

直到全国矿工工会最终通过投票接受了煤炭局的工资提议。然而两年后,通货膨胀持续增长,矿工的实际收入反而开始下降,因此工会再次组织了一场罢工,这次罢工加剧了当时的社会危机,给英国政治带来剧烈震动,导致爱德华·希思的保守党政府垮台。在工会的支持下,工党掌握了政治权力,工党新政府为了巩固同工会的关系,在工资和矿场存续的问题上支持工会的主张,但这种妥协政策导致他们面对资本主义经济危机时无所作为,最终失去了更广泛的社会支持,于1989年被迫让位给撒切尔领导的保守党力量。正是80年代撒切尔政府掌权以来,矿工工会与政府关系持续且严重恶化,最终引向剧烈的冲突——英国历史上最激烈的工业争端——1984年的全英矿工罢工。这场全国范围的罢工遭到了英国政府的严厉镇压,最终导致了矿工们悲剧性的惨败——大量工人被迫因贫返工,工会与资方的协议未能达成,运动不了了之,紧随这场失败的则是大规模的矿场关闭和英国工会组织的一蹶不振。

## 三、共同的个体利益

"事实表明,存在着这样的无产阶级,它们对于它们的经济斗争有着完全正确的阶级本能,它们甚至能把这种本能提高为阶级意识。"[①]个体利益指劳动者的直接经济利益,如工资工时、工作条件、就业问题等。罢工运动正是工人们为了维护共同的个体利益而产生,因此个体利益的驱动成了一系列运动的直接原因。但正是它的个体性和分散性,导致了它在斗争中起到的双重作用,使得普遍的工人意识难以在运动中形成。

个人利益受到威胁是矿工在1969年逐渐团结的主要原因。1972年的威尔伯福斯调查显示,60年代后期,英国矿工普遍存在长期的过度工作和过低工资问题。在他们生活状况下降的现象背后,是经济增长的放缓和失业率的上升。经济困难成了每个矿工家庭的普遍问题:不断关闭的矿井一方面威胁

---

① G. 卢卡奇:《历史与阶级意识》,北京:商务印书馆,1996年,第139—140页。

到部分矿工的就业,另一方面也对整个矿工群体产生了巨大的心理影响,而这也是在各传统工业中,矿业工人最先团结起来且斗争性较强的原因之一。这些经济因素促成了1969年的自发运动的爆发。这场运动的直接诉求是减少矿场地面高龄工人过长的工时,工会虽然同意了这一诉求,但保守的工会领导未能如期将决策落实,进而引发了工人的普遍不满。罢工的迅速扩散显示工人待遇问题已不仅是地区性的个例,三天内这场运动便从约克郡蔓延到全英格兰大部分地区,既显示了矿业工人在面临经济问题时的团结一致,也揭示了矿工面临的危机的普遍性。

在20世纪60年代的运动中,工人们因为个体利益受损而抗议仍然是运动不断爆发的直接原因。1969年政府承诺提高矿工工资后,工人们欣然返工,但劳资冲突解决的表象之下,长期的经济问题未能得到注意。70年代的经济滞胀造成物价飞涨,实际工资下降,同时增加的矿井关闭量使得这一问题成为劳资双方都格外敏感之处。1972年,工会和煤炭局的工资谈判破裂导致新一次罢工的爆发,增加的工资再次未能跟上物价上涨,导致1974年的又一次罢工。最终由于工会支持而上台的工党政府许诺增加矿工35%的工资,工会方才停止罢工运动。而在此后的十年里,由于传统矿场亏损的增加,大量矿井被迫或因政府鼓励而主动关闭,矿工的就业问题成为新的社会焦点。80年代早期,在撒切尔政府的支持下,英国国家煤炭局关闭了大批矿井和其他传统工业工厂,同时出台了严格的工资限制以对抗罢工运动,导致了各行业的多次罢工,但这些罢工都因政府镇压而失败,直到1984年3月,矿业工人发起了最后一场大规模罢工。

然而,局限于个体的经济利益也成为矿工的阶级意识从虚假走向真实的障碍,限制了运动的发展。矿工们往往在接受了新的工资待遇后回到岗位,不再提出其他要求,1969年、1972年和1974年的三次罢工中都发生了这种情况。将工人们团结起来的因素同时却要把他们分开。因为一旦个体的经济利益得到了单独满足,群体间便不再有共同和联合的需求,这在前三次罢工中体现为运动的结束,但在最后激烈的对抗中却体现为工人的分裂、贫困工人的放弃抵抗、得利工人的反目和工会内部因地区和岗位而造成的分裂。贫困的"工贼"返工领薪成了运动中常见的现象,这破坏了工人的团结一致,也往往引起工人内部争斗,引发暴力和流血事件。区域性或行业性的拒绝合作则对运动造成了更大的破坏：1969年,诺丁汉郡和德比郡的煤矿拒绝参与联合罢工,甚至因为工人纠察队妨碍工作而向警方求助。这种情况在1984年更加严重,诺丁汉地方工会拒绝组织罢工,并宣布脱离全国矿工工会,其他行业工会——包括曾得到矿工工会支持的行业——也拒绝给予矿工支持。1985年,经过一年的艰苦罢工,为食物苦苦挣扎的大量工人最终无奈返回岗位,尽管深知返岗并不能带来工作待遇的提高,且不得不面临迫在眉睫的失业风险；工人的妥协更提高了煤炭局在劳资谈判中的地位,使得工会在经济层面的诉求也难以得到实现。最终大量矿工屈服于个人困境,由个体利益团结起来的矿工组织因为同样的原因被瓦解。

矿工们为了个体利益团结在一起,结成一支松散的联盟与资方展开了经济的斗争。个体经济利益是工人阶级团结和意识发展的动力,但它本身却并不能超越地带来一个群体或阶级的普遍意识。

## 四、工会：工人阶级的政治团体

政治斗争是工人运动的形式,也是经济斗争的手段。它指的是工人对自我的组织和在现有政治制度下与资方的斗争。在冲突过程中,工人阶级的政治力量逐渐产生。他们不仅建立了一个形式上团结的阶级,而且还逐渐发展出了政治参与的方式,以提出并捍卫自己的经济需求。

运动的一开始,矿工就意识到了统一且有力的政治力量的重要性。20世纪60年代后期,工党政府和工会保守派领导为了应对经济危机而牺牲了部分工人的利益。1969年罢工中,矿工因工会处理不力,投票罢免了矿工工会的保守派官员,并以左翼领导取而代之,这一权力更迭标志着一个更具反抗性的工会再次在英国诞生。罢工领导阿瑟·斯卡吉尔(Arthur Scargill)把这场发生在10月的运动戏称为一次英国的"十月革命",并赞扬它"对所有即将到来的胜利有着重要影响"①。在这次自下而上的变革之后,矿工确立了工会的地位,工会开始成了罢工的领导组织,而运动领袖斯卡吉尔本人也在数次罢工运动中逐渐确立了自己的领导地位,引导矿工工会走向更激进的政治对抗路线。

矿工们也有意识地要求超越地区和行业的更广泛的联合,罢工者开始要求内部的团结一致,以克服分散的利益导致的组织分裂。1969年的罢工中,约克郡矿工工会采取了派出纠察队的方式,阻止其他地区如诺丁汉郡和德比郡的矿工工作,这次行动因警方介入而受阻,但1972年的罢工则证明了外派纠察队的有效性:为了支持矿工的运动,纠察队成功说服了铁路和电厂的工人支持矿工,拒绝运输或使用煤炭,以向政府施加更大压力。同时,矿工工会也积极支持其他行业的工业行动,如1979—1980年的钢铁工人罢工等。矿工工会通过参与运动的方式主动建立跨行业的工人间的联系,在实践中尝试着巩固工人作为阶级的团结。

工会也在经济谈判中建立了系统性的影响政治的力量。1969年矿工罢工后,工党中出现了一股左翼势力,对该党之后的选举和发展产生了重要影响。② 工党和全国工会联盟(Trade Union Congress)于1972年成立了一个联络委员会。双方达成"社会契约"来控制物价上涨,同时设置了自愿的工资上涨限额,标志着工会和政府的和解。③ 70年代频繁爆发的罢工抗议保守党的工业政策,加剧了英国的社会危机,使保守党政府的执政能力受到质疑。1974年的罢工中,首相爱德华·希思为了对抗工会势力,试图通过将大选来重新树立自己的政治地位,并打出口号"谁管理英国?"④质问工会组织,但颇为讽刺的是,工党在工会联盟的全力支持下,在大选中击败希思政府得以上

---

① P-F. Gouiffès, *Margaret Thatcher and the Miners*: 1972—1985 *Thirteen Years that Changed Britain*, Paris: Éditions Privat, 2009, p.35.

② 杨永振:《主流意识形态影响下的英国工党与工会关系》,硕士学位论文,南京大学,2013年,第50页。

③ 杨永振:《主流意识形态影响下的英国工党与工会关系》,硕士学位论文,南京大学,2013年,第53页。

④ "谁管理英国?"原文为"Who governs Britain?"。

台。新政府立即提出增长工人35%的工资,并废除了旨在限制工会权力的1971年颁布的《劳资关系法》,工会及其成员的权利通过立法得到保障和扩大①。在工党政府和工会"社会契约"的实践中,工会通过对政府施加积极影响而获得权力。代议制体制内为解决工人的经济问题建立了系统的政治运作形式。

同样的经济利益使得工人阶级组织在一起。此时,工人的政治斗争已经从一个自发的状态发展到了有组织的形式,工人阶级的团结已经从约克郡矿工自发组织的力量发展到全国性的工会组织和党派政治,工人阶级维护权利的方式从抗议政府发展到影响国家大选和立法。通过政治斗争,工人在资本主义制度内形成了一个政治实体,虽然这个阶级的成员还没有普遍意识到自己在改变社会方面的历史任务。但这个形式上的政治实体已经为未来的经济和政治运动奠定基础,正是在此之上,工人将发现他们与资方的利益在本质上冲突的集体利益。

## 五、利益的对立

工人的政治实践使他们逐渐认识到自己与政府的对立地位。他们在政治斗争中的客观失败——工党在经济政策上的惨败——使他们意识到自己的利益已经成为一种独立的、与政府所代表的资方相对的利益,一种工人的共同利益。而工人面对的经济危机背后的真正敌人也被揭露了——政府对工人阶级的敌对态度。工人们意识到了他们在经济方面的共同利益——他们所在行业的未来,而这个利益却与政府的愿望截然相反。客观上,一个有着自己特殊利益的阶级已经产生了。

20世纪70年代,工人们的政治实践尽管取得了暂时的胜利,但却未能使他们在经济上受益。工党和工会通过提高工资以刺激需求和消费,生产力的

---

① 杨永振:《主流意识形态影响下的英国工党与工会关系》,硕士学位论文,南京大学,2013年,第54页。

## 1969—1985年英国矿工的阶级意识和工业行动

停滞却加剧了企业的损失,从而导致价格上涨和大规模裁员。通货膨胀更加严重,失业率上升,工人们再次要求新的工资上涨。[①] 这种反复循环并没有使任何人走出这场危机,最终工党迫于经济形势,违背了恢复工会自主进行薪酬谈判权利的承诺,在1978年继续限制基层工人5%的加薪上限,这引起了工会的剧烈反对,导致工会和政府的合作彻底破裂。1979年初发生了一系列生产和公共服务行业的基层工人罢工,使得这年冬天成了"不满的冬天"(the winter of discontent),工党政府最终撤回加薪上限的规定,但合作的破裂不仅意味着工党逐渐失去执政的基础,也标志着工会建立的政治影响路线走向失败。

然而,传统行业工人的惨淡在这场经济衰退之前就已经注定了,政府只是将他们一步步推向灭亡。能源革命降低了煤炭需求,同时自然资源的枯竭使得剩余的煤矿越来越难以开采,煤炭行业的出路只有关闭矿井或机械化改造,而两者都会导致大量矿工的失业。国有化企业的运营已经大量依赖政府补贴,1982—1983年,国际煤炭价格比英国国家煤炭局的定价低25%,给英国造成了巨大损失。[②] 所有这些因素导致政府决定减弱煤炭行业对国民经济的负面影响,但工人们的利益却未得到考量,他们被迫承担了国家的损失。60年代时的工党政府为裁员导致的失业准备了部分替代岗位,但当撒切尔上台后,英国政府在加剧对煤炭行业的限制的同时,却丝毫未考虑缺乏代替岗位的这一事实,也未顾及采矿业在大量矿区城镇的唯一产业之地位。煤炭局在1984年宣布将关闭20个矿井,这意味着超过两万个工作岗位将被裁撤。斯卡吉尔称,内阁的长期战略更打算关闭70多座煤矿。这一说法当时遭到了否认,但2014年发布的内阁文件指出了这一计划的真实存在。[③] 此外,英国政府早已不将与矿工工会的冲突看作经济事件,而开始准备应对一场大规模的阶级冲突。1977年,保守党制定了《雷德利计划》(the Ridley Plan),提出了下

---

① 钱乘旦:《英国通史》,南京:江苏人民出版社,2016年,第230页。
② K. Boyfield, "Put Pits into Profit", Centre for Policy Studies, 1985, p.18, 21.
③ "Cabinet Papers Reveal 'Secret Coal Pits Closure Plan," BBC News, 3 January 2014, https://www.bbc.com/news/uk-25549596.

届保守党政府应如何应对并击败国有行业的大规模罢工。而矿工工会领袖斯卡吉尔也明确地认识到这一危险的冲突,他认为政府的政策是清晰的——摧毁煤炭行业和全国矿工工会。[1] 在1984年的矿工总罢工中,撒切尔曾直接称矿工为"内部的敌人"[2],可见英国社会已经出现了严重的利益分化,工人阶级已经被政府视作敌对的力量,阶级的对抗已经不可避免。

斯卡吉尔认为,这场对抗的核心是煤炭工业,煤炭工业是矿工的经济来源、家庭和共同社会的基础,而政府作为资本的代理人,将剥削掉矿工的经济基础,摧毁它们的身份认同。但对抗双方不只是矿业工人和政府,同样的情况也发生在钢铁、铁路等大量传统工业,每一场对抗的核心也同样是一个部门的存续问题,因而传统工人,作为整体,已经与英国政府和资本力量处在了势不两立的关系之中。1980年的钢铁行业罢工失败后,大量英国钢铁公司员工被裁撤失业,这也预示了矿工——如果不选择抗争或抗争失败——必将面临的悲剧命运。因此,真正的联合成了工人阶级的迫切需求。斯卡吉尔在1983年曾撰文"钢铁、煤炭和铁路——为未来的争取",希望通过产业工人的联合来建立工人阶级的政治阵线,这迫使政府转变对待传统行业的态度,并寻求新的经济出路。[3] 工人们的共同利益在与政府的对立中显现出来,虽然并未被这一阶级的所有成员所意识到,但当工会领袖意识到了不同行业与资方的战争的共同核心时,他们就意识到了建立统一战线和发展成熟的阶级意识的必要性。

## 六、矛盾的认识

工人阶级作为一个正在认识社会经济结构并发展着自己的意识的阶级,

---

[1] "Macgregor Named as Coal Boss", BBC News, 28 March 1983, http://news.bbc.co.uk/onthisday/hi/dates/stories/march/28/newsid_2531000/2531033.stm.

[2] "Speech to 1922 Committee ('the Enemy within')", Margaret Thatcher Foundation, https://www.margaretthatcher.org/document/105563.

[3] D. Feickert, "Coal Mining Papers, Feickert Documents"(MS202, 402), 21 Dec 2019, https://www.sheffield.ac.uk/polopoly_fs/1.666847!/file/Feickert.pdf., p.5.

应该通过政治手段,按照自己的利益重新组织社会。矿工们在政治参与和经济谈判的失败后,转向与政府的暴力对抗。然而,他们未完成的阶级意识未能把整个工人阶级组织起来,导致最终目标的无法实现,也使得矿工和整个工人阶级都没有做好在1984年的总罢工中取胜的准备。政府和雇主用一切力量来阻止工人阶级的联合,破坏了工人阶级的组织。而矿工对运动的认识最终陷入自我矛盾,退化为眼前的、分散的局部利益,而没有达到最终目标。

工人阶级在共同的政治斗争过程中形成了一个形式上的政治实体,但他们与撒切尔政府的对抗却是相互分离的。1980年,钢铁工人发动全国罢工,火车工人在1982年紧随其后,但这两场罢工都被政府成功镇压。1984年的矿工罢工是撒切尔政府下爆发的最大规模的工业行动,80%的全国矿工参与其中,甚至包括岗位尚未受到威胁的职工。然而尽管煤炭行业内部显示出了强大的团结性,罢工却鲜有得到其他行业的支持,更不用说整个工人阶级的团结一致。各行业的工会尽管不愿意看到矿工的失败,但它们要么不敢公开与政府对抗,要么已经被撒切尔政府的强力镇压所彻底破坏。"煤炭"虽然是团结矿业工人的共同基础,但对其他行业来说只不过是与它们的需求无关的经济纠纷,而围绕行业存续问题的争夺并未被其他工会深刻体会到。虽然斯卡吉尔和撒切尔都意识到,这是一场工人阶级和资本家之间的阶级斗争,但事实却是矿工在独自战斗,与政府和雇主的所有力量对抗——警察、亲撒切尔的媒体、反工会的法律等,正如1984年7月的"欧格里夫战役"中,纠察队和英国警察的对抗中所直观展现的血腥冲突一般。

对矿工来说,这场战斗的目标是不明确的,也是自相矛盾的。他们的口号"要煤炭,不要救济"("Cole not dole")更将这场阶级冲突贬低为普通的工业冲突,在违背资本利益的同时向资本主义的秩序投降。工人们从经济角度理解他们的行动,而事实上却在逼迫政府和雇主违背资本的实际利益,在要求这个武装到牙齿的资本代理人反过来违抗资本本身的命令。矿工们对这场运动的理解是自相矛盾的,这更阻碍了他们发现自己的最终目标,使他们再次陷入最初分散的局部利益。尽管斗争已经发展成了一场政治冲突和阶级战争,工人的个体利益却在矿工中占了上风。但同时,政府和雇主已经明确意识到这场冲突对资本主义的秩序的威胁,并开始动用所有可能的力量打击工人阶级,重新改造资本主义社会。最终,工会和工业行动被法律严格限制,工人再次沦为分散而无力的个体,彻底失去了通过工会团结统一的可能性,工人的阶级意识又被打散为眼前的局部利益。

尽管工人阶级在与政府的斗争中存在着客观的阶级利益,但他们未能组织起一个团结的阶级。他们对社会现实的认识是一种自我矛盾,是在资本主义秩序中提出的反对它的利益诉求。经济斗争并没有使工人阶级从资本主义制度中解放出来。工人自我矛盾的意识使他们无法突破社会制度,无法按照自己的利益来组织社会,但资本家却成功了。

## 七、结语

十六年斗争后英国矿工所遭遇的不幸,不仅仅是经济无力的结果,更是英国工人阶级不完全的阶级意识的悲剧。他们的斗争因共同的个体利益出发,构成了一个形式上的阶级。但由于对阶级的共同利益和历史任务的认识有局限,他们的斗争始终只能针对作为资本的代理人的政府和雇主,而非资本主义秩序本身,因此工人的诉求未能超越他们的局部利益,未能使他们认识到自己的最终目标。阶级意识的失败使作为整体的工人阶级在1984—1985年与撒切尔政府的最后对抗中陷入瘫痪。从1969年到1985年,矿工的斗争取得了多次的胜利,不断增强的阶级意识最终却未能完整形成,这引向了英国矿工和工会的悲剧。

**个人简介**

杨亦彬,河南洛阳人,南京大学英语系2018级本科生。

**学习感悟**

来到南京大学前,我就对这里开放的学习环境感到憧憬,期望通过通识课程以及二专修读的机会,充分探索自己学习的无数可能。作为英语系的学生，我起初只是因个人兴趣，为了充实自己的思想储备，选择了一些入门的哲学课程，其中既有通识性的"学在南哲"，也有人文大类的平台课程"哲学问题"。一年学习后，我发现哲学不仅是一门具有趣味和挑战性的学科，而且是一种人文领域不可或缺的思维方式，是进行批判性思考的知识基础。我在哲学课堂上了解学习到的知识和方法，也时常在我对语言和文学的学习中发挥作用，给我带来启发。

我意识到浅尝辄止的了解已不能满足我对哲学的热爱和需要，因此我在大一结束时决定将哲学作为我的第二专业学习。为此，我选修了哲学系刘鑫老师的"西方哲学史（上）"、周嘉昕老师的研讨课"走进《1844年经济学哲学手稿》"以及张亮老师的"当代社会科学视域中的马克思主义哲学"。也正是在张亮老师的课堂上，我一方面了解到马克思主义哲学对现代知识界的重要影响，另一方面也发现马克思主义在英国的传播和发展与对英国社会运动产生的影响可以作为我在本专业的研究对象。因此我将自己对英国社会历史的了解和对英国工人运动的初步学习成果与我对马克思主义在社会运动中的理论的粗浅理解结合，做出了一份对英国20世纪60—80年代的矿工罢工运动的简略分析。

南大提供的通识教育和跨专业学习条件实在令我受益匪浅，让我有机会寻找最感兴趣的学习内容，探索无限的发展方向，充分发挥自己的知识和积累。也正是因为哲学系"南雍杯"哲学通识课程论文提供的机会，让我发现了自己稚嫩研究具有的潜在价值和自己在哲学道路上发展的可能性。

这是我首次尝试正式的哲学论文写作，非常荣幸能够入选论文集。但文章内容尚显简陋幼稚，自知忝列其中，敬请老师同学批评指正。

# 人性论视阈中的《老子》新探

李宇泽

**摘　要**：在《老子》中重新发现"人性论"具有历史和理论的双重重要意义。《老子》中虽无"性"字，但具有充分的人性论思想。其中"人性观念"一般为"德"字所承担。在先秦人性论视阈的对照中，可以发现：《老子》中的人性观念是一种自然之性。自然性既是道所赋予人之存在的现实根基，又是人自由自在成其为自身而不受外力过度干扰的本质倾向和人之所应然，是人之修养功夫所当用力之方向。此自然性在人的后天经验生活中几乎是必然遭到遮蔽——这种遮蔽可能源于有为的"坏政治"统治，但更有某种内在于人之存在本身的矛盾为其内在根源。当然人仍可通过努力恢复本性，这种努力包括外在的无为有道之君的政治努力，也包括每个个体都能够进行的身心功夫修炼。正是在这种修炼之中，《老子》的"主观意识"和人性论的根本旨趣得到突显。

**关键词**：人性论；《老子》；自然之性

## 导　言

徐复观先生认为，人性论"居于中国哲学思想史的主干地位，并且也是中华民族精神形成的原理、动力"，是"要通过历史文化了解中华民族之所以为中华民族"的起点和终点①,于是作《中国人性论史·先秦篇》。考虑到"轴心突破"的观点,认为"人类靠当时(指轴心时代)所产生、所创造、所思考的一切生活到了今天。在人类每一新的飞跃之后,他们都会回忆起轴心时代,并在那里重燃火焰"②,徐复观先生的治学致思路径就具有更加深刻的意义。他是想通过对先秦人性论发生线索的重新发现,来为中华民族的精神传统寻找历史的终极根基。

如果人性论具有如此重要之意义,那么在先秦思想中发现人性论就是必要的——尤其是就对后世中国之思想产生重要影响并成其主流的儒、道两家而言。当然更重要者,是作为儒道两家最重要之思想体系的《论语》《孟子》、《老子》、《庄子》之中,"事实的"或"实质的"人性论是客观地现实存在的。其中最有争议的或许是《老子》思想。一方面,《老子》全书,无一"性"字——这或许是历史的原因③;另一方面,《老子》中流露出的某些思想倾向令后人对其产生了误读,忽视或误解了其中的人性论思想体系。其中最激烈的批评来自唐君毅先生。唐认为,《老子》"客观意识强而主观意识弱"④,故不直接论性。事实上,人性关乎人之存在的根基,因而必然要与所谓人的"主观意识"发生关联。因而,重新发现《老子》中的人性论,归根到底是对其思想缺乏主观意识的回应,是对轴心时代的华夏先哲一大精神共性的重新发现。基于此,本文将以人性论为视阈,重新对《老子》中的相关思想进行具体地阐发,以解决一些误解与理论困难。

---

① 徐复观:《中国人性论史·先秦篇》,北京:九州出版社,2014年,第2页。
② [德]雅斯贝尔斯:《论历史的起源与目标》,李雪涛译,上海:华东师范大学出版社,2018年,第14页。
③ 徐复观:《中国人性论史·先秦篇》,北京:九州出版社,2014年,第296页。徐复观认为"'性'字的流行,在战国初期以后",因此《老子》无"性"字可与其成书在战国初期或以前相互印证。《老子》成书年代是一复杂的问题,特别是随近年来考古之发展,人们对《老子》成书年代问题亦获得进一步之认识。如今已无必要说通行本《老子》一定为战国初期或以前成书,实际上可能更晚,但历史的原因仍一定是《老子》中无"性"字之一重要原因。
④ 唐君毅:《中国哲学原论·原性篇》,北京:中国社会科学出版社,2005年,第22页。

# 一、从人性论到《老子》中的人性

## 1.《老子》[①]与人性论视阈

《老子》中无"性"字,因此只有在具体而特定的人性论视阈中,《老子》中的人性论思想才能得到定位;换言之,《老子》人性思想只有在与已经取得完全意义合法性的人性论[②]之对照中才能得到理解。在这个意义上,先秦性善派、性恶派、性无善恶派就建构了《老子》需要与之对比的基本问题域。考虑到年代问题,先秦思想是最佳的比较对象,后世之人性思想或与《老子》相隔时间太远而无过多的比较意义。而在先秦的人性论思想中,倒也不必过纠结于年代之先后——此处所做并非思想源流之考察,而是《老子》一书的思想建构。至于上述三家,在人性论系统中相较于《老子》都是逻辑上先在因而必

---

[①] 《史记》认为,作"道德之意五千馀言"者是春秋时期比孔子年长的老聃,如果这一观点成立,考虑到"性"字的流行程度以及"人性论"思想的流行年代,认为《老子》中有人性论思想就似乎是一种勉强而不够务实的观点。然而太史公本人似乎也不能确定"老子"究竟为何人,于是在"老聃"后又简要记录了"老莱子"和"太史儋"的事迹。后来钱穆先生就由这记述的粗略与混乱,来论证老子故事的荒谬和《老子》一书的伪作;基本同时代的冯友兰先生和张岱年先生都认为《老子》成书在战国中前期左右(其中,冯《中国哲学简史》最终认为《老子》成书在惠施公孙龙之后即战国中后期,但从时间看不如其早期观点认为成书于惠、公之前即战国中前期合理,从后说,张亦认为在战国前期)。后来郭店楚简的发掘,让此问题获得进一步之解决。如郭沂认为,简本属于一个早已失传的传本系统,出自春秋末期;各种传世本包括帛书属于另一个传本系统,出自战国中期。后者曾将前者全部纳入并加以改造。因此,为避免将后来者思想强加于前人("性"与人性论思想在战国才渐趋流行,孔子由于对"普遍人性"即所谓"仁的普遍性原理"的发明成为一个例外,但考虑到《老子》的理论性格,简本所代表的春秋《老子》中是否确实具有人性论十分可疑;而源于战国的传本系统在当时的理论环境下更可能现实而客观地具有人性论思想),本文以所谓后一个"传本系统"为准,尽量不对简本文本加以考虑。参:司马迁:《史记》,北京:中华书局,2011年,第1897—1899页、第1899—1990页;钱穆:《先秦诸子系年》,北京:商务印书馆,2015年,第233—261页;冯友兰:《中国哲学简史》,北京:北京大学出版社,2013年,第96—97页;张岱年:《中国哲学大纲》,南京:江苏教育出版社,2005年,第13页;郭沂:《郭店楚简与先秦学术思想》(第二卷),上海:上海教育出版社,2001年。

[②] 此处所谓"已经取得完全意义合法性的性善论",是指思想中明确提出"性"字的人性论,因其直接明确,故毫无疑问合法。

须被考虑的。

先秦时期发源最古、传统最久的人性理论当是性无善恶论。这与自生言性之传统有关。与"生"相通而可互用之"性"在孔子前皆是主流。此"性"所言,乃人生而即有之实然质性、自然欲望、寿命短长等①。到《孟子》时,承继此传统之典型乃告子:

> 性,犹杞柳也;义,犹桮棬也。以人性为仁义,犹以杞柳为桮棬。(《告子上》)

> 性犹湍水也,决诸东方则东流,决诸西方则西流。人性之无分于善不善也,犹水之无分于东西也。(《告子上》)
> ……

> 性无善无不善也。(同上)②

告子认为人之本性没有善恶之分,成善成恶的人生过程只有在于后天经验中才能得到理解。在这样的立场上,他继续对自己理解中的"性"进行进一步界定:

> 生之谓性。(同上)

> 食色,性也。(同上)

如此,自生言性之传统湛露无疑。告子们理解的人性是"生",即人之生存本身,是伴随人之生而与生俱来的自然质性,具体而普遍地表现为维持自

---

① 参牟宗三:《心体与性体》,长春:吉林出版集团有限公司,2013 年,第 171—180 页。
② 朱熹:《四书章句集注》,北京:中华书局,2011 年。下同。

身生存的生理欲望。

先秦持性善论者则自然以孟子为代表：

> 无恻隐之心，非人也；无羞恶之心，非人也；无辞让之心，非人也；无是非之心，非人也。恻隐之心，仁之端也；羞恶之心，义之端也；辞让之心，礼之端也；是非之心，智之端也。人之有是四端也，犹其有四体也。有是四端而自谓不能者，自贼者也……凡有四端于我者，知皆扩而充之矣。若火之始然，泉之始达。（《公孙丑上》）

> 人之所以异于禽兽者几希；庶民去之，君子存之。（《离娄下》）

> 乃若其情，则可以为善矣，乃所谓善也。若夫为不善，非才之罪也。恻隐之心，人皆有之；羞恶之心，人皆有之；恭敬之心，人皆有之；是非之心，人皆有之。……仁义礼智，非由外铄我也，我固有之也，弗思耳矣。故曰："求则得之，舍则失之。"（《告子上》）

其实孟子所见，正是自生言性思路之弊。所谓"生之谓性"，如果作为天地之灵杰、万物之灵长而可与天地参的人之性，只是生物性的生存，人将失去其存在之高贵而徒有一副用以生存的躯壳。因此性善论，首先是将人之所以为人、人之所以如人一般生存的存在理想置于人的根基之处；如果善之端绪是普遍存在于人性中的，那么善就是人所以能成为其自身的应然之状态。告子们看见实然的食色之欲，却看不到应然的道德理想。而孟子揭示出：这一道德理想正是根源于人之存在本身向善发展的本质倾向。因而孟子所谓"性善"，是人性理所应然成为善、是植根于人性之中的向善的关乎人之存在之本质的倾向。当然，善端在后天也会遭遇遮蔽、善心在后天亦可能被自我放逐。因此，人若将实现其善性，必以求其放心、立其大者、知言养气等功夫扩充其善端本心，以实现其人性。要之，孟子所谓"性"，是人之所以为人的现实具有的存在根基，这一根基作为一种本质倾向蕴含了人所应然成为的人文理想，因而亦是人的功夫修炼所应追求之目标状态。

荀子是持性恶论之典型,他认为"生之所以然谓之性"(《正名》)[①]、"不事之自然谓之性"(同上),似与告子相类。然告子所见是人之具有实然生理欲求自然质性本身,荀子则看到了这一自然性质之外的东西:

> 今人之性,生而有好利焉,顺是,故争夺生而辞让亡焉;生而有疾恶焉,顺是,故残贼生而忠信亡焉;生而有耳目之欲,有好声色焉,顺是,故淫乱生而礼义文理亡焉。然则从人之性,顺人之情,必出于争夺,合于犯分乱理而归于暴。(《性恶》)

荀子所见乃是顺人实然生存之状态,而可以导出的人成其为非人的可怖局面——在此意义上,荀子的眼光较告子长远得多、洞见亦深刻得多;正因看到了这一可怕局面,他才能意识到"化性起伪"的意义。惟礼义积伪,而后"涂之人可以为禹"(同上)。因此,荀子之性亦是人之自然情性,然更包括此自然情性对人之存在本身造成的戕害与异化,因而是待人为礼义教化修身而后化者,是对象化的必须得到改良者。

**2.《老子》中的人性观念**

徐复观先生言,人性论的内容是以"命(道)、性(德)、心、情、才(材)等名词所代表的观念思想"[②]。性、德同言,显然是对于《老子》文本的暗示。《老子》中无"性",但一般认为《老子》中之德即为"性",此处且作一具体之分析。

叶树勋称,就思想环境言,《老子》时之"德"有两方面的含义对认识《老子》中之"德"有重要意义——其一是在位者对下之恩德,其二是人得自于天之某种品性。[③] 斯言不谬,前者在《老子》中表现为某种外在显现的有德之行,

---

[①] 王先谦撰,沈啸寰、王星贤点校:《荀子集解》,北京:中华书局,2018年。
[②] 徐复观:《中国人性论史·先秦篇》,北京:九州出版社,2014年,第2页。
[③] 叶树勋:《"德"观念在老子哲学中的意义》,《中国哲学史》2013年第4期,第19—25页。

其主体或是圣人或人君：

　　上德不德，是以有德。下德不失德，是以无德。上德无为而无以为。（三十八章）

　　上德若谷……广德若不足；建德若偷。（四十一章）

　　报怨以德。（六十三章）

　　是谓不争之德，是谓用人，是谓配天，古之极也。（六十八章）

　　有德司契，无德司彻。（七十九章）①

而后者方可以直指此处将讲之人性论：

　　同于道者，道亦德之。（二十三章）

　　道生之，德畜之，是以万物莫不尊道而贵德。（五十一章）

　　玄德深矣，远矣，与物反矣，然后乃至大顺。（六十五章）

　　诚然，即使是前一种外在显现之德，也可以在《老子》的整个体系中得到理解而与形上层次之道体建立联系，被诠释为道的显现与落实于人身的道体之发用。然而此处所关注的是《老子》中的人性观念本身，考虑到《老子》系统的特质，其着眼点归根到底在于人性与道之间最根本的义理关联。因而，不

---

① 本文所引《老子》原文多引自陈鼓应：《老子今注今译》，北京：商务印书馆，2006年。若有特殊情况将另行说明。

能说《老子》之德全是人性,而仅仅是其中一部分之"德"。

对于这一部分可称作人性之"德",王弼云:"德者,得也。常得而无丧,利而无害,故以德名焉。何以得德,由乎道也。"①作为人性之德是道之所命所赋,因此"孔德之容,惟道是从"(二十一章),"同于道者,道亦德之"。人性之德是道之显现,是道向人身之落实,是道体生生不息之化育作用的一部分。《老子》对人性之"德"的这一规定性描述在致思路径上类于孟子,都是为人之存在寻找一更高层次之存在以为其根基与价值根源,非此即不足以说明其所提倡价值之普遍性与至高性。

《孟子》代表之儒家以仁义之善为至高价值,而《老子》之旨趣则与此大相径庭。《韩非子》"凡德者,以无为集"(《解老》)、"虚则德盛"(同上)②与王弼"惟以空为德,然后乃能动作从道"③都鲜明地揭示这一分歧,在于对人性内容的理解问题,即人的本性究竟是否向善。

区别于《孟子》用经验证明本心的先验性,《老子》从一开始即先验地设定了形上实体的真实存在。因此人性的内容应取决于道:

人法地,地法天,天法道,道法自然。(二十五章)

王中江教授认为,"道法自然"之义是道遵循或顺应万物自己如此④;若如此,根据句意人或最终应取法于自己。刘笑敢先生则很早就反对这种理论倾向,认为"人最终将取法于自己"的观点将降低《老子》的理论格调,正确的理解是将自然理解为一种最高价值,即作为价值的"自己如此"⑤。其实这种分歧本无必要。当人之应然就是效法道而顺应身为万物中之一员的自己的"自

---

① 王弼注,楼宇烈点校:《老子道德经注校释》,北京:中华书局,2018年,第93页。
② 王先慎撰,钟哲点校:《韩非子集解》,北京:中华书局,2018年,第138、139页。
③ 王弼注,楼宇烈点校:《老子道德经注校释》,北京:中华书局,2018年,第52页。
④ 王中江:《道与事物的自然:老子"道法自然"实义考论》,《哲学研究》2010年第8期,第37—47、127页。
⑤ 刘笑敢:《老子古今:五种对勘与析评引论》,北京:中国社会科学出版社,2006年,第288—289页。

己如此",那么"自己如此"本已成为一种至高的价值;问题的关键在于这个作为价值的"自己如此"带来的问题:为何"自己如此"能成为一种最高的价值？

"自己如此"的状态实际上并非对"道"本身的效仿,而是对道之下万物之所应然之状态的效仿或回归。[1] 因为道是先验设定的万物的唯一且最终之根据,那么万物就应该依照道所赋予之德而存在;而这种德又偏偏是"生而不有,为而不恃,长而不宰"(十章)之玄德,其带来的是平稳而使大家觉察不到的弱作用[百姓皆谓:"我自然。"(十七章)],因此人之所应然存在的方式就是自己如此之自然。

当"自己如此"成为一种价值,它是在印证一种对于人因循其"自己如此"即可通向良好生活的坚定信念,认为"自己如此"的人生即为良好生活本身;这种生活不讲仁义礼智、美丑善恶,因为"天下皆知美之为美,斯恶已;皆知善之为善,斯不善已"(第二章),人为价值本来相对而有限,将其强加于人的生命只会形成对生命意蕴的禁锢和限制。因此,《老子》对于人性的规定并不同于告子、荀子。后者看到的是自然状态下的人欲及其消极后果,而《老子》看到的则是他们目光的局限性——他们囿于相对的人为价值,陷入有无"善恶"的争辩,而看不到"自己如此"本身是最具自足性的价值。因此,《老子》讲人性,是"自然性",这种人性将善恶问题存而不论,实际是超脱了善恶的相对价值和对"真实"的人为遮蔽;这种自然性几乎可以说没有内容,或者说其内容是"名可名,非常名"(第一章)的幽深、晦暗与恍惚——因为"自然性"的关键不在内容,而在于其形式:这种人性仅仅依靠道之生成、德之畜养的弱作用,即可自己如此、自然生长、自己实现对于自己之发展。

刘笑敢指出,"自然"意味一种"行动主体的存在与发展的动因的内在性",其指向则是主体与外界的关系问题。[2] 考虑到动因的内在性所要求的发展的自发性与平稳状态、外在存在的弱作用、弱影响正符合《老子》对于道德

---

[1] 王中江提出并论证了道—万物与圣人(人君)—百姓的对应结构;如果人性论视阈需要排除有位者的特例而研究普遍人性,那么每个人就应作为百姓中的一员而去寻求自己人性根基处同道之下万物的对应。见《道与事物的自然:老子"道法自然"实义考论》(《哲学研究》2010年第8期)。

[2] 刘笑敢:《老子古今:五种对勘与析评引论》,北京:中国社会科学出版社,2006年,第211、276页。

一人与万物关系的设定,那么《老子》中的人性论思想就是其"主观意识"的极佳注脚。换言之,在人性论视野中,《老子》强调道的作用正是因为其弱作用确保了充满主观意识的人之"自己如此"的实现。

当然,《老子》不会意识不到人生而具有之"德"被遮蔽的情形——事实上,《老子》对于道德如何被遮蔽、人性如何堕落的洞见相当深刻——同时,《老子》也给出了自己的解决路径,包括政治路线和复性功夫,通过它们能使人回复自己如此的状态本身。在理论架构上,《老子》人性论具有和《孟子》、《荀子》相匹的理论深度。

要之,《老子》中亦有人性论,其中所言之人性多以"德"为依托——当然,并非其中所有"德"皆意谓人性。《老子》之性是超脱了先前所述有善恶之辩三家的人性规定性,而以自然为其"规定性"(或称"不规定之规定性")。自然之人性强调"自己如此"的仅仅依靠内在动因的存在状态,而不去规定人性应各自具有何种内容。自然之性既是人之存在的现实根基(如《孟子》),由最高存在"道"所赋,又是人自由自在成其为自身而不受外力过度干扰的本质倾向(再如)。存在相当可能:此自然性在人的后天经验生活中遭到遮蔽(亦如);但人仍可通过努力恢复本性,于是此性又是人之所应然、是人之修养功夫所当用力之方向(仍如)。

## 二、"大道甚夷而人好径":人性的遮蔽何以可能

如果操持人性本身即可通向良好生活,那么现实世界中并不那么良好的生活如何造成将成为一个核心问题。在这个意义上说,非良好生活直接来源于自然之人性的遮蔽。于是问题也就变成:人性的遮蔽如何可能。

老子对人性遮蔽之起因批判,首先表现为对各种过度发展之"文明"现象的批判;在他看来,"文明"意味着对人性的遮蔽和戕害,因而等同于"非文明"——换言之,他眼中的"文明"本身是一个应该被消解掉的矛盾。当然,老子没有言说"文明"这一语词,他的批判首先由对仁义、智慧、技巧、刑政、战争等现象展开:

不尚贤,使民不争;不贵难得之货,使民不为盗;不见可欲,使民心不乱。(三章)

慧智出,有大伪。(十八章)①

绝圣弃智,民利百倍;绝仁弃义,民复孝慈;绝巧弃利,盗贼无有。(十九章)②

上德不德,是以有德;下德不失德,是以无德。(三十八章)

天下多忌讳,而民弥贫;民多利器,国家滋昏;人多伎巧,奇物滋生;法令滋彰,盗贼多有。(五十七章)

其政察察,其民缺缺。(五十八章)

民之饥,以其上食税之多,是以饥。民之难治,以其上之有为,是以难治。民之轻死,以其上求生之厚,是以轻死。(六十五章)

世俗所看重的仁义与贤德,实际上作为抽象的观念成为对人们"自然如此"、自由生长发展的外在束缚;林希逸的"'不失德'者,执而未化也"③意谓"德"作为被外在强加给个体的相对价值目标,相对于人性自然之德而言却根本上是异己的存在而不可能化归于"自己如此"的状态之中,因而是对人性的遮蔽:"仁则尚焉,义则兢焉,礼则争焉"④。因此唯有摒弃强加的仁义观念,人

---

① 本句引自《老子道德经注校释》,第43页。《老子今注今译》中据简本将此句删除。
② 本句引自《老子道德经注校释》,第45页。《老子今注今译》中据简本改此句。
③ 陈鼓应:《老子今注今译》,北京:商务印书馆,2006年,第215页。
④ 王弼注,楼宇烈点校:《老子道德经注校释》,北京:中华书局,2018年,第95页。

才能恢复到"自然如此"的状态下那种自然淳朴的孝慈。至于圣智机巧利器，则使人们放逸心性于外、为外物所操持、为外界所控制，如果"自然"意味动因的内在性，那么这些物什带来的就是外在影响的加剧因而是对自然的背反。另有繁苛之法令、分明之赏罚、察察之刑政，这些统治之术借助政治权力而直接造成对社会网络中每个个体的强烈影响，用强势的外力使个体偏离了"自己如此"、自由发展的正轨。

当权者在政治上的有为是遮蔽人性的重要因素，但对人性之遮蔽的追问如果到此为止就略显简易。事实上，人性所以可能受到遮蔽，还有其更深刻的人性内在依据。

《老子》的"大道甚夷，而人好径"（五十三章）正如王弼注曰："言大道荡然正平，而民犹尚舍之而不由，好从邪径，况复施为以塞大道之中乎？"[1] 人性的遮蔽其实是两个层次的问题：第一个层次在后半句，是有人"施为以塞大道之中"，即上文所述统治者通过强加外在的影响干扰人们"自己如此"的进程；而第二个层次——"大道荡然正平，而民犹尚舍之而不由"——大道平坦，为何百姓常常舍之不用，或许才是触及人性遮蔽之根本的问题。

一般认为，作为《老子》中的个体人，其自然本性被遮蔽的内在原因是心知与欲望。然而问题似乎并不如此简单。《老子》"实其腹……强其骨"（第三章）、"圣人为腹不为目"（十二章）都肯定自然欲望的合理性。至于心知，如叶树勋讲，"知"甚至是人保持常德本性之一关键因素[2]，《老子》："知其雄，守其雌，为天下谿。为天下谿，常德不离，复归于婴儿。知其白，守其辱，为天下谷。为天下谷，常德乃足，复归于朴"（二十八章）、"知足不辱，知止不殆，可以长久"（四十四章）、"祸莫大于不知足。故知足之足，常足矣"（四十六章）。由是观之，问题并没有如此简单。

一个关键的理论困难是：合理而合乎自然的欲望是自然人性不可或缺的一部分——这首先是久已有之的自生言性的传统，而《老子》既主张"为腹"，

---

[1] 王弼注，楼宇烈点校：《老子道德经注校释》，北京：中华书局，2018年，第141页。
[2] 叶树勋：《"德"观念在老子哲学中的意义》，《中国哲学史》2013年第4期，第19—25页。

就不会看不到这一点——而心知也是人所现实具有的重要特质,如《荀子》言"凡已知,人之性也"(《解蔽》),《老子》既亦强调"知"之作用,就说明"知"并不与他所提倡的最高价值"自然"相违背,而可以被化归到人的自然本性之中。然而,欲望和心知如果同属自然之性,二者的发展却又滋生了对自然之性的背反,如王弼言:"夫耳、目、口、心,皆顺其性也。不以顺性命,反以伤自然。"①这是一个悖论,似乎在说明自然人性本身是一个不可消解的矛盾,根据矛盾律,这相当于否认了自然人性的存在。

要解决这一关涉人性遮蔽之内在根源性问题,就必须再次回到人之存在的根基之处。换言之,人性之遮蔽的内在根源性只有在道-德/人性-人之现实活动的复杂互动过程中才能得到理解。"道生之,德畜之","生而不有,为而不恃,长而不宰",意谓道赋予人自然本性并仅仅以弱作用"辅万物之自然而不敢为"(六十四章);道与德虽然规定了人"自己如此"的本质倾向,但由于并不对人的生活施加强作用而无法干预其现实生活。而自己如此之自然是一种动因的内在性,规定的仅仅是个体应然的"存在"状态而非实然的"共在"状态。但现实生活中主体只能处于外在之中,只能处于同外在存在的"共在"状态之中,而本身从属于自然本性的欲望与心知走向异化、走向"非自然"就是外在异己性存在的刺激和影响的结果,它并非意味着自然本性的内在矛盾,而是意味着一种人之现实存在的内在矛盾②。正如《老子》主张"小国寡民":

邻国相望,鸡犬之声相闻,民至老死不相往来。(八十章)

其实此章所包含的正是《老子》对于外在异己性存在必然造成存在者自然本性异化的深刻洞见,因而"小国寡民"其实是一种将外在影响降至最低的

---

① 王弼注,楼宇烈点校:《老子道德经注校释》,北京:中华书局,2018年,第28页。
② 这正好可以印证《老子》所谓"道"即使作为形上存在,亦全非所谓全能之造物者或万事万物之最终因;"道"执行的仅仅是最初的创生作用以及后续的弱作用弱影响,即"辅自然"——所谓"生而不有,为而不恃,长而不宰",大义正在乎此。

努力,《老子》希望圣人之治可以最大限度地排除外部世界对于人之自然本性的影响。

考虑到外在存在的影响,可以说:即使不考虑统治者的胡作非为,每个个体人在面对其现实生活中依然面临其自然人性被异化的根本性、必然性风险。但接下来还有第二个理论困难:既然道所生、德所畜非惟人,而且包括世间万物,那么草木禽兽之类,为何未见得在未受人类干扰的情况下有被其外在环境异化之迹象?

这一困难涉及的是在人性的遮蔽中,欲望与心知的关系问题。事实上,如果人与禽兽生来具有的自然欲望是基本相通的,那么问题的关键似乎就在于"知"。

的确,即使最初具有相似层次的欲望,但由于人类"知"或"智"的层次远高于禽兽,因此面对外界的吸引诱惑、或影响干扰,人与禽兽自然而然会以截然不同的方式来应对之——《荀子》言"草木有生而无知,禽兽有知而无义"(《王制》),在《老子》看来,荀子所说之"义"或许可以理解为一种更高层次的心知的表现,但这种更高层次带来的未必是良好生活而亦可能是对自然人性,因而是对良好生活的偏离。面对外界的刺激,人会发生一定欲望,但相比于禽兽更高级的知使人总是能有使自己欲望实现的可能。长此以往,人欲将愈发旺盛猖獗,因为他总是能通过心知外放实现自己的欲望。

这样看来,在偏离自然人性的过程中,欲望与心知并非分而发用,而是始终交织在一起。外物引发刺激—欲望被激动—心知被唤醒—欲望获得实现并继续加强—欲望驱使心知继续外放——继续受到外物引发的刺激……这是一个欲望、心知、外物交织在一起的复杂互动过程,在这一过程中,人对自身自然本性的背离类似于一种"智令欲昏":正是外物使知、欲交织在一起;而又正是交织在一起的知、欲才走向了对其自身之应然的背反。这一过程可以如图9所示:

"智令欲昏"意味着一种"知"对"欲"的畸形强化,意味着人可以用其"特有的"手段和方式去追求外物之欲("不择手段"本身也是一种手段)。正如《老子》及其注家对"诈伪"的激烈批评——因为"诈伪"就是这由融合了心知

```
          ┌ 欲望 ← 刺激、影响
          │  ↕
          │ 心知
自然本性 ──┤              ← 外界
          │
          │
          └
```

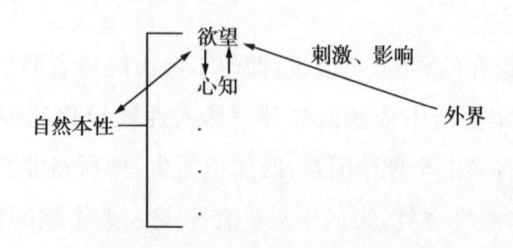

**图 9 "智令欲昏"过程示意图**

的欲望所驱使而产生的人的"手段"或"不择手段"之一最核心的表现,因而是对人之自然本性最根本的反动与背离:

> 慧智出,有大伪。
> "缺缺"借为㹤,《说文》:"㹤,狡㹤也。"㹤㹤,诈也。
> "缺缺",机诈满面貌。①
>
> 弃本舍母,而适其子,功虽大焉,必有不济;名虽美焉,伪亦必生。
> 民多智慧,则巧伪生;巧伪生,则邪事起。
> 殊类分析,民怀争竞。
> 明,谓多智巧诈,蔽其朴也。
> 多智巧诈,故难治也。②

在这个意义上,先前提到的人君有为而遮蔽百姓之本性亦是这一观点的重要注脚。人君把握人间社会中的最高权力,因而象征着最高层次的"知"——这种"知"是整个人类社会的产物因而层次最高——而其欲望也强

---

① 陈鼓应:《老子今注今译》,北京:商务印书馆,2006 年,第 284 页。
② 王弼注,楼宇烈点校:《老子道德经注校释》,北京:中华书局,2018 年,第 94、150、151、167、168 页。

化至最为畸形之境地。如此看,无道之君不仅遮蔽了他治下百姓的人性,他也最大程度地遮蔽了自己的本性。

## 三、"域中四大人居其一":人性回归与自然实现

依照前文所述之思路,《老子》提出了人性受到遮蔽的两种路径,因而"解蔽"的方法就应是切断那两条路径——针对无道有为之人君,《老子》提出了政治哲学路径。针对人性之遮蔽的内在性根源,《老子》提出了功夫论路径。

关于政治哲学路径,《老子》认为,有道之君应效法天地之于万物、道之于万物。子曰:"天何言哉?四时行焉,百物生焉。天何言哉?"(《论语·阳货》)[1];《老子》:"生而不有,为而不恃,长而不宰。"有道之君应只对百姓施加使其意识不到的弱作用,从而使其自然之性得到充分的自由发展,使其能够"自己如此"、自己发展自己之良好生活。所谓"无为而无不为",就在于"无为"涵养了万物百姓之"自然",就在于看到了每个个体身上都有道之所赋、凭其自己如此即可走向良好生活的可能性与本质倾向:

圣人处无为之事,行不言之教;万物作而不为始。(二章)

天地不仁,以万物为刍狗,圣人不仁,以百姓为刍狗。(五章)

功成事遂,百姓皆谓:"我自然。"(十七章)

圣人云:"我无为,而民自化;我好静,而民自正;我无事,而民自富;我无欲,而民自朴。"(五十七章)

其政闷闷,其民淳淳。(五十八章)

---

[1] 朱熹撰:《四书章句集注》,北京:中华书局,2011年。

圣人欲不欲,不贵难得之货;学不学,复众人之所过,以辅万物之自然而不敢为。(六十四章)

圣人所行无为之教,正涵容了对人之本性与良好生活之间义理性必然关联的深刻而坚定的信念。

在此叙述政治路线,是因为此路线涉及对人之自然性的先验设定因而与人性论发生关联。然而,对于人性论之视阈而言,由外在之政治路线回复个体之本性归根到底并非核心。人性论所关注的回复本性之路径,最终只能是存在主体的复性功夫——相较政治路径,主体之复性功夫才更合乎人性论之根本宗旨,以可以发明"主观意识"之大义。

复性功夫所面对的问题是外物刺激之下、纠缠的心知与欲望对人性带来的遮蔽,因此去蔽的关键在于二:(1)切断外物对存在主体(之欲望)的刺激;(2)切断心知与欲望的纠缠。理论上说,此二者其实是一个过程的两个方面,因为外物对存在主体的刺激首先是对主体欲望的刺激,然后再由欲望纠缠心知、从而吸引心知自放于外。当外物对主体的刺激被彻底切断,心知与欲望之纠缠也就恒常地失去了触发点而无可成立;另一方面,心知和欲望之纠缠若被切断,即使外物再行刺激主体之欲望,但由于心知无法被欲望驱使,因此欲望失去人智之加持也只能停留于基本欲望之层次——而这样的基本欲望本就是自然之性的一部分,并不会使人被外物所奴役而对人之自己如此造成影响。这两个方面之统一,即《老子》之复性功夫。

自切断外物对存在主体(之欲望)之刺激言:

载营魄抱一,能无离乎?抟气致柔,能如婴儿乎?涤除玄鉴,能无疵乎?……天门开阖,能为雌乎?(十章)

圣人为腹不为目,故去彼取此。(十二章)

## 人性论视阈中的《老子》新探

致虚极,守静笃。(十六章)

躁胜寒,静胜热,清静为天下正。(四十五章)

塞其兑,闭其门,终身不勤。……见小曰明,守柔曰强。用其光,复归其明,无遗身殃,是为袭常。(五十二章)

塞其兑,闭其门,挫其锐,解其纷,和其光,同其尘,是谓"玄同"。(五十六章)

如果说"为腹不为目"意谓以"实其腹"为限度满足自身欲望而集中精神、排除目与外物相接而激发之欲望,那么"天门开阖,能为雌乎"与其章前三句就隐喻了这样一条功夫论路径:魂魄圆融统一、精神和柔凝聚、心灵明澈、感官虚静即可在自然官能与外物相接时持守本性、回复自己如此的本真性存在状态。对于清静、虚静、致柔、守柔、和光、同尘等用功状态,史华兹称其充满了"神秘主义"色彩[1],刘笑敢先生直言有论者称之为"气功之术"[2],这其实都是对《老子》人性论之深刻处的误读。正如王弼所云:"静则全物之真。"[3]与"静"、"柔"、"明"等相关联的其实是人之存在复归其自然本性的某种本体论状态。经验上讲,当人能够做到内心虚静,就意味着他可以在复杂纷繁的世间乱象之中找到心灵的栖居之所而使其内心不为外物所扰动;葆守柔的状态意味着他能够保持虚静而不为欲望所动——因为"坚强"意味着追求,因而会导向为外物所奴役,惟柔弱者方可克制欲望——"涤除玄鉴"之明则将人之目光由外内转,而可以洞见函藏于其本心的自然本性即人之存在根基。最终,和光同尘之境中,颠倒了的心随物转重新恢复为物随心转,此境之中人可以

---

[1] [美]本杰明·史华兹:《古代中国的思想世界》,程钢译,刘东校,南京:江苏人民出版社,2004年,第213页。

[2] 刘笑敢:《老子古今:五种对勘与析评引论》,北京:中国社会科学出版社,2006年,第164页。

[3] 王弼注,楼宇烈点校:《老子道德经注校释》,北京:中华书局,2018年,第123页。

保守自身自己如此之本质倾向与存在状态,不因天门开阖而使欲望与物相交。

另一方面,自切断心知与欲望的纠缠言:

万物并作,吾以观复。(十六章)

知其雄,守其雌,为天下谿。为天下谿,常德不离,复归于婴儿。知其白,守其辱,为天下谷。为天下谷,常德乃足,复归于朴。(二十八章)

知足不辱,知止不殆,可以长久。
咎莫大于欲得,祸莫大于不知足。故知足之足,常足矣。(四十六章)

知和曰常,知常曰明。(五十五章)

将解决物欲与心知的纠缠,关键不在物欲。因为"人无毛羽,不衣则不犯寒……不食则不能活"(《韩非子·解老》),基础性生理欲望是必然的和必要的,但其畸形扩张确缘于心知的杂糅与纠缠。因此关键在于对知的功夫修炼。

取消心知同物欲的纠缠,其实换言之,即使知专注于物欲以外者。这实际上意味着一种觉解。这种觉解之知首先要求对人自身的自然本性以及可能造成这一自然本性异化的因素有所觉解;因此"知足"、"知止"、"知和"、"知常",意谓觉解到不知足与不止往往会使人执拗牵绊于欲望,从而造成自己对本性的偏离、对自然的背反,因此"知足知足",就是"知不知足之不足",是对人之本性所要求之存在条件("和"、"常")的深刻觉解。当人意识到、觉解到他的心知决不能同欲望混同杂糅时,他才具备以知接物的能力——"万物并作,吾以观复"意味着当人具备充分的觉解之知,外物便再不会给他带来欲望的扰动,或相对而有限的价值与真相。在万物并作而"复"、"玄德深矣,远矣,与物反矣,然后乃至大顺"(六十五章)的过程之中,他感受、洞见和觉悟到的是"冲而用之或不穷"(四章)的道体、是道的世界里真正的、绝对的、无限的价值与"真相"。

《老子》:"道大,天大,地大,人亦大。域中有四大,而人居其一焉。"(二十五章)其实,万物和人类皆由道所化生,因而分享了相同的自然本性,但万物之中唯独人被理解宇宙之中可与天地道三者并立之伟大存在。人之所以"大",正是在于人在自己背反于自然之本性的必然性与普遍性中,仍然有能力通过虚静守柔之功夫、运用觉解之知,破除内在于自身存在的根源性矛盾而重新回归其自己如此的本质倾向。因而《老子》的功夫论之意义,不仅在于它使《老子》人性论具有完备的理论架构,更在于它完全突显了《老子》中的所谓"主观意识"——人性论,从根本上说这是人对于其自身存在之伟大性的觉解。

## 结　论

《庄子》[①]:"泰初有无,无有无名;一之所起,有一而未形。物得以生,谓之德;未形者有分,且然无间,谓之命;留动而生物,物成生理,谓之形;形体保神,各有仪则,谓之性。性修反德,德至于同初。同乃虚,虚乃大。"(《天地》)"唯道集虚。虚者,心斋也。"(《人间世》)《庄子》一方面发展《老子》中的"德"观念而形成更加复杂的人性观念体系,另一方面将"性修反德"落实于"心",对"心"的发明使得《庄子》得以流露出更加充分之主观意识。

本文的最后提到《庄子》,并非画蛇添足,以寥寥数字论《庄子》对《老子》之发挥与发展。此处要说明的是:道家传统中含蕴有真正的人性论传统,这一传统在《庄子》时期恢宏光大,但决不可忘记此传统正是滥觞于《老子》时期。

因此,《老子》之人性论也正是在道家人性论传统中才能得到更好的定位;而所谓《老子》中缺乏"主观意识",既是对《老子》文本中实质的人性论思想的忽视,也是对这一支道家人性论传统、对其思想演变之源流、对其思想史过程的抹杀与消解。

---

① 陈鼓应:《庄子今注今译》,北京:商务印书馆,2016年,第363、139页。

## 个人简介

李宇泽,黑龙江哈尔滨人,南京大学人文科学试验班 2019 级本科生。

## 学习感悟

石头城古来帝都,确有虎踞龙盘之形势。秦淮河畔有书院。建业乃建业之所,亦念书求学之地。大学一年所览之文牍篇目,竟似已超过去数年之总和,可见过去用功煞是不足,今时之功亦差之其应然远矣。

近来方用心用情于圣贤之书,极感人同此心,心同此理,古今相通,颇为有趣。张横渠所谓继往圣之绝学,另一表达乃与往圣超时间之对话,此似读圣贤书之一关节。当然,颜子尚曰"瞻之在前,忽焉在后",道之难求可知矣。更李泽厚曰"儒门淡泊,已近百年"。然"下学而上达,知我者其惟天",非曰能之,愿学焉;贞下起元,便不仅可愿为好望,更可终于实现。

磨磨唧唧叽叽歪歪,讲些人人会讲之大话,颇显掉价。毕竟学海无涯,需人弘道,非道弘人。往后诸多年月光景,望可充实度过,学以为己成人。

# 韩愈《原道》思微

林钰丰

**摘　要**：韩愈《原道》是中国哲学史上具有重要而深远意义的篇章。本文拟从三个方面——（一）仁义道德论；（二）道统、学统、政统；（三）圣人设教——对韩愈《原道》中所涉及的哲学命题进行进一步讨论与阐发，以期更好地揭示韩愈《原道》内在的思想价值与诠释空间。

**关键词**：韩愈《原道》；仁义道德论；道统、学统、政统；圣人设教

## 引　言

韩愈《原道》是韩愈思想的代表性篇章，亦是中国哲学史上具有重要而深远意义的篇章。《原道》开篇言："博爱之谓仁，行而宜之之谓义，由是而之焉之谓道，足乎己无待于外之谓德"对"仁"、"义"、"道"、"德"做出阐释，此实应答中国哲学之核心、关键术语，故本文将以对"仁"、"义"、"道"、"德"的进一步讨论为第一章之内容。以"仁义道德论"为基点，韩愈鲜明地提出其"道统"论，而在"道统"论背后，实蕴含"道统"、"学统"、"政统"相互勾连的重要命题，这是本文第二章将讨论之内容。另韩愈《原道》中对"圣人设教"的情境详加描摹，故本文第三章将讨论"圣人"这一中华文化之重要形象，阐明儒道思想于"圣人"形象之认识的共通之处，进而揭示中华文化内在的包容性与独立性兼具的文化品格以及思想史中表象思想冲突与深层思想对话、融

合的重要命题。

## 一、仁义道德论

韩愈《原道》开篇以"博爱之谓仁,行而宜之之谓义,由是而之焉之谓道,足乎己无待于外之谓德"对"仁"、"义"、"道"、"德"予以阐释,此四字实属中国哲学之核心、关键术语,对此的界说与发挥在思想史上具有重要意义。对韩愈"仁义道德论"的深刻把握与阐发,首先需要上溯考究先秦儒道关于"仁义道德"观念之界说并辨析其异。此出于以下两点考量:(1)韩愈宣扬道统论,而此道统于韩愈以为在孟子之后就已失传,孔孟之儒学实是韩愈所持、所崇儒学思想之主体,对"仁义道德"所做诠释的内在思想根基理应在孔孟处探寻而后发微;(2)韩愈出于社会政治、文化根脉等之考量视佛老为异端,并对其予以猛烈地抵触抨击,其斗争之决心"虽灭死万万无恨"[①](《与孟尚书书》)。因此,在"仁义道德论"之语境中,阐明先秦儒道关于"仁义道德"认识之异就显得尤为重要,另外《原道》文中所提道家主要指老子,此与道家思想之政治实践主于老子且李唐王朝尊老子为祖或有贯通之处,故下文称引道家学说以老子为主。其次,鉴于"仁义道德"为中国哲学通贯之术语,故韩愈对"仁义道德"之界说应放进宏观的哲学史视域中予以进一步的思辨阐发,吸取韩愈从儒学角度对"仁义道德"予以界说之自觉精神,对"仁义道德"这一至为重要且不可回避的思想命题进行深入讨论与建构。故下文将不拘泥于韩愈之原意,视理论建构需要称引古今中外学人关于"仁义道德"之思以实现上述目标。

《论语》特别突出上古德行体系条目中的"仁"德,并扩大它的含义,此实为对春秋时期"礼"观念的哲学突破。于"礼"而言,从西周到春秋时期,"礼"从制度性的节文和高贵的贵族生活方式逐渐发展为对人生道德、政治等方方面面问题的富有整体性的、根本性的思考,从《国语》、《左传》等典籍所说之

---

① 转引自陈来:《宋明理学》,北京:北京大学出版社,2020年,第27页。

"礼"已可明见①；且"礼"的宗教性得到削减而人文性得到极大地开拓②。然在这一过程中，"礼"之本似未寻得，面对春秋后期礼崩乐坏之局面，孔子找寻到"礼"之本——"仁"，此实为轴心期一大哲学突破，"'仁'与'礼'在实践中交互作用、交互约制，构成一体的两面"③。然孔子言"仁"绝非限于以"仁"释"礼"之径路，陈来整理出《论语》中"仁"的几种内涵：(1) 仁的基础含义即爱亲；(2) 仁指克己复礼；(3) 仁统指道德法则；(4) 仁为全德；(5) 仁即忠恕之道；(6) 仁者爱人；(7) 仁与乐④。此足见"仁"在《论语》中内涵之复杂与丰富。

韩愈释"仁"曰："博爱之谓仁。"有注指出，其意本《论语·颜渊》"樊迟问仁。子曰：'仁者爱人'"，又采《孝经》"是故先之以博爱，而人莫遗其亲"中"博爱"一语。⑤ 关于"仁者爱人"，其类似表述在《孟子》中亦有所体现。如：

> 君子所以异于人者，以其存心也，君子以仁存心，以礼存心，仁者爱人，有礼者敬人。(《孟子·离娄上》)

---

① 此可参看如下观点及论述：徐复观认为春秋时代的道德观念，几乎由礼加以统摄，无不以礼为其依归。(徐复观：《中国人性论史·先秦篇》，北京：九州出版社，2014年，第44页)陈来指出："春秋时代的仪礼治辨，表明西周以来的'礼乐'为主的礼文化发展，已经转变为一种对'礼政'的注重。礼之被关注，不再主要因为它是一套极具形式化仪节和高雅品味的交往方式，人对'礼'的关注已从'形式性'转到'合理性'。形式化的仪节体系仍然要保存，但代表这个时代的贤大夫们更加关心的是'礼'作为合理性原则的实践和表现。"(陈来：《古代思想文化的世界》，北京：北京大学出版社，2017年，第263页)李惠仪指出："'礼'是《左传》中最重要、最常见的道德词汇。"(李惠仪：《〈左传〉的书写与解读》，许明德、文韬译，南京：江苏人民出版社，2016年，第17页)颜世安指出："《左传》中所见的以礼论政则完全不同，礼不再以祈神为目的，礼本身成为一个独立的制度，可以维系国家整齐人民。尤其重要的是，礼体现一种新的价值观，就是相信历史长期培育起来的文化规模是政治和人生的根据。"(颜世安：《礼观念形成的历史考察》，江苏行政学院学报，2003年第4期，第131—135页)

② 此可参看如下观点及论述：余英时指出："'礼乐'(或简称之为'礼')从早期'事神'或'礼神'的媒介至春秋时期已扩大为一套'人道'的秩序。"(余英时：《论天人之际：中国古代思想起源试探》，北京：中华书局，2014年，第84页)徐复观指出："春秋时代是以礼为中心的人文世纪。"(徐复观：《中国人性论史·先秦篇》，北京：九州出版社，2014年，第44页)

③ 余英时：《论天人之际：中国古代思想起源试探》，北京：中华书局，2014年，第96页。

④ 陈来：《孔子·孟子·荀子：先秦儒学讲稿》，北京：生活·读书·新知三联书店，2017年，第16—27页。

⑤ 孙昌武：《韩愈诗文选评》，上海：上海古籍出版社，2017年，第167页。

仁者无不爱也。(《孟子·尽心上》)

"仁者爱人"本质指向社会民生，是把以亲亲为基础的爱推广到一般的对他人、对民众、对社会乃至对天下的爱。以亲亲为基础的"仁爱"推广、延拓之径路亦可认为即所谓"忠恕之道"，"忠恕是实现仁的两方面的工夫"①于温情脉脉的血缘纽带与切实可依的"忠恕之道"中展开的"仁爱"绝非抽象之博爱，其被赋予具体性、情境性、可行性，因而是充满生机的、富有活力的"仁爱"。陈来言："爱人之仁并非抽象的博爱，是和己达达人、己立立人之仁互为表里的，它所指的就是对民生的一种关怀，把致力满足民生需求作为自己的内在动因"②即证此意。在"仁"的各种含义中，韩愈取"仁"之基础义亦是关键义——爱人为"仁"做出诠释既有历史性之根据，亦有其深厚的哲理性。③

"行而宜之之谓义，由是而之焉之谓道"有译曰："实行仁道而合宜叫作义，循此而达到仁义的境界叫作道"④，故此句即表达"仁"、"义"、"道"三者之关系。细味此句，其表面上看起来即传达由"仁"至"义"进而由"义"至"道"的

---

① 徐复观《中国人性论史·先秦篇》，北京：九州出版社，2014年，第88页。

② 陈来：《孔子·孟子·荀子：先秦儒学讲稿》，北京：生活·读书·新知三联书店，2017年，第25页。

③ "仁"之基本义为"亲亲"有其文本根据，亦为学界共识。《国语·周语下》已曰："言仁必及人"，"仁，文之爱也"，"爱人能仁"。《孟子·离娄上》言"仁之实，事亲也"，朱熹注曰："仁主于爱，而爱莫切于事亲。"(朱熹：《四书章句集注》，北京：中华书局，2011年，第268页)胡适总结"仁"有两种说法，其一是慈爱的意思，其二即是"人"的意思(胡适：《中国哲学史大纲》，武汉：武汉大学出版社，2014年，第43页)。陈来言："仁首先和基本的体现是'爱其父母'，这种仁所代表的孝悌事亲，是从心理发出来的。"(陈来：《孔子·孟子·荀子：先秦儒学讲稿》，北京：生活·读书·新知三联书店，2017年，第18页)李泽厚言："血缘纽带是'仁'的一个基础含义。"(李泽厚：《中国古代思想史论》，北京：生活·读书·新知三联书店，2017年，第11页)张岱年言："仁之本旨，是己欲立而立人，已欲达而达人，所以根本上是爱人的。"(张岱年：《中国哲学大纲》，北京：中华书局，2017年，第355页)这些都证明仁的基础含义即与爱相关，并且与人的心理密切相关，李泽厚对此做进一步阐发："因为建立在这种情感性的心理原则上，'仁学'思想在外在方面突出了原始氏族体制中所具有的民主性和人道主义。"(李泽厚：《中国古代思想史论》，北京：生活·读书·新知三联书店，2017年，第16页)在一定意义上点明"仁爱"之历史性。

④ 钟基、李先银、王身钢译注：《古文观止》，北京：中华书局，2016年，第582页。

递进关系,实则若做如此简单理解,便忽视如下重要问题:(1)"仁"、"义"、"道"概念之间是否存在包蕴性、混溶性?(2)"行而宜之之谓义,由是而之焉之谓道"可被视作关于"仁"、"义"、"道"的工夫论表述——其有强调行动与实践的意味,既然这三个概念是与行动、实践紧密相连的,那么此三个概念所关涉的行为主体以及行为主体与概念之间所涵摄之关系理应被纳入关于"仁"、"义"、"道"三者的辨析之中。故下文将揭示"仁"、"义"、"道"概念之间可能的包蕴性、混溶性以及三者与行为主体之联系。

《孟子》关于"仁"、"义"、"道"有如下表述:

(1) 仁,人之安宅也;义,人之正路也。(《孟子·离娄上》)

(2) 仁,人心也;义,人路也。(《孟子·告子上》)

(3) 仁也者,人也。合而言之,道也。(《孟子·尽心下》)

(4) 夫仁,天之尊爵也,人之安宅也。(《孟子·公孙丑上》)

对(4)朱熹注曰:"而仁者天地生物之心,得之最先,而兼统四者(仁义礼智),所谓元者善之长也,故曰尊爵。在人则为本心全体之德,有天理自然之安,无人欲陷溺之危。人当常在其中,而不可须臾离者也,故曰安宅。"[1]从朱熹对"尊爵"的诠释可见"仁"统全德的含义不仅局限于《论语》,在《孟子》中也有所体现。除"仁"统全德的意味,(4)言仁为"人之安宅也",朱熹注曰:"人当常在其中,而不可须臾离者也,故曰安宅";又结合(1)(2)(3)言:"仁,人之安宅也"、"仁、人心也"、"仁也者,人也"之表述,故可看出"仁"与"人"及"人"之

---

[1] 朱熹:《四书章句集注》,北京:中华书局,2011年,第222页。

心理的密切联系。① 对(2)的后半句,朱熹注曰:"义者行事之宜,谓之人路,则可以见其为出入往来必由之道,而不可须臾舍矣。"②该句点出"义"是所应然,是人不可舍弃的路径;结合(1)言"义,人之正路也"、《论语·里仁》"君子之于天下也,无适也,无莫也,义之与比"、《孟子·离娄上》"大人者,言不必信,行不必果,唯义所在"等表述,亦可看出"义"与"人"及"人"之行事道德准则之间的密切联系。如此看来,"仁"、"义"之分似乎是"仁"主内在心理,而"义"主外在路径;"仁"与"义"统一于"人"。这样诠释看似完满,实则存在缺陷。"仁"绝不仅有内在心境的指向,孟子的仁政论就是一个典型的反驳。"仁"在仁政论的语境中被解释为"发政施仁",在《梁惠王》中有明显的体现:

今王发政施仁,使天下仕者皆欲立于王之朝,耕者皆欲耕于王之野,商贾皆欲藏于王之市,行旅皆欲出于王之涂,天下之欲疾其君者皆欲赴愬于王。(《孟子·梁惠王上》)

老而无妻曰鳏,老而无夫曰寡,老而无子曰独,幼而无父曰孤。此四者,天下之穷民而无告者。文王发政施仁,必先斯四者。(《孟子·梁惠王下》)

"仁"在此语境下,显然不是或不只是内在心境,它要表现出来,以期达到所谓社会"善"治的实际功效。这种"仁"是具有社会号召力与凝聚力的行动。徐复观对"仁"有如下精辟界说:"由孔子所开辟的内在人格世界,是由血肉、欲望中沉浸下去,发现生命的根源,本是无限深、无限广的一片道德理性,这

---

① 此亦可从文字学上做出诠释:许慎《说文解字》释"仁"曰:"亲也。从人从二。"廖名春释"仁"字"从人从心",指出许慎释"仁""从二"是对"二"作为重文符号的误读,并以许慎释"仁"之本义为"亲"为谬误,其主张"仁之本义是爱人"。(廖名春:《中国学术史新证》,成都:四川大学出版社,2005年,第70—71页)从文字学上释义"仁之本义是爱人"无疑与从哲学史上阐明"仁之本义是爱人"不谋而合。另外,若悬搁文字学上关于"仁"之本义为何的论断,其共同指向"仁"与"人"的密切联系是无疑的。

② 朱熹:《四书章句集注》,北京:中华书局,2011年,第312页。

在孔子,即仁;由此而将客观世界乃至在客观世界中的各种成就,涵融于此一仁的内在世界之中,而赋予以意味、价值"①,"仁的自觉的精神状态,即是要求成己而同时即是成物的精神状态"②。徐复观此言中提及"仁"伴随的内在世界与客观世界的互动关系,对此可做如下进一步阐发:"仁"植根于人丰富而深广的内心世界,"仁"的扩充把外在客观世界涵摄到内在的心理世界之中,客观世界被主观世界标记意义与价值,而心理世界、主观世界同时也在客观世界中展开,最终实现主观世界与客观世界的同一。质言之,"仁"伴随着一种由内而外("仁"之自觉精神状态之扩发)和由外向内、以内统外(主观世界涵融客观世界,赋予意义、价值)的双向运动,同时完成主客世界同一性建构之义。汉学界亦做类似的阐发强调"仁"的内外双重向度、双向运动,如郝大维、安乐哲言:"'仁'是吸收整合的过程,它把人类社会的条件和关心的事物纳入了人的判断的发展与应用之中"③;"与杜维明的观点相反,'仁'远非指'内部的原则',而是要求考虑到一个人的周围环境。只有把'仁'理解为既是'内部的'又是'外部的',才能使这种关系有意义"④。阐明"仁"的内外双重向度与双向运动后,似乎"仁"是一个无所不包的概念,在如是语境中,"仁"与"义"的区分及联系应如何认识把握呢? 此需要从"仁—人"和"义—我"即"仁"、"义"概念与行为主体的联系着眼。董仲舒在《春秋繁露》中做出"仁"与"义"之区分并提及"仁—人"和"义—我"关系:

> 是义与仁殊。仁谓往,义谓来。仁大远,义大近。爱在人谓之仁,义在我谓之义。仁主人,义主我也。故曰:仁者人也,义者我也。(《春秋繁露·仁义法》)

> 春秋为仁义之法,仁之法在爱人,不在爱我。义之法在正我,不在正

---

① 徐复观:《中国人性论史·先秦篇》,北京:九州出版社,2014年,第64页。
② 徐复观:《中国人性论史·先秦篇》,北京:九州出版社,2014年,第84页。
③ [美]郝大维、安乐哲:《孔子哲学思微》,南京:江苏人民出版社,2018年,第87页。
④ [美]郝大维、安乐哲:《孔子哲学思微》,南京:江苏人民出版社,2018年,第91页。

人。(《春秋繁露·仁义法》)

在"仁"的语境中人是具有普遍意义的概念,但作为普遍意义的人与作为个体意义的自我是不可分割的,如郝大维、安乐哲所述:"人的'仁'限制住了整个人。它不仅指那些'私下的'、'沉思的'和'内部的'自我,而且指那些'公开的'、'活动的'、'外部的'自我。"①人的"仁"统摄作为个体的自我的内外向度、双向运动,在内外向度中展开"仁"的多重内涵。在"义"的语境中,人是个体的自我概念,"我"置身于社会情境之中,与社会发生联系,接受社会的规范,遵循"义"在分寸和界限上的功能。但路是由人开辟出来,"义"又有主动性和创造性的意味,每一个人可以根据自己的理性思考定义"义"并实践"义"的行为,从而把自己对"义"的理解引入到世界之中,此点是"义"极为重要的内涵,如郝大维、安乐哲认为"情境人把意义引入了世界"②是孔子所言之"义"的最重要之处。徐复观言:"义的动机,是出自主观的内,但义的实现,乃在主观与客观适当的交会点。"③此言实讲明"义"的完全内涵,如是之"义"则与"仁"相通。当个体对"义"的贡献被引入到客观世界的情境之中,并在积累与比较中形成一套普遍承认的社会范畴时,"义"以普遍的方式客体化同时"仁"的外在向度绽露出来。但普遍意义的"人"终究离不开个体意义的"我","仁"与"义"的联结通过"人—我"关系得以实现,从而也赋予"仁"的富有个体性的、主体性的内在向度,因此孔子言:"仁远乎哉?我欲仁,斯仁至矣。"(《论语·述而》)"人—我"关系事实上更赋予了"仁学"以主体间性的色彩,这亦是儒家仁学的现代价值。④ 通过"人—我"关系亦可认为"仁"的范畴大于"义","仁"包含"义","义不是独立的价值,义是包含在仁当中的"⑤。因此当"仁"、"义"作为一个整体词"仁义"时,可以偏指"仁"而不是"义"。

---

① [美]郝大维、安乐哲:《孔子哲学思微》,南京:江苏人民出版社,2018年,第91页。
② [美]郝大维、安乐哲:《孔子哲学思微》,南京:江苏人民出版社,2018年,第67页。
③ 徐复观:《中国人性论史·先秦篇》,北京:九州出版社,2014年,第175页。
④ 此由李泽厚:《论语今读》,天津:天津社会科学院出版社,2007年,第22页所阐发。
⑤ 杨立华:《宋明理学十五讲》,北京:北京大学出版社,2019年,第18—19页。

辨明了"仁"与"义"后,再将目光引向"道"。《孟子·告子上》言"仁也者,人也。合而言之,道也",朱熹注曰"仁者,人之所以为人之理也。然仁,理也;人,物也。以仁之理,合于人之身而言之,乃所谓道者也"①,把"仁"当作天理,"人"要依照"仁"的天理行事,如此的"仁—人"关系便是"道"。但由于"人—我"关系,"道"事实上更确切地应理解为"仁(义)—人(我)"关系,"道"包罗万象,因关涉"我"而丰富多彩。关于儒家的"道",汉学家们作如下论说:

> 所谓"道"是指已经实现过的、普世的、包容一切的伦理政治秩序。②

> 在理解孔子的"道"的概念时,重要的是要考虑到,人不仅继承"道"、传递"道",而且事实上也创造"道"。因此,我们将论证"道"出自人类的经验,就像"路"的比喻所表明的,"道"最终是出自人……"道"的最终源泉是个人在造就自己时所做的努力,它包含全部历史所组织和构造的人的经验。③

> "道"必须用质的概念加以描述。我们使用"聚结—场"的模式,可以把"道"描述为一组文化矢量,这组矢量通向各个面,收束于一个概念性的聚结。由于"道"具有重要性不同的许多领域以及程度不同的成就,所以"道"的较低层次可以是十分琐碎的东西,而其最高层次是对人们生活的关心。④

上述论述表明"道"可以是多样的,因为它的原初来源是"我"。"道"不是高悬的超越性的存在,它始终保持它的现世指向,它可以指涉琐碎的日常生活,而它的终极是普世的人文关怀。"道"在历史时间之流中被创造(余英时

---

① 朱熹:《四书章句集注》,北京:中华书局,2011年,第344页。
② [美]本杰明·史华兹:《古代中国的思想世界》,南京:江苏人民出版社,2008年,第85页。
③ [美]郝大维、安乐哲:《孔子哲学思微》,南京:江苏人民出版社,2018年,第178—179页。
④ [美]郝大维、安乐哲:《孔子哲学思微》,南京:江苏人民出版社,2018年,第180页。

用"道"的"历史性"概括①),与"仁"的外在向度相通,成为一种普遍的道德法则,这种道德法则囊括"个体—家庭—社会—天下"的所有。

最后,韩愈言"足乎己无待于外之谓德"实则引出儒学中的心性论因素,"德"是在实践"仁义"的过程中实现的自我涵养、自我充盈,是人本然之善种的养扩以实现其应然状态的表现,而此则亦是对"道"之遵循。《论语·述而》言:"志于道,据于德,依于仁,游于艺",朱熹对"据于德"注曰:"德者,得也,得其道于心而不失之谓也。"②此即反映出"得道"、"守道"是谓"德"之理念,而既然"道"本身是一种"仁(义)—人(我)"关系,那么"德"在本质上便是践行"仁义"的表现,此表现是为人恒常的一种高尚品质。《孟子·公孙丑上》言:"人之有是四端也,犹其有四体也……苟能充之,足以保四海;苟不充之,不足以事父母。"强调人可以通过养扩善端来至"仁",此即孟子所谓"性善"说。而依徐复观所认为孟子的性善论以心善为根据③,"正心"即心性修养亦是《大学》八条目的重要一环,如果不养扩善端,而为外物所摄,则

> 心灵被集中到诸如安全、财富、野心或荣誉之类的善之上,那么,对普遍利益的追求就会持续不断地化为对于特殊利益的追求,社会中就会弥漫这样的启示信息:应当根据利益预测人们的行动,而且特殊的个体和团体永远也不会确信,由于满足长期而普遍的利益,就可以实现他们满足眼前具体欲望的目的④。

这显然是一种社会公益与个人私利的失衡,这种失衡必然与儒家实现社会善治的期许相违背。

辨明儒学中的"仁义道德",韩愈要与老子的"仁义道德"划清界限。这里涉及两个问题:(一)老子的"道德"与儒家的"道德"有何分殊?(二)老子对

---

① 余英时:《士与中国文化》,上海:上海人民出版社,2003年,第33页。
② 朱熹:《四书章句集注》,北京:中华书局,2011年,第91页。
③ 参考徐复观:《中国人性论史·先秦篇》,北京:九州出版社,2014年,第153页。
④ [美]本杰明·史华兹:《古代中国的思想世界》,南京:江苏人民出版社,第356页。

"仁义"持何态度?《老子》关于"道"有诸多表述,这里仅举隅如下:

> 道可道,非常道;名可名,非常名。(一章)

> 道冲而用之或不盈,渊兮似万物之宗。(四章)

> 有物混成,先天地生,寂兮寥兮,独立不改,周行而不殆,可以为天下母。吾不知其名,字之曰道。强为之名曰大。(二十五章)

> 道生一,一生二,二生三,三生万物。(四十二章)

可以看出,老子的"道"是不可言的超越,具有强烈的本体论意味,其与现世保持一定的距离感;而儒家的"道"尽管也有超越的意味,但它是"仁(义)—人(我)"关系,它的基点是仁义,它始终保持明晰的现世指向性。韩愈所言"道"站在与老子的"道"的对立面,显然不会去寻求"道"的超越性,而应该强调"道"的现世指向性。余英时从比较文化史角度切入指出中国古代传统中"道"的"人间性",认为"中国古代之'道',比较能够摆脱宗教和宇宙论",并指出"人间性"的突出特点是"强调人间秩序的安排",先秦诸子"最后都归结到治国、平天下之道上去。'道'足以安排人间的秩序"[①]。余英时亦指出:

> 中国的"道"源于古代的礼乐传统;这基本上是一个安排人间秩序的文化传统。其中虽然也含有宗教的意义、但它与其他古代民族的宗教性的"道统"截然不同。因此,中国古代知识分子一开始就管的是恺撒的事;后世所谓"以天下为己任"、"天下兴亡,匹夫有责"等等观念都是从这里滥觞出来的……知识分子不但代表"道",而且相信"道"比"势"更尊。

---

① 余英时:《士与中国文化》,上海:上海人民出版社,2003年,第34页。

所以根据"道"来批评政治、社会从此便成为中国知识分子的分内之事。①

可见,"道"的超越性不是中国古代文化传统的主流,"道"的现世指向性具有更重要的地位。"道"的发展脉络跟作为士大夫主体的儒者息息相关,韩愈面对佛道的冲击,深刻地意识到"道"的现世指向性才是中国古代文化传统的主流,对佛道影响下"道"向超越性的偏离予以斩钉截铁的反驳。

而对于"德"亦是如此。郝大维、安乐哲言:"孔子和墨子一般把它(德)释为'德行',而道家往往将它指为某种'力量'的秩序。"②陈来把上古文献中体现出的德行体系概括为三类,第一类属于个人品格,第二类是社会基本人伦关系的规范,第三类可以看作前两类的综合;把孔子在《论语》中注目的德行概括为四类,第一类称为性格德性,第二类称为人伦德性,第三类称为政治德性,第四类称为综合德性。③ 可以看出,"德"在上古传统与先秦儒学中也是现世指向性,即使存在超越性也是很弱的。而在道家语境中,"德"的超越性意味被大大强化,这鲜明地体现在关于"玄德"、"常德"、"孔德"、"上德"④的表述中,这样的"德"是先秦儒家所未言说的,而如是之"德"与不可言之超越的"道"感通,因而是具有本体论意义之"德"。举隅《老子》中关于"德"的言说如下:

生而不有,为而不恃,长而不宰,是谓玄德。(十章)

孔德之容,惟道是从。(二十一章)

上德不德,是以有德;下德不失德,是以无德。上德无为而无以为,

---

① 余英时:《士与中国文化》,上海:上海人民出版社,2003年,第96页。
② 余英时:《士与中国文化》,上海:上海人民出版社,2003年,第162页。
③ 陈来:《儒学美德论》,北京:生活·读书·新知三联书店,2019年,第84、85、91页。
④ 依徐复观所言老子中的"玄德"、"常德"、"孔德"、"上德"、"朴"、"母"可互称,其义相同。(见徐复观:《中国人性论史·先秦篇》,北京:九州出版社,2014年,第308页。)

下德为之而无以为。(三十八章)

道生之,德畜之,物形之,势成之。是以万物莫不尊道而贵德。(五十一章)

**王弼对此四句分别作如下注解:**

物自长足,不吾宰成,有德无主,非玄而何?凡言玄德,皆有德而不知其主,出乎幽冥。①

孔,空也。惟以空为德,然后乃能动作从道。②

德者,得也。常得而无丧,利而无害,故以德为名焉。何以得德?由乎道也。何以尽德?以无为用……是以上德之人,唯道是用,不德其德,无执无用,故能有德而无不为。不求而得,不为而成,故虽有德而无德名也。下德求而得之,为而成之,则立善以治物,故德名有焉。求而得之,必有失焉;为而成之,必有败焉。③

物生而后畜,畜而后形,形而后成。何由而生?道也。何得而畜?德也。何[因]而形?物也。何使而成?势也……道者,物之所由也;德者,物之所得也。④

综合上述,"德"本于"道",依"道"而行;"德"的充分发挥遵循"以无为用"的规则,"德"的本性是空无;"道"生成万物,"德"为万物提供不竭的原动力;

---

① 王弼:《老子道德经注》,北京:中华书局,2011年,第26页。
② 王弼:《老子道德经注》,北京:中华书局,2011年,第55页。
③ 王弼:《老子道德经注》,北京:中华书局,2011年,第98页。
④ 王弼:《老子道德经注》,北京:中华书局,2011年,第141页。

"德"在一定意义上次于"道",若人不依"道"而行而是依"德"而行,则"德"必有减损、必有衰败。于此可明见《老子》中"德"有超越性的、本体论的意味,"德"存有浑然全体的、自然而然的原初形态与育化状态。

老子对儒家的"德"隐含的批驳可能是在繁琐的德行条目上,认为再过繁琐的德行条目上,也都不可能穷尽事物本身所具有的一切德性;繁琐的德行条目也是违逆万物化育之自然本性的。唯有把德置于超越的视域中,赋予其本体论意味,不必细究"德"的条目,才是真正的"德",因为一旦细究也就减损、衰弱"德"本身。老子的"下德之人"似乎就有针对儒家的意味。正是因为"道""德"具有超越性、本体论意味,道家对"仁"、"义"、"道"、"德"字的排序,应该是"道"、"德"、"仁"、"义",即"故失道而后德,失德而后仁,失仁而后义,失义而后礼"(《老子·三十八章》)的顺序,这就与儒家的"仁"、"义"、"道"、"德"大相径庭。由此,韩愈言"仁与义为定名,道与德为虚位"就有极为重要且深远的意义,杨立华言"'仁与义为定名'就为儒家的传承确立了真正的思想内涵。这里首先确立了儒家生活方式、儒家生活道理跟别的思想不同"[①]即指明其意义。

另外,韩愈言:"老子之小仁义,非毁之也,其见者小","老子之所谓道德云者,去仁与义言之也,一人之私言也"(《原道》),这对澄清老子思想也有一定作用。王弼哲学中有"崇本举末"和"崇本息末"的矛盾,杨立华试图调和二者言:

> 老、庄并不反对仁义。他们强调的是,不能直线式地去追求和提倡这些好的价值。直线式的追求和提倡只会带来各种各样的伪妄和争竞。"崇本举末"是要崇道之本而举仁义之末,由道本而来的仁义才不会是竞争的、炫耀的、浮伪的,才是真正的仁义。而"崇本息末"的"末"则不属于仁义的范畴,是不再"适道之用"的文明过度的副产品,所以要通过崇本

---

[①] 杨立华:《宋明理学十五讲》,北京:北京大学出版社,2019年,第19页。

来加以止息。①

结合此段论说,老子轻视"仁义"但不诋毁"仁义",它是把"仁义"放在"道德"之后,以此与儒家形成区别,而既然"仁义"在"道德"之后,且其所言之"道德"具有超越性、本体论的意味,那么其所言之"道德"自然也就脱开了"仁义"的话语体系。不过韩愈言老子所称"道德"为"一人之私言也",实是其出于社会政治、儒家传统等因素所发之主观之言。且老、庄对"仁义"直线式追求和提倡进行反思,韩愈似乎没有注意到这一点。在此意义上,王弼的思路自有其深沉之处。

## 二、道统、学统、政统

何为"道统"?"道统"即儒家的精神传统,"这个传统所代表的精神、价值(道)是通过圣贤之间的传承过程(传)而得以成其为一个传统(统)的"②。冯友兰指出:"韩愈提出'道'字,又为道统之说。此说孟子本已略言之,经韩愈提倡,宋明道学家皆持之,而道学亦遂为宋明新儒学之新名。"③可见韩愈"道统"之说在中国哲学史上的重要意义。然全然把握韩愈之"道统论"之旨,须把握到"学统"、"政统"之义,此三者之间有微妙而复杂的关联。

追溯"道"的历史源流的"道统"意识在孔孟之说中已可见得:

> 卫公孙朝问于子贡曰:"仲尼焉学?"子贡曰:"文、武之道,未坠于地,在人。贤者识其大者,不贤者识其小者,莫不有文、武之道焉。夫子焉不学?而亦何常师之有?"(《论语·学而》)

---

① 杨立华:《中国哲学十五讲》,北京:北京大学出版社,2019年,第95—96页。
② 陈来:《宋明理学》,北京:北京大学出版社,2020年,第24页。
③ 冯友兰:《中国哲学史》(下),上海:华东师范大学出版社,2011年,第154页。

以力假仁者霸，霸必有大国，以德行仁者王，王不待大。汤以七十里，文王以百里。(《孟子·公孙丑上》)

欲为君尽君道，欲为臣尽臣道，二者皆法尧、舜而已矣。(《孟子·离娄上》)

禹恶旨酒而好善言。汤执中，立贤无方。文王视民如伤，望道而未之见。武王不泄迩，不忘远。周公思兼三王，以施四事；其有不合者，仰而思之，夜以继日；幸而得之，坐以待旦。(《孟子·离娄下》)

由尧、舜至于汤，五百有余岁，若禹、皋陶，则见而知之；若汤，则闻而知之。由汤至于文王，五百有余岁，若伊尹、莱朱则见而知之；若文王，则闻而知之。由文王至于孔子，五百有余岁，若太公望、散宜生，则见而知之；若孔子，则闻而知之。由孔子而来至于今，百有余岁，去圣人之世，若此其未远也；近圣人之居，若此其甚也，然而无有乎尔，则亦无有乎尔。(《孟子·尽心下》)

从这些文字可以看出，"道统"的人物谱系经由孔孟，尤其是孟子已经基本奠定。韩愈言："尧以是传之舜，舜以是传之禹，禹以是传之汤，汤以是传之文、武、周公，文、武、周公传之孔子，孔子传之孟轲，轲之死，不得其传焉。"(《原道》)这与孟子的"道统"谱系已基本相同。韩愈的贡献是把"道统"意识转变为明确的"道统论"，并诉清儒家"道统论"的独立性以与佛老思想划清鲜明的界限。当然韩愈道统论的理论资源不仅有儒学"道统"意识的历史积淀，作为敌对的佛教思想（新禅宗思想）也是其源流，这体现出韩愈道统论理论来源的复杂性，陈寅恪对此有如下论说：

寅恪案，退之从其兄会谪居韶州，虽年颇幼小，又历时不甚久，然其所居之处为新禅宗之发祥地，复值此新学说宣传极盛之时，以退之之幼年颖悟,断不能于此新禅宗学说浓厚之环境气氛中无所接受感发,然则退之道统之说表面上虽由孟子卒章之言所启发,实际上乃因禅宗教外别传之说所造成,禅宗于退之之影响亦大矣哉!①

而从孔孟的"道统"意识可以看出,"道统"于"学统"、"政统"关联十分密切。于"学统"而言,《论语·学而》中子贡的言语侧面展现出孔子传承文、武之道的自觉意识,"三人行,必有我师焉"(《论语·述而》)的开放胸怀,更说明孔子于学的重视。陈来指出:"如果没有'好学',只有好仁好智,孔子就不成其为孔子,孔子留给后世的形象中'好学'始终是一个重要的侧面,这在唐代以前的儒学中是不曾有过疑问的。而'好学'对于中国文化之传续、发达,也都有其不可低估的作用,对中华民族的民族性格亦有其重要的塑造作用。"②郝大维、安乐哲言:"'学'就能为社会的个人提供一个共同的世界,在此基础上,人们就能够相互交流和接触。而要进入这个共同的世界,就必须有个人修养的条件。"③这些充分肯定孔子"学"的形象对后世的垂范作用,以及"学"对中华文化、中华民族的重要作用。而"道统"的传承同样离不开"教"与"学"的活动,因此"道统"也就与"学统"密切地联系在一起。随着后世官方、社会教育机构与机制的确立完善,"道统"通过士大夫等文化群体以"学统"的方式传播推广并走进社会,逐渐成为一种普世的文化心理认同。阎步克言:"道统生师道,其人则师儒学士,其事则明道传道,其性质为文化教育关系。"④他进一步点出"道统"对"学统"内容与形式的规范作用。

韩愈言:"由周公而上,上而为君,故其事行;由周公而下,下而为臣,故其说长。"可以说这已经有朱熹"道统"与"道学"二词区分的意味。余英时对朱熹"道统"与"道学"的区分曾作如下论说:

---

① 陈寅恪:《金明馆丛稿初编》,北京:生活·读书·新知三联书店,2001年,第321页。
② 陈来:《先秦儒学讲稿》,北京:生活·读书·新知三联书店,2017年,第10页。
③ [美]郝大维、安乐哲:《孔子哲学思微》,南京:江苏人民出版社,2018年,第29页。
④ 阎步克:《士大夫政治演生史稿》,北京:北京大学出版社,2015年,第126页。

朱熹有意将"道统"与"道学"划分为两个阶段：自"上古圣神"至周公是"道统"的时代，其最显著的特征为内圣与外王合而为一。在这个阶段中，在位的"圣君贤相"既已将"道"付诸实行，则自然不需要另有一群人出来，专门讲求"道学"了。周公以后，内圣与外王已分裂为二，历史进入另一阶段，这便是孔子开创"道学"的时代。[1]

在周公以后，"道统"与"政统"分离，孔子开创"学统"以延续"道统"，从而影响"政统"。"学统"在"道统"、"学统"与"政统"三者的关系中扮演着中轴性的角色，其意义不言而喻。韩愈言：

> 噫！后之人其欲闻仁义道德之说，孰从而听之？老者曰："孔子，吾师之弟子也。"佛者曰："孔子，吾师之弟子也。"为孔子者，习闻其说，乐其诞而自小也，亦曰"吾师亦尝师之"云尔。不惟举之于其，口而又笔之于其。噫！后之人虽欲闻仁义道德之说，其孰从而求之？（《原道》）

可见，韩愈在面对佛道思想的冲击时，充分认识到"学统"的重要性，这或许是韩愈思想不曾为人注目的闪光点，如包弼德指出："韩愈为文学实践提出了新的标准，他重新定义好的'学'，他所谓好的'学'意味着思考价值观，特别是思考那些指导圣人的价值观，即圣人之道，因为它们能够从典籍传统中引发出来"[2]，"对于韩愈来讲，学的意涵改变了。正像他的女婿李汉在为他的文集作序时说，专心于'斯道'是为文之基础，而文为贯道之器……而贯道之文的典范就是由孔子阐释、编辑、创发、引用的儒家经典。问题的关键不在于文是一件载道的工具，而是说文是使道德观念彼此协调地联系在一起的工具"[3]。韩愈通过古文运动不仅是对文体形式的改变，在文体形式改变的背

---

[1] 余英时：《朱熹的历史世界：宋代士大夫政治文化的研究》，北京：生活·读书·新知三联书店，2011年，第15页。
[2] ［美］包弼德《斯文：唐宋思想的转型》，刘宁译，南京：江苏人民出版社，2017年，第160页。
[3] ［美］包弼德《斯文：唐宋思想的转型》，刘宁译，南京：江苏人民出版社，2017年，第172页。

后,有对"学"的重新认知,这种重新认知从儒家传统典籍中发微,其形制不是两汉经学的繁琐考据,亦不是魏晋玄学的清谈,而是已敞开向宋明理学的义理之学发展的门户,它要求接续、传扬一种道统意识,这种道统意识融贯在文章之中,融贯在对经典的再认识之中,融贯在士大夫的独立思考与价值认同之中,与"学统"相联结。

于政统而言,在周公以前,"道统"与"政统"是相结合的,在孔孟的论说中体现为"道统"与"政统"的人物谱系重叠。在周公以前,君王践行"仁义道德"是自觉的,即内圣与外王是统一的;周公以后,内圣与外王分离,为达到社会善治的期许,某种规范性的要素就日益突显其重要性,这便是礼。《礼记·曲礼上》言:"道德仁义,非礼不成;教训正俗,非礼不备;分争辨讼,非礼不决;君臣上下、父子兄弟,非礼不定;宦学事师,非礼不亲;班朝、治军、莅官、行法,非礼威严不行;祷祠祭祀、供给鬼神,非礼不诚不庄。""礼"的功能混溶性、无所不包性使得"礼"对于"政统"以及整个封建社会的政治模式有至关重要的作用。在对"礼"的问题上,老子言:"夫礼者,忠信之薄而乱之首。"(《老子·第三十八章》)这与儒家形成鲜明对立,而历史证明老子此言差矣。孔子重礼,礼被纳入"学统"之中,经春秋战国礼崩乐坏、秦朝严刑峻法的掩盖之后,凭借"学统"的内在力量,士大夫文化群体对"道统"与"学统"的自觉担当,"礼"被注入"政统"中;同时"礼"的历史资源被重新整合并进行创造性转化,"礼"被赋予不同于"周礼"的时代内涵与生命力,以"礼治"政治模式的新姿态得以展现。再进一步,"礼治"政治模式综合"法"的因素,形成"礼法并用"的政治模式,这一模式作为中国封建社会的主体政治模式,它极大保证中国封建统治与社会的内在稳定性。而"礼法并用"的政治模式能够达到这一功效,很重要的一点原因便是"礼"的时代性与生命力。郭沫若言:"德字不仅包括着主观方面的修养,同时也包括着客观方面的规模——后人所谓'礼'……礼是由德的客观方面的节文所蜕化下来的,古代有德者的一切正当行为汇集了下来便成为后代的礼。"①从"礼"的形成与"德"的内在关联事实上道出"礼"的时代性

---

① 转引自阎步克:《士大夫政治演生史稿》,北京:北京大学出版社,2015年,第74页。

与生命力,因为士大夫群体之"德"绝不是一成不变的。"礼"绝不是僵死的、刻板的、脱离时代语境的程式规范;也正因此在某种意义上,发展变化的"礼"的精神注入"法"中时,"法"的生命力与韧劲才得以展现出来。郝大维、安乐哲对"礼"做的如下诠释可以作为上述论说的总结概括:

> 像人体一样,"礼"也是一个有机的整体,必须吸收营养,加以培育,以保持自身的完整性,并且不断赋予它活力,使之适应当时的环境以发挥其影响。"礼"既是过去的成果,又是将来生长的基础……礼是一种行为方式,由人们创造出来并代代相传下去,以使社团生活更加美好并得以加强。①

而士大夫群体的人格代表的君子,于"礼"的延续发展、整个封建统治与社会秩序有至关重要的作用,更可以认为君子是承继"道统"、"政统"、"学统"最重要之主体。郝大维、安乐哲、史华兹关于"君子"有如下论述,从这些论述中可以看到君子形象在封建社会中至为重要之意义:

> "君子"是行"义"的人,是"礼"的具体体现,是个人和社会——政治秩序的榜样。他既是传统的连续性的保持者,又是传统的创造性的基础。他按照他已取得的秩序为社会的成员提供榜样,为他们的个人修养和自我创造提供机会。他在各方面作为表率,唤起他人参与社会并转变自身。他的存在是为了最充分地展现作为整个和谐秩序一部分的个体,从而既表现出自己的独特和新奇,又保证最充分地展现他人的独特和新奇。②

君子的任务并不仅仅是承担理想的、践守"礼"节的表率作用。他还

---

① [美]郝大维、安乐哲:《孔子哲学思微》,南京:江苏人民出版社,2018年,第62页。
② [美]郝大维、安乐哲:《孔子哲学思微》,南京:江苏人民出版社,2018年,第141—142页。

必须确信,他的领主不再在下面的人民身上增加过分的负担;接着,他还必须以某种灵活的方式,设法使得人民能被教育成依照道德规范而生活,那种规范是应该支配他们在家庭以及共同体中生活的规范。[①]

如韩愈所言:"是故君者,出令者也;臣者,行君之令而致之民者也;民者,出粟米麻丝、作器皿、通货财以事其上者也。"(《原道》)这本来是"政统"所规定的面貌,是"礼法并用"的政治模式下拥有内在稳定性的政治社会秩序。"然则古之所谓正心而诚意者,将以有为也。今也欲治其心,而外天下国家,灭其天常,子焉而不父其父,臣焉而不君其君,民焉而不事其事"(《原道》),这便是背离"政统"所指,偏离稳定的秩序。当时的这种状况与士大夫的文化风气密切相关,而如果连君子都投身佛老之学,君子之道发生完全的偏移而小人之道又不可取,那么整个"道统"、"学统"、"政统"便濒临崩塌,封建统治秩序也自然岌岌可危。韩愈如此的思路,有明晰的儒家正统意识,排击佛老,"是中华固有文化的又一次自觉,中华固有文化对自己文化、文明的主体性的又一次自觉"[②],在中国文化史上有不可磨灭的贡献。

## 三、圣人设教

上文所辨析的"仁义道德论"与"道统、学统、政统"重儒道思想之区分,而在"圣人设教"这一母题上,可以看到儒道思想潜在甚至事实性对话之可能,"圣人"是中华文化之重要形象,比照儒道思想对"圣人"之认识,能够更好地发挥韩愈《原道》中详加描摹的"圣人设教"情境之价值,更加深入地探寻中华文化包容性与独立性兼具的文化特色。

韩愈在《原道》中对"圣人设教"的情景进行如下具体的刻画:

---

① [美]本杰明·史华兹:《古代中国的思想世界》,南京:江苏人民出版社,2008年,第144页。
② 杨立华:《宋明理学十五讲》,北京:北京大学出版社,2019年,第9页。

> 古之时，人之害多矣。有圣人者立，然后教之以相生相养之道。为之君，为之师。驱其虫蛇禽兽，而处之中土。寒然后为之衣，饥然后为之食。木处而颠，土处而病也，然后为之宫室。为之工以赡其器用，为之贾以通其有无，为之医药以济其夭死，为之葬埋祭祀以长其恩爱，为之礼以次其先后，为之乐以宣其湮郁，为之政以率其怠倦，为之刑以锄其强梗。相欺也，为之符、玺、斗斛、权衡以信之。相夺也，为之城郭甲兵以守之。害至而为之备，患生而为之防。（《原道》）

在韩愈的笔下，圣人无所不为，既保障物质生活也注重精神生活，这种刻画有塑造"圣人有为"的形象以与道家中"圣人无为"的形象做对比的意味。《老子》中对圣人的刻画举隅如下：

> 是以圣人处无为之事，行不言之教，万物作焉而不辞，生而不有，为而不恃，功成而弗居。（第二章）

> 天地不仁，以万物为刍狗；圣人不仁，以百姓为刍狗。[①]（第五章）

> 是以圣人之治，虚其心，实其腹；弱其志，强其骨。常使民无知无欲，使夫智者不敢为也。为无为，则无不治也。（第三章）

> 是以圣人不行而知，不见而名，不为而成。（第四十七章）

> 故圣人云，我无为而民自化，我好静而民自正，我无事而民自富，我无欲而民自朴。（第五十七章）

---

[①] 此句王弼有注曰："天地任自然，无为无造，万物自相治理，故不仁也。仁者必造立施化，有恩有为。造立施化，则物失其真。"（王弼：《老子道德经注》，北京：中华书局，2011年，第13页）其突显《道德经》中"圣人无为"的形象，并暗含着对儒家"圣人有为"的否定。

可以看到《道德经》中的圣人之治与老子"无为而治"的政治思想相契合。而且可以看出老子的圣人之治与儒家的圣人之治只是在"无为"与"有为"的实践路径上存在区别，其达到社会善治的政治目的与为民而治的政治主张是一致的。《论语·卫灵公》曰："无为而治者，其舜也与?"可以说"无为而治"亦是孔子的政治理想，只是孔子认为"无为而治"在当今世道已经不可能实现，故需要"礼"的规范来治理。这是孔子与老子在治理问题上的不同，从这个层面上看，孔子似乎更具现实性，而老子则显得有些不合时宜。儒道关于"圣人设教"的命题除在政治目的、政治主张上的相似性，还有某种心理层面的共通为二者的沟通提供可能：

> 圣人无常心，以百姓心为心。善者，吾善之；不善者，吾亦善之，德善。信者，吾信之；不信者，吾亦信之，德信。圣人在天下歙歙，为天下浑其心。圣人皆孩之。(《老子·第四十九章》)

> 子贡曰："如有博施于民而能济众，何如？可谓仁乎？"子曰："何事于仁？必也圣乎……"(《论语·雍也》)

《论语》中的圣人"博施于民而能济众"，《道德经》中的圣人"以百姓心为心"，可见《道德经》与《论语》中圣人皆心系天下，而这种心系天下的心理本质或许就是博爱。其同时揭示出"圣人设教"的母题可以为儒道思想的对话提供平台，圣人形象闪耀着共通的普世的人文关怀。这样的圣人形象即王阳明《拔本塞源论》中所言：

> 夫圣人之心以天地万物为一体，其视天下之人无外内远近，凡有血气，皆其昆弟赤子之亲，莫不欲安全而教养之，以遂其万物一体之念。[1]

---

[1] 转引自陈来：《有无止境：王阳明哲学的精神》，北京：北京大学出版社，2013年，第241页。

从儒道对于圣人形象认识的共通之处回到韩愈思想上来,陈寅恪言韩愈受到新禅学思想的影响,其实道家思想可能也为韩愈所用,韩愈的批驳佛老与潜在的吸收佛老构成文化的张力——以我为主,为我所用。从韩愈的《原道》中,中华文化的包容性与独立性均可得见,在批驳佛老的情况的背后,以儒学为主,各家学说汇流而入的文化脉络悄然流动并发生作用。这种表象的思想冲突与深层的思想对话,亦是韩愈《原道》的闪光点。在宋明理学中这种冲突与对话就体现得更加明显而深刻了。

**个人简介**

林钰丰,福建福州人,南京大学人文科学试验班2019级本科生。

**学习感悟**

2019年初入南大,便感觉到南大是一所富有深厚底蕴的学校。大一接触到的纷繁多样的课程,无不于我受益匪浅,其中哲学系的课程最让我感到印象深刻。在"中外哲学经典导读"课中,王恒老师带领我们阅读西方哲学经典,从柏拉图到笛卡尔,从康德到海德格尔,先哲们精深博大的思想加之王恒老师通俗易懂、深入浅出的讲解,令人醍醐灌顶;傅新毅老师带领我们逐句阅读《四书章句集注》,使我对《论语》、《孟子》、《大学》、《中庸》之思想有了更为深入的认知和体悟。宋立宏教授对犹太文明的讲授,极大地拓宽了我的知识面,使我对古典学有了浓厚的兴趣。南哲老师们精彩的课程加之自己的阅读体会,使我最终决定以哲学系为自己的专业。我希望将来能在南哲进一步学习哲学的有关知识,在深广博大的哲学世界中自由地徜徉,找寻到属于自己的那片天地。

这次荣幸入选论文集的拙作,是我第一次哲学论文写作。我的学术思考尚浅,敬请母校师友批评指正。

# 反向格义视域下对"道"的阐释

张 喆

**摘 要**：自近代西学传入中国，"反向格义"逐渐成为我国学者研究中国哲学的重要手段。"反向格义"在帮助我国快速提高学术水平的同时，也带来了方枘圆凿的困境。本文以"道"为例，从"道"是否为实体、"道"与逻各斯的关系两方面入手，探究"反向格义"的可行性，以及"反向格义"的真正意义所在。

**关键词**：反向格义；"道"；实体；逻各斯

## 一、反向格义

格义的方法最早用于魏晋时期，中土僧人用孔孟老庄经典中的术语向教徒解释佛教教义，通过将中国传统文化中已经为人熟知的概念类比于佛学术语，使教义更容易为从未接触过西方文化的中国人所理解。

近代以来，西学成为中国学术界的潮流，中国学者在研究本土文化时，不自觉地引入西方的话语体系和理论框架，甚至将西方学说术语直接套用于中国古代经典。自胡适引入实证主义写作《中国哲学史大纲》、冯友兰运用新实在主义理论著成《中国哲学史》后，使用西方哲学的概念体系来研究中国哲学便成为顺理成章的方法。与传统意义上的"格义"恰恰相反，这是借助中国学者并不熟悉的西方哲学话语体系来阐释中国本土哲学概念，被称为"反向格义"。

反向格义固然给予中国学者一条捷径,利用西方现成的理论可以快速提高中国的学术水平,但这一方法的泛滥也不可避免地带来许多问题。刘笑敢指出"反向格义"的几点局限:1. 魏晋时期,进行"格义"的僧人对佛学与中国经典都有深刻的理解,"格义"是用自己已经熟悉的概念去解释陌生的学说;2. 魏晋僧人对"格义"的负面作用早有警惕,明确指出"格义只是权宜之计";3. 古代的"格义"有着明确的目的,或是传教,或是学术研究,或是谋求政治利益,而近代以来的"反向格义"目标并不明确;4. 魏晋僧人"格义"是为了普及佛教教义,而"反向格义"却被当作学术研究的主要手段。①

在笔者看来,刘笑敢指出的"格义"的最初目的十分值得我们重视。魏晋僧人之所以选择"格义"方法,很大程度上在于他们做的是普及,而非学术研究。普及最重要的是以简单明了的方式使普及的对象明白基本要义,那么"格义"方法的优势就在于它是以中国人所熟知的概念类比于外来宗教概念,这种外表上的相似性能够让普通百姓快速地产生联想,将佛教概念融入我们自己的话语体系中加以理解。这样的方法能够激起普通百姓的共鸣,它不需要读者对教义有深刻理解,而只要求对教义有形象化的认知和某种内在的认同感,由此可达到普及的目的。然而,"格义"的这种特性恰恰使得它在被用于学术研究时面临重重困境。"格义"所采用的形象化的、表面上的类比方法,实质上是利用中国本土的话语体系去阐释外来概念,当佛教教义被中国传统经典的话语表达时,我们并非对于教义本身产生了更深的理解,恰恰相反,我们更多是透过另一种文化的视角,强化了对中国本土文化的理解和认同。"格义"没有使我们深入到对方的话语体系中,在外来文化自身的语境下进行理解,因而"格义"很大程度上是对本土文化的再阐释。佛教教义的普及利用"格义"方法,正是利用两种文化外表的相似性,给佛教概念披上了一层中国传统经典的外衣,利用了普及对象对此产生的熟悉感,从而达成其广泛传播的目的。

---

① 刘笑敢:《反向格义与中国哲学方法论反思》,《哲学研究》2006年第4期,第35页。

所以笔者认为,"反向格义"不能作为阐释本土文化的根本方法,一方面,这是在利用我们不熟知的概念去重构我们业已习惯的概念,另一方面,这使我们丢弃了本土的话语体系而生硬地套用外来的框架结构,难免遭遇方枘圆凿的尴尬。不同的文化因为其发源的不同、传统的差异,已经形成了天差地别的表达方式和思维方法,用一种文化去诠释另一种文化是很难做到的。因此,笔者认为"反向格义"的最终目的不在于阐释,而在于比较。将西方哲学的经典概念放入中国传统的文化氛围中,基于在中西文化各自的语境内对中西哲学概念的充分理解,比较两者的异同点,从而发现中西交流的可能,这才是"反向格义"真正的意义所在。

## 二、以西释中的困难

实证精神和形式逻辑是西方哲学乃至西方文明的重要特征,而严复指出中国哲学一方面缺乏严密的逻辑系统,一方面概念含混模糊。[1] 自古希腊以来的哲学传统,对概念的界定有严格要求。一个概念必须通过对其进行限制而获得清晰明确的定义。因此,西方哲学中的概念大都是有着明确的规定性。中国哲学追求象征性和包容性。对于一个概念常常使用抽象式、象征意味浓厚的表达,不给予明确的定义,使一个词语包容万象,以期获得整体性理解,达到"天人合一"的境界。[2] 中国哲学,尤其是以《老子》、《庄子》为代表的道家学说,更是鲜明地体现了这些特征。

中国哲学学科自创建以来就面临"在中国的哲学史"与"中国哲学的史"的难题。胡适利用实用主义的方法研究中国哲学,开启了哲学与经学相分离的中国哲学现代化道路。但这种"以西释中"的研究路径也引起了学界的质疑。有的人认为将中国的哲学思想按照西方的标准划分整理,完全以西方哲

---

[1] 曾振宇:《响应西方:中国古代哲学概念在"反向格义"中的重构与意义迷失——以严复气论为中心的讨论》,《文史哲》2009年第4期,第33页。

[2] 方同义:《两种哲学传统的概念生长点——亚里士多德〈形而上学〉与先秦儒道哲学关于概念界定的比较》,《浙江师范大学学报》1990年第1期,第16页。

学的视角考察中国哲学的做法忽视了中国哲学的民族性。冯友兰认为，在近代中国学科体系以西方为范本的大前提下，坚持中国哲学系统化是实现学科现代化的必经之路，但同时要坚持中国哲学的民族性。于是，冯友兰指出中国哲学在形式上虽然没有系统化，但在实质上却是系统的，中国哲学的研究对象与西方哲学有着同一性。中国哲学所要做的是在形式化系统上与西方对标，进而实现对实质系统的整理重构。

而事实上，中国哲学实质的系统化面临诸多困难。虽然中国哲学在研究对象上与西方哲学有同一性，但对于各种问题的侧重有很大不同。中国哲学重功夫论、轻本体论和认识论，注重体悟而非思辨，强调"天人合一"，象征意味浓厚。中国哲学的这种特征使得运用西方话语体系构建中国哲学困难重重。

而"道"似乎是中国哲学中的一个异类。《老子》的"道"首先便是为了解决本体问题提出的，指出天地万物都源于"道"，"道"周行不止，是万物运行的规律。《老子》还十分重视思辨精神，阐述了有无相生、难易相成的关系。而从"道"化为"物"的过程又与西方的理性下降到物质的推理过程十分相像。"道"的一系列特征使得学者看到了中西比较和"反向格义"的可能，因而出现了许多"道"与西方哲学的比较研究，甚至是完全以西方概念阐释"道"的做法。

笔者始终对以西方哲学的话语体系阐释中国哲学的方法存有疑虑。因此，笔者将在下文以"道"为例，从"道"是否为精神实体和"道"与逻各斯的关系两方面入手，探究"反向格义"的可能性，以及这种方法的真正意义所在。笔者将考察"道"究竟是否可以用西方哲学经典概念言说，并期望通过比较的方法更加全面清晰地阐释"道"的内涵与实质。

## 三、"道"是精神实体吗

在20世纪，曾有一场关于"道"的唯物与唯心的论辩，任继愈起初持老子的"道"是物质的观点。① 这一观点受到古希腊哲学的影响。阿那克西曼德认为,万物的本源是一个无穷的、永恒的实体——"无限"。无限有三个特征:1. "无限"是混合物,其余万物都是从"无限"中分离出来的,最终复归到"无限"中;2."无限"是不明确的、不确定的、在质上没有分化的质料;3."无限"是处在可观察的元素之间的某种东西。这与老子对"道"的描述有诸多类似之处。"道"没有明确的规定性,无穷无尽;天地生于"道","道有常","万物归焉";"有物混成","道"似乎也是混合物。阿那克西曼德的思想被认为是古代朴素唯物主义,老子的"道"也应该是物质实体。

从表面上看,"道"与"无限"确实存在相似之处,但如果因此就把"道"看作物质实体是解释不通的。在整部《老子》中,"道"可能被理解为物质的地方一共有两处,一处是第二十一章"道之为物",但根据后文"惟恍惟惚;惚兮恍兮,其中有象;惚兮恍兮,其中有物"可知,"道之为物"意思是"道"生成物,这个过程要经过道—象—物,所以此处并非表明"道"是物;另一处是第二十五章的"有物混成,先天地生",这与"无限"是混合物的定义十分相像。但是联系通篇老子对"道"的描述,"道"即是"无",而"有生于无",如果说"道"是构成万物的基本质料,那么"道"便不是"无",而是"有",与其他章节的表述相互矛盾。日本学者指出"道"具有全能性和支配性,天地万物生于"道"、法于"道",世间的一切都受"道"的统摄。② "道"的这一特点颇与西方的"逻各斯"、"绝对精神"相似,作为规律、准则、原因的存在,"道"似乎更像是与物质相对的精神。

无论是"逻各斯"、"绝对精神"还是"上帝",他们都是作为实体概念而存在的,那么"道"是否也是精神实体呢?不同的学者对此有不同看法。

蒙培元指出"道"不是实体。③ 实体这一概念来自西方,表示不依赖于其

---

① 刘笑敢:《"反向格义"与中国哲学研究的困境——以老子之道的诠释为例》,《南京大学学报》2006年第2期,第81页。

② 池田知久:《〈老子〉的形而上学与"自然"思想——以北大简为中心》,《文史哲》2014年第3期,第94—95页。

③ 蒙培元:《"道"的境界——老子哲学的深层意蕴》,《中国社会科学》1996年第1期,第115—116页。

他客体、完全独立的存在。在西方哲学中,物质与精神往往被认为是相互对立的实体,一种实体不可能既是物质又是精神的。但是,"道"表现出整体性和混沌性的特点,世间万象都在"道"中。"道"与"物"没有明显的对立,"道"为"物"体,"物"为"道"用,反映出老子鲜明的体用观。

实体是一个被分析出的概念,作为主体的对象被把握,而"道"不是通过逻辑推理得到的。"道"与人不像实体与人是严格的主客对立关系,"道"就存在于主体内,通过主体的自我修养、自我体悟而上升到"道"的境界。"道"更像是潜在的价值本体而非实体本体。

另外一些学者则认为"道"是实体。如陈梦家分析"道法自然",他认为"道"可以表现在天地万物上,"道"是范式、范例,是万物遵循的法则,有"人道"、"地道"、"天道"、"道之道"。[①]

实体源于希腊语"ousia",由亚里士多德首次提出,指的"是"之所以为"是"的那个东西。在亚里士多德那里,实体是最根本的范畴,是其他范畴得以存在的基础。实体有质料的,也有形式的,但无一例外的一个特征是独立存在,不依赖于他物。"道"既然不可能是作为万物基质的质料,那么只能从形式的角度考虑它是否为实体。首先,实体必须存在,即实体必须为"是",但"道"是"无"、"虚空"。其次,在西方哲学中,形式、共相和概念都是从不同个体中归纳出的共性或者由低层次的形式、共相和概念推导出来的,但"道"并非逻辑推演到顶点的最高形式。"道"是混沌的、是无法言说的,天地万物都在"道"中,而每个个体也包含着"道"。但是,从"道"成为"物"的过程,又有明显的逻辑顺序,与理性下降到物质的过程或上帝的善的流射学说有着相似性。

"道"的实体之辩从一个侧面反映了反向格义的困境,当我们把"道"放在西方哲学的语境中时,总会遇到无法契合的尴尬。像"道"这样的一个处于本体论顶端的概念,在西方就是上帝了。上帝这样的人格神的存在,很容易被想象为实体,而"道"这样一个模糊的概念就很难对其判断了。"道"一方面是万物的本源(如理性/上帝一般),另一方面又表现为万物运行的秩序规则、对

---

① 陈梦家:《老子分释》,北京:中华书局,2016年,第66页。

事物状态的描述,所以"道"似乎一半是实体,一半又不是实体。

刘笑敢指出:"现代反向格义的方法论的来源是对概念化哲学方法的价值的过高估计,认为这才是搞哲学的正宗或原型,中国哲学史的研究一定要以它为基准,不然就是搞的思想史或其他的什么史了。其实概念化的方法只是一种搞哲学的方法,而且在我看来还是比较过时了的、弊端很多的方法。"①或许用实体概念来给"道"归类本身就是不合适的,中国哲学与西方哲学有着不同的话语体系,单纯用实体概念来讨论"道"很可能造成方枘圆凿的笑话。

## 四、"道"与逻各斯

《新约·约翰福音》开头这样写道:"In principio crat Verbum."其中 Verbum 是 Logos 对应的拉丁文,和合本译为"太初有道"。日本学者井上哲次郎将 metaphysics 翻译为"形而上学",国人自觉把它与《易经》中的"形而上者谓之道"对应。这种种的"前理解"使得不少人将"道"与西方形而上学概念中的逻各斯相比较,甚至视两者为等同。由于其形而上学特征,"道"与西方哲学的概念被联系在一起,如逻各斯、康德的理性、叔本华的意志或是黑格尔的绝对精神。接下来,笔者将尝试阐述"道"与逻各斯的异同。

**1. "杀神"的哲学精神**

赫拉克利特这样描述逻各斯:"事物的这一秩序既不是上帝也不是人制定的,它过去、现在和未来一直是永远运动的火,这火根据这一确定的准则而燃烧和熄灭。"②逻各斯是万物共同遵守的具有必然性的准则,宇宙的规则和秩序是由逻各斯制定的。逻各斯自宇宙形成之初便存在且永恒不灭,这从根本上否定了原始宗教神创论的观点。《老子》第四章"道冲而用之或不盈……

---

① 刘笑敢:《中国哲学妾身未明?——关于"反向格义"之讨论的回应》,《南京大学学报》2008年第2期,第78页。
② 弗兰克·梯利:《西方哲学史》,贾辰阳、解本远译,北京:光明日报出版社,2014年,第27页。

吾不知谁之子,象帝之先"肯定了"道"在帝之先的地位。"无名天地之始"解释了宇宙开始于"道",天地万物由"道"而生,"法自然",且遵循从无到有、最终复归于无的循环。

"道"与逻各斯"杀神"的品质,标志着人类思维的进步和解放,是哲学史上的一个里程碑。

### 2. "尚象"与"尚言"

逻各斯在西方哲学史上是一个复杂的概念,具有话语、理性、规律、概念、关系等多重含义,而学界普遍赞同逻各斯最基本的含义是"话语"。逻各斯是形而上学的概念。形而上学由亚里士多德首次提出,英文为"metaphysics",字面意思是"后物理学",旨在研究"存在之为存在"的问题。"Being(存在)"是系动词名词化的结果,可以看出西方形而上学的研究理路与语言概念分析有着密不可分的联系。亚里士多德把存在之后的本质称为"ousia(本质)","在该词最确切、最根本和最确定的意义上,ousia 指既不作为某一主词之谓词也不依附于(或呈现于)某一主词的东西"[①]。由此可以看出,亚里士多德对于事物背后本质的定义是从对语言分析的角度提出,语言是古希腊思辨理性极为重要的工具,甚至是理性本身。对逻各斯的把握是从具体经验开始,通过语言符号的阐释和思辨理性的分析,由具体上升到抽象,由特殊到一般,逐步完成的。

"道"在这一点与逻各斯恰恰相反。《老子》开篇"道可道,非常道"就明确地对"道"与"言"进行对立划分。"限"对于西方哲学极其重要,概念是通过对其范围的限制(界定)得出。"道"却是无"限"的,老子并没有给出一个明确的定义,"道"是无、空、虚,什么都没有便是"道",甚至连"道"这一指称也是"强字之曰道"。

把握逻各斯的过程即是从现象上升到本体的过程,古希腊哲学家认为理念剥去了内容,最为纯粹,最接近于逻各斯,因此贬低物质,崇尚理念,最高级

---

[①] 亚里士多德:《范畴篇》,方书春译,北京:商务印书馆,1959年,第12页。

的理念为逻各斯(话语),我们且称呼这种哲学精神为"尚言"。

"道"不能为言语把握,但是与"象"有着紧密的关系,学者汪裕雄就此提出"象言互动"一说,认为可以通过把握"象"直观"道"①,但似乎没有说得很清楚。《老子》中对"象"有如下的描述:

是谓无状之状,无物之象。是谓恍惚。

道之为物,惟恍惟惚。惚兮恍兮,其中有象;恍兮惚兮,其中有物……

大象无形。

由此,我们可以看出,"象"介于"道"与"物"之间,并且没有"形"。"象"不是"道",因为它产生于"道",但它也不是"物",因为它没有具体的形状。那么何以通过"象"来直观"道"呢?陈梦家根据《齐物论》中的"道未始有封"提出"有物而无封者,恍惚之象也,无成形无名"②,物从"道"中生成,遵循"道—象—物"的结构。"道"代表无形、无名、无欲、虚空,"象"是从"道"化生出的"有",但它仅仅是"有",还不具有形状和名称,"象"再继续分化,形成万事万物。这样一来,第四十一章"道生一,一生二,二生三,三生万物。万物负阴而抱阳,冲气以为和",也得到了解释。"一"就是"有(象)","有"分化为阴阳二气,阴阳二气融合比例不同,形成万物(三)。"象"既然是"有",便不是像"道"一般"视之不见"、"听之不闻"、"搏之不得",人便可以修养内心,通过直观体悟"道"。"言"虽然不可以把握"道",但却可以实现与"道"以下的"象"的互动。这便是老子的"尚象"。

---

① 汪裕雄:《"道"与"逻各斯"再比较——论中西文化符号的不同取向》,《学术月刊》1995年第1期,第27页。

② 陈梦家:《老子分释》,北京:中华书局,2016年,第20页。

### 3. "分有"与"自然"

柏拉图的独特的"理念学说"中提到了"分有"。所有具有共同谓述的具体事物分有了一致的形式,当具体事物发生变化时,它就分有了不同的形式。① 形式与物质截然不同,形式为理性所把握,物质为感性所把握,不同具体事物"分有"共同的形式是特殊与一般的关系。最完善的理念(形式)是逻各斯,从整体来看,世间万物共同"分有"逻各斯。在这里,逻各斯与万物,作为形式与物质是严格对立的。

虽然我们在阐释老子学说时,常常把"道"与物放在对立面,但在老子的哲学精神里,"道"与物并非严格对立。"道"既是万物的本源,也同时包容万物。"万物作焉而不为始",从"道"为物,不是"理念"下降为"物质"的过程,而是"辅万物之自然"。万物生于"道",但"道"不是万物的原因,万物是在"道"中自然而然化生出的。陈梦家的比喻生动形象地揭示了"道"与万物的关系:"道生万物,犹水生万浪、风生万吹,对道之本身并无有增加,故'生而不有'也。"② "道"的周行是"大化",处于"道"中的万物的生生灭灭就是种种"小化"。

综合上述三点,"道"与逻各斯虽然在表面形态上有相似之处,也都具有"杀神"的特征,但在本质上还是有很大差别的。"道"的"尚象"与逻各斯的"尚言"分别构成中西哲学精神的两大截然不同的源头,深刻影响了后世的哲学思想。

## 五、结语

西学的传入,不仅带来了西方先进的思想体系,也引发了国人借助西方理论框架研究中国古代思想的热潮。运用西方哲学思想阐释中国哲学,一方面给停滞不前的旧形式的研究输入新鲜血液,另一方面也遇到了方枘圆凿的

---

① 弗兰克·梯利:《西方哲学史》,贾辰阳、解本远译,北京:光明日报出版社,2014年,第74页。
② 陈梦家:《老子分释》,北京:中华书局,2016年,第40页。

困境。中西方文化因为传统的不同,话语体系表现出极大的差异,使得中西方哲学研究的问题侧重点和思考的方法、方式天差地别。"反向格义"能够在文化普及中发挥重要积极作用,但在学术研究中就常常遇到困难。如果我们不深入某种文化自身的语境,而只是利用另一种文化与它的相似性而进行类比理解,便很难真正理解这种文化,甚至会出现误解。

笔者以"道"为例,从"道"是否为精神实体、"道"与逻各斯的关系的视角出发,探究"反向格义"的可行性。西方哲学的经典概念如实体,因为产生的情境和问题导向的不同,很难对于"道"做出是否为实体的判断,这表明西方概念不能够完美地诠释中国哲学概念。接下来,笔者把"道"与逻各斯做比较研究,从正反两面阐释了"道"的内涵,同时也体现了由于中西话语体系的差异,"道"与逻各斯尽管在表面上相似,但在实质和内涵上却千差万别。

通过在反向格义视域下对"道"的阐释,笔者想要表明的是,"格义"或"反向格义"的真正意义不在于用一种文化阐释另一种文化,事实上这也很难做到。它的意义在于提供一种比较的视角。当我们在研究哲学问题时,如果能自觉地联系其他相关的哲学视角,并进行比较研究,这一方面能够加强我们对研究对象的理解,另一方面能帮助我们发现文化交流的可能性。

**个人简介**

张喆,江苏徐州人,南京大学人文科学试验班2019级本科生。

**学习感悟**

我与哲学的相遇很奇妙。我偶然间得知了一位名为博尔赫斯的作家,经常在他的书中看到斯宾诺莎、叔本华这些熟悉但又陌生的名字,我对哲学的兴趣就是从搜索这些人名的百科开始的。那时的我还不懂哲学到底是什么,只是有一个朦胧的印象,哲学是一个高深莫测但又散发着无穷魅力的存在。我还记得我买得第一本哲学书是叔本华的《作为意志和表象的世界》,面对这样一部七百多页的大部头,我还只能模模糊糊地懂个大概,但开头第一句的"世界是我的表象"立马就深深地震撼了我,使我第一次体会到哲学话语的力量。

　　后来我有幸考入南京大学，真正在课堂上体会到了哲学的魅力。我还记得在中外哲学经典导读课上，王恒老师给我们讲述什么是逻各斯、什么是理念，从笛卡尔的"我思故我在"到海德格尔的"向死而生"。傅新毅老师对照着原文，为我们一字一句地讲解《四书章句集注》，哲学话语的诠释之间，还包含着老师对现实社会的批判与思考。

　　中国哲学部分的作业是四千字以上的论文。对于刚刚踏入哲学大门的我来说，这并不是一项轻松的任务。我对哲学的最初兴趣始于西方哲学，但有一次读到陈梦家的《老子分释》，其中竟然出现了"现象世界"、"本体世界"这样的西方哲学中的术语，我便悄然意识到中西哲学或许在精神实质上有互通之处，中西哲学也许有融会贯通、取长补短的可能。抱着这样的想法，我在图书馆或是在网上查找了各种资料。正是在课下查阅资料和对比研究的过程中，我学习到了更多老师在课堂上没有时间详细讲授的东西，这使我对哲学研究的问题和方法有了更多的了解。通过哲学课程的学习，我尝试了以前从未尝试过的思维方式，见识了与以往完全不同的看待问题的视角，这锻炼了我系统化、条理化思考的能力，更加坚定了我进入哲学系学习的想法。

　　本次参赛论文也是我在哲学论文上的第一次尝试，思维与下笔仍显稚嫩，还有多多疏漏，望各位师友批评指正。

图书在版编目(CIP)数据

星丛曜煜:南京大学本科生哲学通识论文集/刘鹏,邵佳德主编.—南京:南京大学出版社,2020.11
ISBN 978-7-305-23960-1

Ⅰ.①星… Ⅱ.①刘…②邵… Ⅲ.①哲学-文集 Ⅳ.①B-53

中国版本图书馆 CIP 数据核字(2020)第 220829 号

| 出版发行 | 南京大学出版社 | | |
|---|---|---|---|
| 社　　址 | 南京市汉口路22号 | 邮　编 | 210093 |
| 出 版 人 | 金鑫荣 | | |

书　　名　星丛曜煜——南京大学本科生哲学通识论文集
主　　编　刘　鹏　邵佳德
责任编辑　施　敏

照　　排　南京紫藤制版印务中心
印　　刷　南京玉河印刷厂
开　　本　787×960　1/16　印张 18.75　字数 297 千
版　　次　2020 年 11 月第 1 版　2020 年 11 月第 1 次印刷
ISBN　978-7-305-23960-1
定　　价　70.00 元

网　　址　http://www.njupco.com
官方微博　http://weibo.com/njupco
官方微信　njupress
销售咨询　(025)83594756

\* 版权所有,侵权必究
\* 凡购买南大版图书,如有印装质量问题,请与所购
　图书销售部门联系调换